LES BOURSES DU TRAVAIL

LES
BOURSES DU TRAVAIL

PAR

Gustave
(G. DE) MOLINARI

CORRESPONDANT DE L'INSTITUT

RÉDACTEUR EN CHEF DU « JOURNAL DES ÉCONOMISTES »

PARIS

LIBRAIRIE GUILLAUMIN ET Cⁱᵉ

Éditeurs du Journal des Économistes, de la Collection des principaux Économistes,
du Dictionnaire de l'Économie politique,
du Dictionnaire du Commerce et de la Navigation.

RUE RICHELIEU, 14

—

1893

PRÉFACE

Les progrès qui ont transformé, depuis l'avènement de la liberté du travail, l'outillage et les procédés de l'industrie et augmenté la puissance productive de l'homme, ont eu pour résultat un accroissement extraordinaire de la richesse. Mais les éléments du bien-être ainsi accrus se sont-ils distribués équitablement entre les deux grandes catégories de producteurs qui ont contribué à les créer? Quoiqu'on ne possède point sur la répartition de la richesse des renseignements précis, il est visible que les classes supérieure et moyenne, qui tirent principalement leur revenu de l'emploi de leurs capitaux immobiliers et mobiliers, se sont enrichies dans une proportion plus forte que celle qui vit à peu près exclusivement du produit de son travail.

a

On peut constater aussi que dans les contrées où la richesse s'est le plus rapidement
et le plus amplement multipliée depuis un
siècle, elle tend à se concentrer en un petit
nombre de mains. Chose curieuse même,
c'est dans le pays où les institutions ont le
caractère le plus démocratique, aux États-
Unis, que cette tendance est particulièrement marquée [1]. Même dans ceux où elle
est le moins prononcée, la condition de la
classe ouvrière, qui tire son revenu du salaire,
ne s'est point autant améliorée, sous l'influence des progrès de l'industrie, que celle
des classes qui tirent le leur des profits ou
des dividendes, du loyer ou de l'intérêt. Le
revenu de l'individu qui coopère à la gestion
ou à la direction d'une entreprise soit comme
entrepreneur, propriétaire ou capitaliste, ce
revenu est acheté au prix d'une journée de
travail, dont la durée est inégale, mais certainement inférieure à celle de la journée
moyenne de l'ouvrier. En outre, ce revenu
suffit communément à l'entretien de la famille : ni la femme ni les enfants ne sont
obligés de travailler pour pourvoir à leur

[1] Voir à l'Appendice, note A.

subsistance, le travail du mari et du père y suffit. Enfin, bien que plus ou moins aléatoire selon les industries ou les fonctions, l'existence des individus des classes supérieure et moyenne est plus assurée que celle des ouvriers : ils sont moins exposés à perdre du jour au lendemain leurs moyens d'existence, et si l'on examine de même, au point de vue de la stabilité, la condition de la classe ouvrière, on trouvera qu'elle s'est aggravée au lieu de s'améliorer depuis l'avènement des progrès qui ont augmenté d'une manière si prodigieuse la productivité de l'industrie.

D'où provient cette inégalité dans la répartition des fruits du progrès industriel? Comment se fait-il que l'accroissement de la richesse produite par la coopération du capital et du travail ait été pour la plus forte part acquis, et soit demeuré entre les mains des classes capitalistes? Ce phénomène ne peut évidemment provenir que des causes suivantes : 1° De ce que la classe ouvrière n'aurait pas reçu sa juste part dans les résultats de la production, c'est-à-dire d'un vice de la répartition de la richesse ; 2° De ce qu'elle aurait employé moins utilement son revenu, se serait montrée moins économe, moins prévoyante, moins capable, en un mot, de gouverner et de régler ses appétits, que les classés capitalistes ; enfin 3° de ce que les charges publiques auraient pesé dans une proportion plus forte sur la classe ouvrière que sur les autres.

De ces causes, les ouvriers et leurs défenseurs attitrés ne retiennent que la première et la troisième ; ils écartent systématiquement la seconde, quoiqu'elle ne soit pas la moins importante et la moins agissante. C'est surtout le vice de la répartition qu'ils accusent, et ce vice ils s'accordent à l'attribuer à la forme sous laquelle la classe ouvrière reçoit sa part dans les résultats de la production, c'est-à-dire au salariat. A leurs yeux, l'ouvrier est, en tant que salarié, nécessairement « exploité » par l'entrepreneur ou le patron salariant ; il ne peut recevoir que la somme indispensable pour le faire vivre. Tout le surplus, toute la *plus-value* du produit de son travail va à l'entrepreneur-capitaliste, de même qu'elle allait jadis au propriétaire d'esclaves. Car, suivant une expression célèbre de M. de Chateaubriand, le salariat n'est qu'une tranformation de la servitude. L'abolition du patronat et du salariat est, en conséquence, le premier article de tous les programmes socialistes, communistes, collectivistes ou anarchistes.

Cependant, il ne suffit pas de supprimer le patronat et le salariat, il faut établir un nouveau mode de production et de distribution de la richesse. Ici le désaccord commence entre les différentes écoles socialistes. Les unes veulent confier à l'État, préalablement conquis par la classe ouvrière et placé sous sa main, la production de tous les articles nécessaires à la vie, et le charger de les répartir entre tous les membres de la société, soit en proportion de leur concours à l'œuvre commune, soit en raison de leurs besoins; les autres font de l'État un simple commanditaire des collectivités ouvrières qui se partageraient les différentes industries et en distribueraient, égalitairement ou suivant une proportion à déterminer, les produits entre leurs associés; d'autres encore (les anarchistes), suppriment l'État et laissent aux individualités ouvrières, associées ou non,

a.

le soin d'organiser librement la production
et de s'en distribuer les fruits suivant les
besoins de chacun.

Ajoutons que cette réorganisation industrielle et cette rénovation sociale impliquent
la confiscation de toutes les entreprises existantes et des capitaux immobiliers et mobiliers qui les mettent en œuvre, en d'autres
termes, la dépossession de la classe propriétaire et capitaliste au profit de la classe ouvrière. Cette dépossession sera le but et le
résultat de la « révolution sociale » qui mettra fin au régime capitaliste.

Telle est la solution que le socialisme révolutionnaire propose à la question sociale et
qu'il s'occupe activement de propager, en
attendant que le moment soit venu de la réaliser.

Ce socialisme radical effraye aujourd'hui
à bon droit les classes qu'il menace de dépossession. Dans les premiers temps de son
apparition, il avait été simplement pour ces
classes intelligentes ou reputées telles, un
sujet d'étonnement. Elles croyaient de très
bonne foi que les révolutions politiques, en
faisant tomber le pouvoir entre leurs mains,

avaient clos l'ère des revendications, et que
le régime qui en était sorti devait satisfaire
toutes les exigences légitimes. Le socialisme
leur apparaissait comme une irruption pas-
sagère des mauvaises passions que recèlent
les bas-fonds de la société. Il fallut que la
persistance du mal et la gravité croissante
de ses manifestations lui fissent comprendre
que le danger était sérieux. Mais ce danger,
la société ne pouvait-elle pas aisément le
conjurer ? Ne disposait-elle pas d'une puissance formidable ? N'avait-elle pas à son service l'ensemble des forces concentrées dans
l'organisme gouvernemental et dans la classe
dirigeante? Ne suffisait-il pas de mettre en
œuvre l'appareil de la répression pour avoir
raison des ennemis, plus bruyants d'ailleurs
que redoutables, d'un ordre social le plus
parfait qui eût jamais existé? Au besoin, on
ajouterait aux mesures répressives quelques
remèdes philanthropiques, et le mal disparaîtrait sans laisser de traces.

Ces prévisions optimistes ont été déçues :
le mal a résisté à la répression et à la
philanthropie combinées; il s'est répandu
comme une épidémie dans toute l'étendue

du monde civilisé ; le socialisme s'est propagé dans les couches profondes des masses ouvrières, et, si rien n'arrête ses progrès, il pourrait bien, quelque jour, réaliser ses menaces de subversion sociale. A l'approche de ce péril, les classes dirigeantes se sont enfin émues, elles ont reconnu l'existence d'une « question sociale ». Mais qu'ont-elles fait pour la résoudre ? Elles en ont demandé la solution au socialisme lui-même. Elles ont fait de l'homœopathie : au socialisme révolutionnaire. elles ont opposé le socialisme d'État.

Tous les parlements, à commencer par le Parlement français, ont été saisis d'une série de projets ou de propositions, ayant pour objet de faire intervenir le Gouvernement dans les relations du Capital et du Travail : tantôt il s'agit de reporter sur les entrepreneurs d'industrie la responsabilité des accidents du travail, tantôt de limiter la durée de la journée et de réglementer les engagements; tantôt d'établir la participation aux bénéfices, tantôt enfin, d'instituer des pensions de retraites, dont le montant serait fourni, pour la plus grande part, par les entrepreneurs et les contribuables. Mais est-il nécessaire de dire que ces concessions homœopathiques n'ont pas eu la vertu de désarmer le socialisme révolutionnaire, et que la campagne qu'il mène contre la vieille société et l'organisation capitalistique de l'industrie est aujourd'hui plus active que jamais ?

Nous ignorons si la vieille société résistera ou succombera à l'assaut du socialisme, et, s'il faut tout dire, nous inclinons à croire que les révolutions politiques du XVIIIe et du XIXe siècle pourraient bien ouvrir la voie aux révolutions sociales du XXe. La confiscation des fortunes des trente mille milliardaires et millionnaires, qui possèdent les trois cinquièmes de la propriété immobilière et mobilière des États-Unis n'aurait, après tout, rien de plus extraordinaire ni même de plus scandaleux que ne l'a été, dans notre vieille Europe, celle des biens relativement moins considérables et provenant d'une soure peut-être plus pure, de la noblesse et du clergé. Il est donc fort possible que le socialisme révolutionnaire réalise la première partie de son programme : celle qui consiste

à s'emparer du capital accumulé dans les régions supérieures de la société pour le distribuer à la multitude.

En revanche, nous pouvons affirmer qu'il
lui sera impossible de réaliser la seconde,
c'est-à-dire d'enlever au capital le gouvernement de la production, et de changer le
mode de distribution de la richesse, en supprimant le salariat. N'en déplaise aux théoriciens du socialisme, le gouvernement de la
production appartient naturellement au capital et ne peut, quoi qu'on fasse, lui être
enlevé, parce qu'il en supporte et peut seul
en supporter les risques ; le salariat ne peut
être aboli, parce qu'il est le seul mode qui
soit adapté à la situation et aux convenances
de l'immense majorité des coopérateurs de
la production. En d'autres termes, toutes les
organisations, tous les systèmes que les
socialistes entreprendront de substituer au
régime actuel échoueront, parce que ce régime
est fondé sur les lois qui gouvernent la production et la distribution de la richesse, et
adapté à la nature des choses et des hommes.

Cela ne veut pas dire que la constitution
des entreprises de production et le mode de

rétribution du travail ne soient point perfec-
tibles. Ils se sont perfectionnés, ils se per-
fectionneront encore : la constitution des
entreprises deviendra plus économique, la
rétribution plus utile et équitable. Seulement,
ces progrès se réaliseront non par la suppression, mais par l'amélioration du régime
actuel.

En dernière analyse, et pour en revenir
aux griefs du socialisme contre la « vieille
société », les socialistes sont dans le vrai
— et c'est ce qui fait leur force, — quand ils
affirment que l'accroissement extraordinaire
de la richesse, depuis l'avènement de la
grande industrie, a profité beaucoup plus
aux classes capitalistes qu'à la multitude qui
vit du produit de son travail quotidien; ils
sont dans le faux, quand ils prétendent
remédier à cet état des choses en substituant
des systèmes artificiels de production et de
distribution de la richesse au système naturel qui s'est établi, développé et perfectionné
de siècle en siècle sous l'impulsion des lois
économiques.

Nous nous bornerons, dans ce livre, à examiner la cause qui a vicié, depuis l'avène-

ment de la liberté du travail, la distribution
de la richesse, au détriment de la classe
ouvrière ; nous voulons parler de la situation
inégale de l'entrepreneur et de l'ouvrier
dans le débat des conditions du salaire
— situation inégale que le père de l'Économie politique, Adam Smith [1], a dénoncée le
premier, — et à montrer comment des progrès déjà accomplis ont modifié cette situation, comment d'autres progrès en voie
d'accomplissement ou en préparation la
modifieront encore et auront pour résultat
final d'attribuer à la classe ouvrière la part
légitime et nécessaire qui lui revient dans
les fruits de la production.

[1] Appendice, note B.

LES BOURSES DU TRAVAIL

CHAPITRE PREMIER

Le salaire et sa raison d'être.

Les conditions naturelles, l'objectif, les agents et les instruments de la production. — L'espace de temps qu'exigent les opérations productives et les risques qui les grèvent. — Nécessité d'une avance pour attendre la réalisation du produit et en couvrir les risques. — Que l'immense majorité des travailleurs ne possèdent point cette avance. — Qu'une rétribution fixe et assurée ou un salaire répond mieux à leur situation et à leurs convenances qu'une part éventuelle du produit. — Qu'il en est de même pour la plupart des capitalistes. — Que l'entrepreneur d'industrie remplit à l'égard de ses ouvriers le rôle d'un banquier et d'un assureur. — Qu'il doit être rétribué pour cette double fonction et que le montant de sa rétribution se déduit de la part de l'ouvrier dans les résultats de la production.

Dans toutes les branches de la production, les ouvriers qui forment l'immense majorité du personnel des entreprises reçoivent leur rétribution sous la forme d'un salaire. Qu'est-ce donc que le salaire et pourquoi cette forme de la rémunération du travail, a-t-elle été adoptée de préférence à toute autre?

Pour répondre à ces deux questions, il faut d'abord se rendre compte des conditions naturelles de la production; il faut examiner dans quel but et com-

ment on produit, dans les sociétés arrivées à un
certain degré de développement industriel. On ne
produit pas en vue de consommer soi-même les
articles que l'on fabrique, on les produit en vue de
les échanger. En outre, on ne les produit que par
exception individuellement. La presque totalité des
entreprises agricoles, industrielles, commerciales et
autres sont collectives ; elles exigent la coopération
d'un personnel plus ou moins nombreux, pourvu
d'aptitudes et de connaissances diverses. Elles exigent aussi la réunion et la mise en œuvre d'un capital
composé, dans des proportions déterminées par leur
nature, de terre, de bâtiments, de machines, d'outils,
de matières premières. En d'autres termes, on ne
peut produire qu'à la condition de disposer d'un
personnel et d'un matériel.

Qu'est-ce qui détermine un ou plusieurs individus
à entreprendre la production d'un article propre à
la satisfaction d'un besoin quelconque ? Ce n'est pas
le désir de le consommer eux-mêmes, c'est l'espoir
plus ou moins fondé de réaliser, en l'échangeant,
un profit qui leur procure un revenu, avec lequel ils
puissent pourvoir à l'ensemble de leurs besoins.

Mais ce profit, les individus qui entreprennent
une industrie ne peuvent l'obtenir ni immédiatement
ni avec certitude.

Examinez toutes les entreprises de production,
quelle que soit leur nature, et vous trouverez que

la confection de leurs produits et la réalisation de
ces produits exigent toujours un certain espace de
temps, tantôt court, tantôt long. S'il s'agit d'une
industrie agricole, de la production du blé, il faut
que la terre soit labourée, le blé semé, récolté, vendu
et payé ; s'il s'agit d'une industrie manufacturière,
de la fabrication des cotonnades, il faut que le coton
brut soit transformé en tissu, et que le tissu, ordinairement vendu à terme, soit payé à l'échéance. Le
progrès des méthodes de fabrication, des moyens
de communication et des procédés commerciaux
peut abréger ce délai, mais il y a toujours un délai.
Il y a aussi toujours des risques. Dans l'industrie
agricole, les accidents de la température peuvent
faire manquer la récolte ou la rendre surabondante,
dans les industries où l'homme est le maître de
régler sa production, des accidents de diverses
sortes peuvent entraver ses opérations ; dans toutes,
il y a des risques de non-vente et de non-paiement.
Ces risques venant à échoir, l'entrepreneur subit
une perte au lieu de réaliser un profit.

Ainsi donc, avant de tirer de son entreprise le
revenu nécessaire pour le faire subsister lui et les
siens, l'entrepreneur est obligé d'attendre que le
produit soit créé et réalisé, et de courir les risques
de sa réalisation.

Cela étant, il faut que tout entrepreneur de production possède une avance de subsistances qui lui

permette de vivre, en attendant que le produit soit
réalisé avec un profit, et dans le cas où il n'y aurait
point de profit, point d'excédent sur le capital
dépensé, où même le capital serait entamé, il faut
qu'il dispose de ressources qui lui permettent de
combler le déficit et de continuer à produire jusqu'à
ce qu'il puisse compenser les pertes d'une opération
par les bénéfices d'une autre.

Telles sont les conditions qui dérivent de la nature
même de la production, et auxquelles le producteur
ne peut se soustraire, à moins de retourner à cet état
primitif de sauvagerie, où l'individu produisait ce
qu'il consommait, mais en subissant des risques
bien autrement graves que ceux auxquels il est
exposé sous le régime de la division du travail et
de l'échange.

Cependant cette avance indispensable pour attendre que le produit soit confectionné et réalisé, et
courir les risques de sa réalisation, tous les coopérateurs de la production la possèdent-ils ? Et ceux
qui la possèdent sont-ils disposés à l'engager dans
l'entreprise à laquelle ils coopèrent ?

Même dans les pays où le personnel de la production reçoit la rétribution la plus élevée, et où l'esprit
d'épargne est le plus répandu, les travailleurs en
état d'attendre que le produit ou le service qu'ils
contribuent à créer soit réalisé, comme aussi de
courir les risques de sa réalisation, ne forment

qu'une infime minorité. Mais, en admettant même qu'ils fussent les plus nombreux, qu'ils constituassent la grande majorité, seraient-ils disposés à subir une attente dont la durée ne peut jamais être fixée, et des risques dont l'importance ne peut pas davantage être évaluée? A une rétribution retardée et aléatoire, ne continueraient-ils pas à préférer une rétribution avancée et assurée? un salaire fixe à une part éventuelle de profit ou un dividende? Il en serait ainsi selon toute apparence, et nous en trouverions au besoin la preuve dans la préférence de la plupart des capitalistes pour la forme de rétribution qui correspond au salaire : l'intérêt.

Quoique les gens qui mettent leurs capitaux au service de la production aient généralement les moyens d'attendre la réalisation des produits et d'en courir les risques, ils préfèrent, pour le plus grand nombre, la situation de prêteurs à celle d'associés ou d'actionnaires. Quand une compagnie se constitue pour la construction et l'exploitation d'un chemin de fer ou pour toute autre grande entreprise, que fait-elle? Elle partage le capital qu'elle demande au public en deux portions ordinairement fort inégales : l'une, la moins considérable, en échange d'actions ou de parts d'associés, donnant droit à un dividende, c'est-à-dire à une part éventuelle de profit, payable seulement au bout de l'exercice, l'autre en échange d'obligations donnant droit à un intérêt, c'est-à-dire à une part fixe et plus ou moins assurée, payable communément au bout de trois mois ou de six mois, et facilement escomptable. Enfin la faveur dont jouissent les emprunts d'État ne tient-elle pas surtout à ce qu'ils procurent un revenu à échéances rapprochées, et que le public estime, à tort ou à raison, plus assuré que celui qu'il peut obtenir dans les entreprises industrielles ? Cette tendance d'esprit qui domine chez les capitalistes ne se retrouverait-elle pas chez les travailleurs, en supposant qu'ils eussent, comme eux, les moyens d'attendre la réalisation d'un produit et d'en courir les risques ? ne continueraient-ils pas à préférer la condition du prêteur ou du loueur de travail, rétribué par un salaire, à celle de l'associé rétribué par une part de profit ?

Maintenant, il est clair que le salaire 'de l'ouvrier pas plus que l'intérêt du prêteur ne peut égaler le profit de l'entrepreneur, qui loue le travail de l'un et emprunte le capital de l'autre. L'entrepreneur individuel ou collectif non seulement assume sur lui tous les risques de la production, mais encore il avance à l'ouvrier salarié une part dans le produit de l'entreprise avant que ce produit soit réalisé. Il faut donc qu'en sus du capital qui suffirait à son entreprise si les ouvriers, ses coopérateurs, étaient ses associés et ne recevaient, par conséquent, leur part dans les résultats de la production qu'après que ces résultats

eussent été obtenus, il faut, disons-nous, qu'en sus
de ce capital, employé à l'acquisition ou à la location
des terres, des bâtiments, à l'achat des machines, des
outils, des matières premières, etc., il dispose d'un
capital spécialement affecté au paiement des salaires.
Ce capital supplémentaire, s'il ne le possède point,
il doit l'emprunter à un intérêt plus ou moins élevé
selon le crédit dont il jouit, selon encore que son
industrie est sujette à des risques plus ou moins considérables. Il en est responsable, et il doit en servir
l'intérêt quand même il subirait des pertes au lieu de
recueillir des profits ; si son entreprise échoue, il
doit le rembourser aux capitalistes qui le lui ont
fourni, ou si ce capital lui appartient à lui-même, il
le perd. Cela étant, il faut bien, s'il veut couvrir les
frais que lui cause l'emploi de ce capital supplémentaire, qu'il se fasse rembourser par les ouvriers le
montant de l'intérêt qu'il paie et de la prime des
risques qu'il subit. Ne joue-t-il pas, vis-à-vis d'eux, le
rôle d'un banquier et d'un assureur ? S'ils étaient ses
associés, il n'aurait pas besoin de ce capital, employé
au paiement des salaires. Il n'aurait pas à en servir
l'intérêt et ne serait pas obligé de le restituer à ses
prêteurs ou d'en supporter la perte, en cas d'insuccès
de son entreprise. En outre, cette fonction de banquier et d'assureur que remplit l'entrepreneur vis-
à-vis de ses ouvriers comporte une rétribution, qui
vient encore en déduction de la part de profit qu'ils

pourraient obtenir s'ils étaient associés au lieu d'être salariés.

Ce loyer et cette assurance du capital employé au paiement des salaires, et cette rétribution de l'entrepreneur banquier et assureur, constituent la différence naturelle et nécessaire de la rétribution de l'ouvrier salarié et de l'ouvrier associé. Elle est plus ou moins grande, selon que le loyer des capitaux et les risques de l'industrie sont plus ou moins élevés, mais, quelle qu'elle soit, l'ouvrier trouve aujourd'hui et, selon toute apparence, trouvera toujours plus avantageux de la payer que de faire l'avance qu'elle lui épargne et de supporter les risques qu'elle lui assure; en d'autres termes, la condition de salarié sera toujours mieux adaptée à sa situation et à ses convenances que celle d'associé.

Nous verrons, au surplus, comment cette différence entre la rétribution du salarié et celle de l'associé pourrait être réduite au minimum.

CHAPITRE II

Le taux nécessaire et le taux courant du salaire.

En quoi consiste le taux nécessaire de la rétribution du personnel
  de la production. — Éléments qui le constituent. — Que ces éléments sont divers et mobiles. — La période productive et les
  deux périodes improductives de l'existence humaine. — Que la
  rétribution du travail doit comprendre les frais d'entretien des
  travailleurs pendant ces trois périodes. — Ce qui détermine le
  taux courant ou le prix réel du travail. — La loi de l'offre et de la
  demande. — Analyse de cette loi. — Action de l'intensité des
  besoins. — Que l'échange du travail contre un salaire ne peut
  s'opérer dans des conditions d'égalité que si les deux parties disposent au même degré du temps et de l'espace. — Contrepoids
  nécessaires à l'inégalité d'intensité des besoins de l'entrepreneur
  et de l'ouvrier.

Toute entreprise de production exige, avec un matériel composé d'élément divers, terres, bâtiments
d'exploitation, outils, machines, matières premières,
un personnel plus ou moins nombreux, pourvu d'aptitudes et de connaissances appropriées à la nature
particulière de l'industrie. Quelle que soit d'ailleurs
sa composition, le personnel des entreprises entre
lesquelles se partage une industrie doit pouvoir subsister et se renouveler du produit de cette industrie.
Si la part qu'il obtient dans ce produit est insuffisante
pour subvenir à son entretien et à son renouvellement, l'industrie sera tôt ou tard condamnée à périr

1.

et le besoin auquel elle pourvoit cessera d'être satisfait.

Il faut donc que chacune des branches de la production fournisse au personnel qui la met en œuvre
une rétribution qui assure d'une manière indéfinie la
conservation de ce personnel. Qu'elle soit perçue
sous la forme d'une part de profit ou d'un salaire,
elle a un « taux nécessaire ».

Les éléments de ce taux nécessaire sont de plusieurs
sortes, et ils diffèrent selon la nature et la qualité du
travail, selon encore la nature de l'industrie et les
conditions dans lesquelles elle s'exerce. De plus, ils
sont mobiles ; les progrès de la machinerie de la
production, par exemple, ayant pour effet invariable
de modifier et d'élever la qualité du travail[1], déterminent de ce chef l'exhaussement de sa rétribution.
Ils comprennent ; 1° la somme nécessaire à l'entretien
actuel et futur du travailleur ; 2° la somme nécessaire
à sa reproduction. Dans leur ensemble, ils constituent les frais de production du travail.

Il y a, dans toute existence humaine, une période
productive pendant laquelle l'individu est en pleine
possession des forces, des aptitudes et des connaissances qu'exige son industrie, et une période improductive partagée entre l'enfance et la vieillesse, pendant laquelle il ne les possède pas encore ou ne les

---

1 Appendice. Note C.

possède que dans une mesure de plus en plus faible jusqu'à ce qu'elles lui manquent tout à fait. Il faut que le produit de son travail suffise à son entretien pendant ces deux périodes ; qu'il pourvoie non seulement à la subsistance de l'homme fait, mais encore à celle de l'enfant et du vieillard. Le taux nécessaire de la rétribution du travailleur comprend donc, avec la somme qu'exige son entretien actuel, une autre somme destinée, d'une part à subvenir à ses besoins pendant sa vieillesse, d'une autre part à l'élève et à l'éducation d'un travailleur capable de le remplacer dans l'atelier de la production. Ces deux sommes diffèrent d'un emploi à un autre. Les emplois supérieurs de la production qui mettent en œuvre les facultés intellectuelles et morales du travailleur nécessitent des frais d'entretien plus considérables que ceux qui demandent seulement une dépense de force physique. Ces mêmes emplois comportent des frais de renouvellement plus élevés, en raison des connaissances générales et techniques dont le travailleur doit être pourvu dans sa période de formation. Les différentes branches de l'industrie humaine ne se trouvent pas non plus placées dans les mêmes conditions. Les unes sont saines, les autres insalubres ou dangereuses. Dans les premières la durée de la période productive du personnel est longue, dans les secondes elle est écourtée par le séjour dans une atmosphère délétère ou par des accidents inévitables. Dans certaines industries encore le travail est régulier et rarement interrompu, dans d'autres il est irrégulier et exposé à des chômages fréquents. Or, plus la période productive est courte et aléatoire, plus la rétribution du travailleur doit être élevée pour suffire à son entretien actuel, à sa subsistance pendant sa vieillesse et aux frais de son renouvellement.

Le taux nécessaire de la rétribution du travail varie ainsi d'une industrie et d'un emploi à un autre, mais quel qu'il soit, il constitue un niveau qui doit être atteint pour que l'emploi puisse se recruter et que l'industrie puisse subsister.

Mais ce taux nécessaire, qui représente les frais de production du travail, n'est qu'un point idéal vers lequel gravite le prix courant, c'est-à-dire le salaire réellement payé au travailleur, et cette gravitation économique qui procurerait au travail sa juste rétribution si elle agissait librement, sans entraves, rencontre de nombreux obstacles dans le milieu où s'exerce l'industrie, et dans le travailleur lui-même.

Le prix courant ou le prix réel du travail est déterminé, comme le prix des produits, le loyer des capitaux immobiliers et l'intérêt des capitaux mobiliers, par la loi de l'offre et de la demande.

Comment agit cette loi ? On sait qu'elle agit pour fixer les prix de toutes choses en raison des quantités offertes et demandées. Le prix s'élève en raison inverse des quantités offertes, en raison directe des quantités demandées, autrement dit encore, une marchandise hausse quand elle est plus demandée qu'offerte, elle baisse quand elle est plus offerte que demandée.

Voilà le phénomène qui frappe tous les regards et qui se produit invariablement depuis que les hommes opèrent des échanges. Mais ce phénomène ne semble avoir été encore qu'incomplètement observé et analysé, et l'insuffisance de cette observation et de cette analyse, surtout en matière de travail et de salaire, a conduit à la conclusion erronée que le nombre est le seul facteur déterminant de la rétribution du travail[1].

On néglige communément de remarquer que les quantités d'un produit ou d'un service, offertes et demandée sen échange, dépendent de l'intensité comparative des besoins en présence. Le besoin le plus intense offre en échange de sa demande une quantité plus forte que le besoin le moins intense. Il résulte de là que lorsque des ouvriers offrent leur travail à des entrepreneurs qui le demandent, ce n'est pas la quantité offerte par les uns et demandée par les autres qui est le seul facteur déterminant du taux du salaire. Au premier abord, on pourrait croire que dans une

---

1 Voir la théorie des prix dans les *Notions fondamentales d'Économie politique*, chapitre Ier, Les Lois naturelles, et dans le *Précis d'Économie politique et de Morale*, L'Économie politique, chap. II, La Loi de l'Offre et de la Demande.

localité où dix entrepreneurs, par exemple, ont besoin de mille ouvriers pour exécuter une certaine quantité de commandes, s'il n'y a que neuf cent cinquante ouvriers, ceux-ci pourront dicter les conditions du salaire. Il n'en est pas ainsi. Le taux de la rétribution du travail ne dépendra pas seulement du nombre des entrepreneurs qui offrent le salaire et des ouvriers qui le demandent, il dépendra encore de l'intensité comparative de leurs besoins. Or, cette intensité est généralement fort inégale. Les ouvriers sont pressés d'obtenir un salaire pour subsister. Ils ne peuvent attendre. Les entrepreneurs sont pressés aussi, sans doute, de se procurer du travail, mais ils le sont moins.

Si les dix entrepreneurs se trouvaient dans le cas que nous venons de supposer, en présence de mille ouvriers, le seul facteur déterminant du taux du salaire serait le degré d'intensité comparative des besoins des deux parties. S'ils se trouvaient en présence de neuf cent cinquante ouvriers, c'est-à-dire de cinquante ouvriers de moins que le nombre dont ils ont besoin, cette insuffisance du nombre agirait comme un second facteur déterminant, à l'avantage des ouvriers. Les entrepreneurs se feraient concurrence pour compléter leur personnel et, en présence d'un nombre insuffisant pour les satisfaire tous, ils éleveraient leur offre, le salaire hausserait, mais seulement dans une mesure limitée et assez étroite. Chaque entrepreneur calculerait ce que lui coûterait la hausse du salaire de la totalité de son personnel et il comparerait le surcroît des frais qu'il aurait à supporter de ce chef à la perte ou au défaut de gain que lui causerait le manque d'un travailleur sur vingt, et il arrêterait son offre concurrente au point où ce surcroît de frais dépasserait le bénéfice que lui vaudrait l'emploi de l'ouvrier manquant. La hausse du salaire ne dépasserait pas cette limite.

Si, au contraire, les ouvriers se trouvent à l'état d'excédent, s'il y a mille cinquante ouvriers qui demandent du travail quand il n'y a du travail que pour mille, ils se font une concurrence au rabais, qui peut n'avoir d'autre limite que le taux au-dessous duquel les forces que le travailleur met en œuvre dans une journée portée à son maximum de durée ne peuvent être réparées, c'est-à-dire jusqu'à un *minimum de subsistance*.

Pour que le salaire ne tombe pas au-dessous des frais de production du travail, pour que l'entrepreneur ne puisse pas exiger de l'ouvrier une quantité excessive de labeur quotidien en échange d'un salaire insuffisant pour subvenir à ses frais d'entretien et de renouvellement, il faut donc non seulement que le nombre des ouvriers ne dépasse pas celui des emplois disponibles, mais encore que l'intensité du besoin de vendre le travail ne dépasse pas celle du besoin de l'acheter, il faut, en un mot, que les deux besoins

soient égaux dans le moment et dans le lieu où se
conclut le marché.

Or, cette égalité nécessaire ne peut exister qu'à
deux conditions : c'est que les deux parties disposent
à un degré égal du temps et de l'espace. C'est, d'une
part, que l'ouvrier possède assez de ressources pour
pouvoir suspendre son offre aussi longtemps que
l'entrepreneur peut suspendre la sienne ; c'est, d'une
autre part, lorsque le travail est à l'état d'excédent
sur un marché, que les ouvriers puissent placer cet
excédent ailleurs aussi facilement que les entrepreneurs peuvent, s'il y a un déficit, se procurer ailleurs
la quantité nécessaire pour le combler. Aussi longtemps que ces deux conditions ne sont point remplies, l'inégalité subsiste et elle agit pour déprimer
le taux du salaire.

Il semblerait d'après cela que la classe ouvrière
ait dû de tout temps, sous l'impulsion mécanique et
inexorable de la loi de l'offre et de la demande, être
réduite à fournir un maximum de travail et à se
contenter d'un minimum de subsistance. Car, de
tout temps, les classes inférieures ont eu une tendance à se multiplier plus rapidement que les emplois qui leur fournissent des moyens d'existence ;
de tout temps aussi, l'intensité du besoin de vendre le travail a été supérieure à celle du besoin de
l'acheter.

Cette inégalité de situation entre les vendeurs et

les acheteurs de travail n'aurait pas manqué d'engendrer des conséquences destructives de la classe ouvrière si elle était demeurée sans contrepoids. Ces contrepoids, la nécessité les avait fait établir dès la naissance de l'industrie. Ils étaient imparfaits et grossiers sans doute, mais ils étaient adaptés à l'état économique des sociétés, et ils sont demeurés long-temps efficaces. C'est en les étudiant et en se rendant compte de leur raison d'être qu'on peut se faire une idée de ceux que comporte l'état actuel de l'industrie et de la société pour équilibrer l'offre et la demande de travail et assurer ainsi aux ouvriers leur part juste et nécessaire dans les résultats de la production.

CHAPITRE III

L'ancien régime. — L'esclavage et le servage.

Raison d'être de l'esclavage. — Qu'il a été un contrepoids au pouvoir inégal du capital dans l'opération de la loi de l'offre et de la demande. — Qu'il a intéressé les capitalistes à la conservation et à la reproduction utile des travailleurs. — Qu'on peut le considérer, en conséquence, comme une forme primitive et grossière mais nécessaire de l'assurance. — Le servage. Les charges qu'il imposait et les services qu'il rendait aux travailleurs. — Comment la coutume protégeait le serf. — L'esclavage des nègres. — Le servage en Russie. — Résultats de leur abolition.

Quand une institution a cessé d'avoir sa raison d'être, quand elle a survécu à l'état de choses qui l'avait rendue nécessaire et qu'elle est devenue un obstacle après avoir été un secours ou une défense, ceux qui l'observent dans cette seconde période de son existence sont naturellement portés à croire qu'elle a toujours été un instrument d'oppression ou d'exploitation et que l'explication de son existence est tout entière dans l'état de barbarie, d'ignorance et d'immoralité où croupissaient les anciennes sociétés. C'est ainsi qu'au XVIIIe siècle les philosophes et les philanthropes, plus ou moins socialistes, envisagaient l'esclavage, le servage et le régime des corporations. C'est ainsi que de nos jours leurs successeurs jettent sur la guerre un anathème justifié et

opportun sans doute mais qui a le défaut d'être rétros-
pectif. Cependant, pour ne parler que de la servitude
sous ses différentes formes, il suffirait d'un peu de
réflexion pour se convaincre qu'une institution qui a
occupé une si grande place dans la vie de l'humanité n'a pu naître et subsister pendant une longue
suite de siècles sans répondre à une nécessité. On
sait que les plus beaux esprits et les âmes les plus
nobles de l'antiquité, les Socrate, les Aristote, les
Platon, les Épictète, les Marc-Aurèle, considéraient
l'esclavage comme légitime, et, chose plus significa-
tive, que les esclaves eux-mêmes se soumettaient
paisiblement à leur destinée. L'histoire ne mentionne
qu'un petit nombre d'insurrections d'esclaves, tandis
qu'elle enregistre d'innombrables séditions des classes plus ou moins libres. Des hommes libres ont
même beaucoup plus fréquemment accepté volon-
tairement l'esclavage ou le servage que les esclaves
n'ont demandé à être affranchis [1] ! Comment s'expli-
quer ce phénomène si l'esclavage ne devait son existence qu'à un monstrueux abus de la force ? En
aucun temps, la force seule n'aurait point suffi à généraliser et à maintenir une institution contraire aux
instincts les plus vivaces de la nature humaine si la
classe qui y était assujettie et qui formait la majorité
dans les sociétés de l'antiquité, l'avait trouvée insup-

1 Appendice. Note D.

portable. Ce qui explique son extension et sa longue existence, c'est qu'elle constituait un progrès sur la condition antérieure des classes asservies. A une époque où le défaut de sécurité et de moyens de communication renfermait dans des limites étroites et isolait les marchés de la production et du travail, où l'imperfection de l'outillage de l'industrie, en réduisant le produit net au minimum, ne laissait qu'une faible marge à l'épargne, où la rareté des capitaux faisait monter l'intérêt à un taux exorbitant, où, en même temps, les classes inférieures étaient, plus encore qu'elles ne le sont aujourd'hui, incapables de gouverner utilement leur vie, d'imposer un frein à leurs appétits et de pratiquer la prévoyance, elles n'auraient pas manqué d'être victimes du jeu de l'offre et de la demande, si le pouvoir inégal du capital était demeuré sans contrepoids. Ce contrepoids, c'est l'esclavage qui l'a créé, en intéressant le capital à la conservation du travail.

La classe qui par la supériorité de sa force, de son intelligence, de sa prévoyance et de ses autres qualités morales, avait acquis et accumulé les instruments et les matériaux de la production, tenait à sa discrétion la multitude instinctive et imprévoyante. Cette classe capitaliste aurait-elle eu assez de modération pour ne point abuser de sa situation, en élevant au-dessus du maximum que comporte la conservation des forces humaines la durée du travail de cette mul-

titude et en abaissant sa rétribution au-dessous du
minimum ? L'esclavage, quelles qu'aient été d'ailleurs
ses origines, prévint cet abus ou y remédia. A l'avidité de l'employeur de travail, maître de dicter ses
conditions au travailleur dans cet état économique des
choses, il opposa le contrepoids de son intérêt. Les
esclaves étaient, sans doute, considérés comme un
simple bétail, on ne leur reconnaissait aucun droit,
pas plus qu'aux bœufs et aux moutons, on pouvait
les vendre ou même les tuer, et les lois édictées dans
les derniers temps de l'empire romain pour les protéger contre la brutalité de leurs maîtres avaient un
caractère purement philanthropique, comme nos lois
protectrices des animaux. Mais s'ils étaient réduits à
la condition d'un bétail, ils jouissaient du moins des
avantages attachés à cette condition. Leur subsistance était assurée, et leurs propriétaires étaient intéressés à ne point leur imposer un fardeau de travail
dépassant leurs forces. Ils réglaient leur reproduction,
surveillaient l'élève des enfants et ne les assujettis-
saient au travail qu'à l'âge et dans la mesure où ils
pouvaient s'y livrer sans que la croissance de leurs
forces et, par conséquent, leur valeur future, s'en
trouvât diminuée. Les propriétaires faisaient même
des avances à ceux qui montraient une intelligence
au-dessus du commun et des aptitudes spéciales, en
vue d'augmenter le profit de leur exploitation [1]. A ces

____

[1] Appendice. Note E.

esclaves d'élite, ils abandonnaient une part de ce profit, un pécule, pour stimuler leur activité, en leur
donnant ainsi les moyens de se racheter, mais ceux-là
seulement usaient de la faculté de rachat, qui se sentaient capables de courir les risques de la liberté,
et c'était généralement le petit nombre. Certes, l'esclave payait cher l'assurance de son existence, mais
quand on considère l'état économique des sociétés
de l'antiquité, on acquiert la conviction qu'il lui était
plus profitable de la payer que de courir les risques
auxquels l'exposait sa situation inégale vis-à-vis
du propriétaire des moyens de subsistance et son
incapacité à se gouverner, on demeure convaincu,
pour tout dire, que l'esclavage était au moins aussi
avantageux à l'esclave qu'au maître lui-même. Aurait-il pu subsister, d'ailleurs, pendant une période
si longue de la vie de l'humanité s'il n'avait pas eu
sa raison d'être ?

. Dans l'Europe du moyen âge, c'est une autre forme
de la servitude, le servage, qui apparaît comme la
condition générale de la multitude vouée aux travaux
agricoles, tandis que les métiers, les beaux-arts et les
professions libérales sont organisés en corporations.
Le serf possède des droits que n'avait point l'esclave :
il est attaché à la terre et ne peut être vendu qu'avec
le domaine auquel il appartient ; il occupe une par-
celle de ce domaine, et en paie le loyer au moyen
d'une redevance en travail, ordinairement de trois

jours par semaine, augmentée d'un certain nombre
d'impôts en nature ; il a une famille dont il ne peut
être séparé et qu'il gouverne. Mais il est gouverné, à
son tour, par le propriétaire du domaine, le seigneur,
Le pouvoir que le seigneur exerce sur lui semble, au
premier abord, illimité : c'est le régime du bon plaisir. Cependant, en l'examinant de plus près, on
s'aperçoit qu'il était limité par l'intérêt même du seigneur et par la « coutume ». Les corvées et les autres
redevances ont été fixées suivant la volonté du maître
du domaine, elles n'ont pas été librement débattues,
mais le maître était intéressé à ne pas les porter à
un point où elles eussent été destructives et insuppor-
tables. Il était intéressé à conserver en vie et en
santé le personnel nécessaire à l'exploitation de son
domaine, et, par conséquent, à venir en aide à ses
serfs aux époques de disette ou lorsqu'ils étaient victimes de quelque autre fléau ; car il n'existait point
d'ouvriers libres qu'il pût recruter pour les remplacer.
Il prévenait une multiplication surabondante de sa
population domaniale, en limitant, d'après les emplois
disponibles, le nombre des mariages, et il exerçait,
de concert avec le clergé, une police conservatrice
des mœurs. Quand il abusait de son pouvoir, il était
exposé à des révoltes ou à un mauvais vouloir qui
compromettaient sa sécurité ou tout au moins aug-
mentaient ses frais et diminuaient ses revenus. Le
pouvoir en apparence absolu du seigneur était limité

par cet ensemble de faits et de considérations intéressées, et les charges qu'il imposait subissaient la
même influence. Elles acquéraient à la longue le
caractère de stabilité que donne l'usage. « La coutume » devint ainsi pour le serf une sauvegarde
aussi sûre qu'aucune loi, car le seigneur ne pouvait
y déroger sans provoquer contre lui un soulèvement
de l'opinion et s'exposer à des risques qui dépassaient
communément le profit que lui aurait procuré cette
dérogation.

Ce régime avait certainement ses imperfections et
ses abus, mais tel quel, il était adapté aux conditions économiques du temps et au degré de capacité
gouvernante des populations asservies [1].

A une époque plus récente, l'esclavage, après
avoir disparu du monde civilisé, s'est implanté dans
le nouveau monde, où la destruction barbare des
races indigènes et l'impossibilité d'acclimater les
travailleurs européens empêchaient l'exploitation
des richesses naturelles du sol. On y a importé des
esclaves africains jusqu'au jour où la traite a été
interdite à la fois sous l'influence des prédications
des philanthropes négrophiles et des intérêts protectionnistes des éleveurs d'esclaves. L'esclavage a été
aboli plus tard, dans les colonies anglaises et fran-
çaises par voie de rachat, aux États-Unis à la suite
d'une guerre meurtrière. Mais il est permis de dou-

[1] Appendice. Note F.

ter que la condition de la race affranchie en ait été améliorée. C'est qu'il ne suffit pas d'être libre, il faut encore posséder la capacité nécessaire pour défendre ses intérêts et gouverner sa vie. Cette capacité, l'expérience l'atteste, fait défaut à l'immense majorité de la race nègre. L'esclavage était, à la vérité, le plus grossier et le plus onéreux des régimes de tutelle, mais, si imparfaite que soit une tutelle, n'est-elle pas préférable à la liberté pour l'individu incapable d'être son propre tuteur ? N'eût-il pas été préférable de perfectionner la tutelle primitive et grossière mais indispensable de l'esclavage, que de la supprimer [1] ?

L'abolition du servage en Russie n'a pas eu des résultats dont les amis de la liberté puissent davantage s'applaudir. Si peu capable que se montrât la classe des propriétaires, transformée en une simple pépinière de fonctionnaires civils et militaires, à remplir ses devoirs de tutrice de la population rurale, sa tutelle remédiait cependant, dans quelque mesure, à l'imprévoyance et à l'ignorance du serf. Elle réglait l'accroissement utile de la population en limitant le nombre des mariages, elle imposait aux communautés agraires l'obligation de faire des réserves pou. les années de disette, modérait, sinon empêchait, a multiplication des cabarets, protégeait les paysans ignorants contre les exactions de l'ad-

---

[1] Appendice. Note G.

ministration, de la police et des gens de loi, et leur venait en aide quand ils étaient victimes de quelque fléau. Si la suppression des charges et des entraves, au prix desquelles cette tutelle était acquise, a profité à un certain nombre d'individualités capables du *self government*, la grande majorité a vu, au contraire, sa situation s'aggraver; dans les mauvaises années, elle est plus que jamais décimée par la disette; elle succombe sous le fardeau croissant des impôts et de la dîme que prélève sur elle son intempérance. On ne peut rendre, à la vérité, la liberté entièrement responsable de sa misérable condition, car la tutelle de l'administration a remplacé, dans une ample mesure, celle du propriétaire, mais on peut se demander si elle a gagné au change.

CHAPITRE IV

L'ancien régime. — Les corporations.

Pourquoi les corporations se sont constituées dans toutes les industries et professions à l'exception de l'agriculture.—Comment elles
sont nées. — Causes qui ont déterminé leur groupement. — La
limitation naturelle des marchés. — Comment se posait sur ces
marchés limités le problème de l'équilibre de la production et de
la consommation. — Comment les producteurs s'associaient et se
concertaient pour résoudre ce problème à leur avantage. — Le
contrepoids de la coutume. — Institutions et pratiques qui pro-
tégeaient le travail contre le pouvoir inégal du capital sous le
régime des corporations.

Comme l'esclavage et le servage, la corporation
était une forme primitive de l'assurance. On ne la
trouve point dans l'agriculture : celle-ci est exercée
soit par des esclaves, dirigés par le propriétaire ou
le fermier du domaine, ou par des serfs tantôt isolés
tantôt réunis en communauté ; elle n'apparaît que
dans l'industrie proprement dite, le commerce, les
arts, et les professions libérales. Cette différence d'organisation de l'agriculture et des autres branches de
travail avait sa source originaire dans la différence
de nature et d'importance des besoins auxquels elles
pourvoyaient. Les besoins alimentaires de la population d'un domaine, population composée du propriétaire et de sa famille, de ses serviteurs, de ses escla-

2.

ves ou de ses serfs, exigeaient l'emploi continu du plus
grand nombre des esclaves ou des serfs à la culture
du sol et aux autres opérations agricoles. Les autres
besoins, besoins de logement, de vêtement, d'arme-
ment, d'éducation, d'ornementation, ne comportaient,
chacun, que l'emploi d'un petit nombre d'individus,
mais ils nécessitaient des facultés et des connaissances spéciales. Quand les artisans ou les ouvriers ap-
pliqués aux industries qui les desservaient avaient
pourvu à ces besoins naturellement plus limités de la
population du domaine, ils devaient ou demeurer
oisifs ou être employés à des travaux auxquels ils
étaient moins propres et dont l'exercice leur faisait
perdre une partie de leurs aptitudes et de leur habi-
lité professionnelles. Qu'arriva-t-il alors ? C'est que
le maître ou le seigneur reconnut qu'il tirerait plus
de profit de leur travail en les autorisant à exercer
d'une manière continue leur métier ou leur profession
et à vendre l'excédent de leurs produits ou de leurs
services. En échange de ce droit de travailler pour
d'autres que lui et les siens, qu'il leur concédait, il
leur imposa d'abord l'obligation de pourvoir eux-
mêmes à leur subsistance et de lui payer une redevance ; ensuite, il trouva plus avantageux d'augmenter cette redevance que d'exiger d'eux des produits ou
des services gratuits, sauf à se réserver un droit de
préemption sur leurs ventes[1]. La redevance et le droit

1 Appendice. Note H.

de préemption finirent par être rachetés à l'amiable, et tandis que les ouvriers agricoles demeuraient soumis au régime de l'esclavage et du servage, les artisans et les ouvriers de l'industrie devenaient libres, ou, du moins, n'étaient plus attachés au domaine seigneurial que par les liens de la sujétion politique. Ils se rachetèrent même ou s'affranchirent violemment de cette sujétion, et constituèrent des communes dans lesquelles ils entreprirent, mais trop souvent sans succès, de se gouverner eux-mêmes, jusqu'à ce que le pouvoir royal qui les avait aidés à secouer la domination du seigneur les eût assujettis à la sienne.

Que les ouvriers des différents métiers et professions se soient rapprochés et aient formé de tous temps des agglomérations plus ou moins nombreuses, cela s'explique encore par la nature des industries auxquelles ils se livraient. Tandis que l'agriculture exigeait la dissémination de la population rurale ou ne comportait que le faible groupement des villages ou des hameaux, car le cultivateur ne pouvait s'établir loin de son champ, sous peine de subir une augmentation de frais, il en était autrement pour l'homme qui exerçait un métier, un art, un commerce ou une profession libérale; pour toutes ces branches de travail, la concentration était une nécessité économique, comme la dissémination pour l'industrie agricole. Les entreprises de même nature, soit qu'il s'agît de métiers, d'arts, de commerce, etc., trouvèrent, en se groupant, une économie de frais sur l'apport de leurs matériaux et de leurs autres agents et instruments de production, en même temps qu'elles offraient à leur clientèle des facilités d'approvisionnement qu'elles n'auraient pu lui procurer en se disséminant; enfin à l'économie des frais et aux convenances de la clientèle se joignait — et ce motif n'était pas le moins déterminant — un accroissement de sécurité. La population adonnée aux branches de travail autres que l'agriculture se concentrait donc naturellement, sous l'influence de ces mobiles économiques; elle formait un bourg ou une ville, et les mêmes mobiles déterminaient la localisation de chaque métier, commerce ou profession, dans un quartier ou une rue.

Cependant le marché dont cette population pouvait disposer était naturellement borné. La clientèle de chaque métier ou profession ne s'étendait que par exception au delà du bourg ou de la ville, des manoirs, des villages et des hameaux avoisinants. L'insuffisance et la cherté des moyens de communication, le défaut de sécurité, limitaient les marchés, et, plus tard, à mesure que ces obstacles naturels disparaissaient, des obstacles artificiels étaient élevés, en vue de protéger les industries locales contre la concurrence du dehors. Dans ces marchés limités, le problème de l'équilibre de la production et de la consommation et du règlement équitable des prix ne tarda pas à se poser. Ce problème fut résolu, autant du moins qu'il pouvait l'être en l'état des choses, par l'établissement des corporations et de la coutume.

Quoique l'histoire ne nous fournisse que des renseignements vagues et incertains sur l'origine des corporations, nous pouvons conjecturer, en nous fondant sur l'opération naturelle des lois économiques et sur ses effets, que les entrepreneurs de production, qu'il s'agît d'un métier, d'un commerce ou d'une profession, commencèrent par s'entendre pour limiter l'offre de leurs produits ou de leurs services, de manière à empêcher la chute des prix au-dessous des frais de production, et à les élever même, autant que possible, au-dessus. Or, ils ne pouvaient atteindre ce but qu'en constituant une association permanente, une corporation investie des pouvoirs nécessaires pour prendre toutes les mesures conformes à l'intérêt commun ou réputées telles. Ces mesures consistaient, en premier lieu, à empêcher la concurrence extérieure, en défendant le marché de la corporation contre les empiétements des métiers avoisinants, et en interdisant l'accès de ce marché aux produits du dehors; en second lieu, à réglementer la concurrence intérieure, en limitant le nombre des associés, en fixant les méthodes et les procédés de fabrication, le nombre des ouvriers que chacun pouvait employer et la durée de leur journée de travail, de manière à empêcher les associés les plus ingénieux et les plus actifs de produire à plus bas prix que les autres. Nous retrouvons aujourd'hui quelques-unes de ces interdictions et de ces réglementations dans la pratique des *rings* et des autres coalitions des producteurs, maîtres de forges, raffineurs, etc., qui exploitent un marché protégé [1].

Mais si les producteurs incorporés s'efforçaient de régler la production de manière à élever les prix, les consommateurs agissaient de leur côté pour résister à leurs prétentions en ce qu'elles avaient d'abusif. Chaque métier ou chaque profession ayant principalement sa clientèle parmi les autres métiers ou professions de la même localité, cette clientèle locale pouvait aisément se rendre compte des frais et de la rétribution nécessaire à chacun. De là, l'établissement d'une coutume régulatrice des prix. Les consommateurs se refusant à payer les produits ou les services au-dessus du taux que l'opinion jugeait équitable, les producteurs incorporés étaient bien obligés de proportionner la quantité qu'ils en offraient au marché à la quantité qui en était demandée à ce taux. S'ils étaient intéressés à ne point dépasser les besoins du marché, ils ne l'étaient pas moins à l'approvisionner suffisamment, car on se passait de leurs produits ou de leurs services, qui n'étaient point

1 Appendice. Note I.

comme les subsistances des articles de première nécessité, plutôt que de les payer au-dessus du taux
coutumier[1]. Seules, les denrées alimentaires échappaient à la coutume. Elles y échappaient parce qu'il
n'était pas possible d'en régler la production, celle-ci
dépendant, avant tout, des accidents de la température. On essayait bien de les soumettre à un maximum dans les mauvaises années, mais comme il
n'était pas possible de se passer de nourriture, la
rupture de l'équilibre entre la demande et l'offre ne
manquait pas d'élever les prix au-dessus du maximum.

Au-dessous de l'association corporative des entrepreneurs ou des maîtres, se trouvait la foule des ouvriers ou compagnons. Ceux-ci n'auraient pas manqué d'être à la merci de ces maîtres incorporés et le
salaire serait tombé au-dessous des frais de production du travail, si d'une part l'offre du travail avait
dépassé la demande, et si d'autre part cette offre
avait de même été supérieure en intensité à celle de
la demande. Mais l'intérêt des maîtres se joignait à
celui des ouvriers pour limiter l'offre : comme chacun des membres de la corporation était intéressé à
ce que les autres ne pussent accroître leur production au-dessus de la sienne, en augmentant le nombre de leurs ouvriers, on limita le nombre des
apprentis que chacun était autorisé à former, en se

----

[1] Appendice. Note K.

réglant sur les besoins du métier, c'est-à-dire sur la quantité de travail que l'ensemble des maîtrises pouvaient employer. D'un autre côté, les ouvriers, usant comme les maîtres de la liberté de s'associer, constituèrent des sociétés de compagnonnage et des confréries, avec des caisses de secours qui leur permirent de disposer du temps dans les métiers sédentaires, de l'espace dans ceux qui comportaient des déplacements, et de modérer ainsi l'intensité de leur offre. Des coutumes ou des règlements fondés sur l'expérience des maux qu'entraînaient une multiplication imprévoyante et la corruption des mœurs contribuaient, en même temps, à empêcher l'excès de la production du travail et la détérioration de sa qualité [1].

Cette organisation s'était établie d'elle-même pour répondre à des nécessités dérivant des conditions économiques de la production dans les sociétés de l'antiquité et du moyen âge, et elle eut pour résultats, malgré ses imperfections et ses abus, de maintenir pendant des siècles l'ordre et la paix dans le domaine de l'industrie, en assurant aux entrepreneurs et aux ouvriers leur rétribution équitable et nécessaire [2].

Cependant, des progrès de différentes sortes vinrent modifier les conditions d'existence des sociétés,

[1] Appendice. Note L.
[2] Appendice. Note M.

et nécessiter des changements correspondants dans le régime de la production. L'organisation fondée sur l'esclavage, le servage et les corporations, cessa d'être adaptée à sa destination, elle tomba en ruine et finit par disparaître.

CHAPITRE V

La disparition de l'ancien régime économique et l'avènement du nouveau.

Pourquoi nous pouvons mieux que les économistes du xviii* siècle, nous rendre compte de la raison d'être du régime des corporations. — Que ce régime n'était autre chose qu'un vaste système
d'assurance. — Ses imperfections. — Progrès qui ont déterminé
sa transformation et finalement son abandon. — Causes de l'abolition de l'esclavage et du servage ; — de la décadence et de la
chute des corporations.

L'organisation de la production, telle que nous
venons de l'esquisser, se retrouve sous des formes
analogues dans toutes les sociétés de l'antiquité et
du moyen âge. Partout, les domaines ruraux où se
produisent les denrées alimentaires sont possédés
par une classe supérieure maîtresse de l'État, et cul-
tivés par des esclaves ou des serfs; partout les industries, les métiers et les professions constituent
des corporations, propriétaires du marché qu'elles
approvisionnent, mais soumises à des règles destinées
à protéger les intérêts en présence, — intérêts des
entrepreneurs, intérêts des ouvriers, intérêts des
consommateurs.

Lorsque cette organisation a cessé d'être adaptée
à l'état nouveau auquel les progrès matériels et

moraux réalisés dans le cours des siècles avaient amené les sociétés en voie de civilisation, c'est avec raison que les économistes et les philosophes du XVIIIᵉ siècle se sont ligués pour déblayer le sol de ce qui en restait. Mais n'ayant sous les yeux qu'un édifice en ruines qui avait cessé d'être un abri pour devenir un obstacle, ils ne se rendaient point compte des nécessités qui l'avaient fait élever, et de l'utilité qu'il avait eue. Maintenant qu'il s'est effondré et que nous n'avons plus à lutter contre les intérêts attardés qui s'y cantonnaient, nous pouvons nous faire une idée plus juste de ce qu'on se plaisait à nommer un monument de la barbarie de nos pères. En examinant de plus près et sans parti pris les différentes parties de ce monument, l'esclavage, le servage, le régime corporatif, sans parler de la servitude politique qui en était la clé de voûte, nous pouvons apprécier leur raison d'être. Chose plus importante encore, nous trouvons dans cette étude du passé des indications indispensables pour le présent et l'avenir. Ces nécessités auxquelles pourvoyaient les institutions de l'ancien régime n'ont point toutes disparu. Et si ces institutions ont cessé d'être adaptées à l'état nouveau des sociétés, cela ne veut pas dire qu'il n'y ait rien à mettre à la place, cela veut dire qu'il faut les transformer, en se servant pour opérer cette tranformation ou cette adaptation des données que nous fournit le passé.

Qu'était-ce en définitive que cette organisation de l'ancien régime? Ce n'était autre chose qu'un vaste et complet système d'assurance. Chacune des sociétés particulières entre lesquelles se partageait le monde en voie de civilisation, était gouvernée par une corporation ou une caste, propriétaire de l'État et, par conséquent, intéressée au plus haut point à le défendre. Elle s'était approprié et partagé le sol qu'elle avait conquis sur l'animalité et les races inférieures de l'espèce humaine. Dans chaque domaine, le maître, le seigneur gouvernait par lui-même ou par ses subordonnés, le personnel employé à la production des denrées alimentaires et des autres articles nécessaires à la vie. Ce personnel était la propriété du maître du sol, et il en usait à son gré. Mâis il était intéressé à en user utilement. Il appliquait ses facultés et ses ressources à la défense et à l'exploitation de son domaine, et son intérêt l'excitait à gouverner le personnel d'esclaves employés à le mettre en valeur de manière à assurer leur conservation. Cette assurance, il la leur faisait payer cher, mais leur condition n'eût-elle pas été pire, s'ils avaient été abandonnés à eux-mêmes? D'àilleurs, ne lui coûtait-elle pas cher à lui-même? Ce qui l'atteste, c'est l'empressement qu'il mettait à se débarrasser des charges qu'elle lui imposait, en transformant l'esclavage en servage, quand l'esclave acquérait dans une mesure suffisante la capacité de pourvoir à ses besoins et à ceux de sa progéniture. Cette transformation de la forme primitive de l'assurance, c'est sous l'influence de l'intérêt des propriétaires d'esclaves et de leur consentement, qu'elle s'est généralement accomplie lorsque les progrès de la capacité économique et morale des esclaves l'eût rendue avantageuse aux uns et aux autres. C'est sous la même influence que les esclaves qui étaient employés à la production des articles du vêtement, du logement, de l'ornementation, etc., furent autorisés à disposer du fruit de leur travail, en échange d'une simple redevance et à charge de pourvoir eux-mêmes à leur subsistance. Seulement, la différence entre la nature de la production alimentaire et celle des autres branches d'industrie, détermina dans celles-ci la création d'une forme nouvelle de l'assurance. Tandis que les agriculteurs demeuraient disséminés dans toute l'étendue du domaine seigneurial, les artisans et les ouvriers des autres branches de la production se concentraient sur un point, et à mesure qu'ils s'enrichissaient et devenaient plus capables de se gouverner, ils se libéraient de la tutelle seigneuriale. Mais les mêmes nécessités auxquelles avait pourvu l'esclavage, auxquelles pourvoyait encore le servage, agirent alors pour déterminer la création et l'organisation successive du régime corporatif avec sa triple assurance conservatrice des intérêts de l'entrepreneur, de l'ouvrier et du consommateur.

Ce système d'assurance adapté aux conditions d'existence des anciennes sociétés n'était pas parfait sans doute : l'esclavage et le servage rendaient le travail moins productif que ne l'a été plus tard la liberté, en n'intéressant point ou en n'intéressant que faiblement le travailleur à ses résultats ; le régime corporatif avait le défaut de ralentir les progrès de l'industrie, en imposant des procédés uniformes de fabrication et en enrayant l'action de la concurrence, il rejetait aussi ou il laissait en dehors de ses cadres un *caput mortuum*, un déchet humain, composé des incapables, des vicieux qui demandaient leurs moyens d'existence à la mendicité, au vol, au brigandage et à la prostitution, mais si imparfaite que fût cette assurance, elle n'en garantissait pas moins les sociétés contre des risques d'anarchie et de destruction dont il leur eût été impossible de se préserver autrement, dans leur état rudimentaire de développement économique et moral.

Comment, sous l'influence de quels progrès, ce système d'assurance a-t-il cessé de remplir son office et a-t-il disparu ?

L'esclavage et le servage, qui en étaient les deux pièces principales, ont disparu généralement, comme nous venons de le voir, sous l'influence de l'accroissement de la capacité gouvernante des classes assurées et de l'intérêt de la classe assurante. A mesure que l'esclave ou le serf s'est senti plus capable de se tirer d'affaire et de couvrir lui-même les risques de son existence, le prix auquel la servitude lui faisait payer la couverture de ces risques lui a paru plus onéreux et il a aspiré à se décharger de l'obligation de le fournir. De son côté, le propriétaire a trouvé alors autant de profit à se débarrasser de l'entretien de l'esclave ou de la protection du serf, que ceux-ci en trouvaient à s'affranchir de son joug.

Ce sont les dommages que l'émancipation des nègres a causés aux propriétaires dans le nouveau monde qui ont fait inférer trop légèrement que la libération des esclaves et des serfs a dû s'opérer en Europe contre le gré et malgré l'opposition des propriétaires. Mais la situation n'était pas la même. Dans le nouveau monde, les nègres esclaves étaient relativement peu nombreux, et, grâce au climat, ils n'avaient que peu de besoins. L'émancipation ne pouvait manquer en conséquence de raréfier à l'excès l'offre du travail et de priver ainsi les propriétaires de la quantité nécessaire à la culture de leurs plantations. Dans ces conditions, l'émancipation était ruineuse. Il en était autrement en Europe, aux époques florissantes du moyen âge, où l'esclavage et le servage ont presque entièrement disparu. La population était nombreuse, les esclaves et les serfs étaient arrivés à un degré de développement intellectuel et moral que le nègre n'a pas encore atteint, le climat les obligeait d'ailleurs à pourvoir plus complètement aux besoins du vête-

ment et du logement. En les affranchissant comme
le fit le roi Louis le Hutin dans ses domaines, le propriétaire y trouvait son profit. Et ce serait bien mal
connaître la nature humaine que de croire qu'il aurait
consenti à les affranchir, s'il avait dû·y perdre[1].

Le régime corporatif fut abandonné à son tour lorsqu'il cessa d'être profitable : il aurait cessé d'exister
en France, même si les réformateurs du XVIIIe siècle
ne l'avaient point aboli; il s'était déjà effondré en
Angleterre sans qu'il eût été nécessaire de le supprimer. C'est l'agrandissement général des débouchés
de la production, causé par l'extension de la sécurité, les progrès de l'outillage, et le développement
des moyens de communication qui l'a fait disparaître.
Des industries libres des entraves que le régime corporatif opposait au progrès s'établirent en dehors du
marché approprié aux corporations, ordinairement
dans les faubourgs des cités. Grâce au bon marché
de leurs produits elles s'emparèrent des débouchés
nouveaux qui s'ouvraient devant elles. Réduites à
leur marché réservé, les industries incorporées tom-
bèrent en décadence, et dans les pays où elles ne
renoncèrent pas d'elles-mêmes à leurs privilèges,
elles furent les premières à profiter des réformes qui
les leur enlevèrent pour les soumettre au régime de
la liberté de l'industrie.

Nous n'avons ici à nous occuper de ce régime nou-

1 Appendice. Note N.

veau qu'au point de vue des rapports des entrepreneurs et des ouvriers, du capital et du travail, et de la situation qu'il a faite à la classe nombreuse qui vit des produits de son travail quotidien.

Désormais cette classe était dégagée des liens de l'esclavage, du servage et des corporations ; elle devenait libre, mais, en même temps, elle cessait de posséder les garanties que lui fournissait l'ancien régime. Elle devait se gouverner elle-même, débattre les conditions de sa coopération à la production, s'assurer par sa prévoyance contre les risques de l'existence, remplir toutes les obligations auxquelles l'individu libre est naturellement assujetti, en un mot supporter la pleine responsabilité de sa destinée.

Possédait-elle la capacité nécessaire pour défendre ses intérêts, gouverner utilement ses affaires et sa vie ?

CHAPITRE VI

Les commencements du régime de la liberté de l'industrie et du travail.

Causes qui excitaient les travailleurs à s'affranchir des liens de l'esclavage et du servage. — Les bienfaits de la liberté. — Les travailleurs possédaient-ils la capacité nécessaire pour la supporter
et se trouvaient-ils en situation d'échanger leur travail dans des
conditions d'égalité? — Leur infériorité sous le double rapport de
la disposition du temps et de l'espace. — Leur incapacité à limiter
leur nombre. — Que cet état d'infériorité et d'incapacité devait
avoir pour résultat inévitable de faire tomber le prix du travail
au-dessous du taux nécessaire et d'en prolonger à l'excès la durée.
— Le paupérisme.

Si l'on considère les charges et les entraves au prix
desquelles l'esclave, le serf et l'ouvrier des corporations achetaient la sécurité de l'existence, sécurité
qui n'était pas d'ailleurs toujours pleinement assurée,
on s'expliquera qu'à une époque où ils avaient acquis
déjà un certain développement moral, la liberté leur
ait paru un bienfait inestimable. L'esclave était
nourri, vêtu, logé, son existence était assurée, mais
à quel prix? Il pouvait être séparé de sa femme et de
ses enfants, vendu au loin; il subissait, sans défense,
le pouvoir absolu d'un maître ou pis encore de ses in-
tendants et de ses contremaîtres; il travaillait sous
le bâton, il était une simple bête de somme. La con-/

dition d'un serf sans doute était meilleure; il ne pouvait être vendu qu'avec la terre; il pouvait avoir une famille, la coutume le protégeait dans quelque mesure contre l'excès des corvées et des redevances; mais il était livré, sans aucun recours, à la juridiction seigneuriale, ses biens retournaient au seigneur, il ne pouvait se marier à son heure et à sa convenance, ni se déplacer à moins d'y être autorisé et de payer une redevance au seigneur dont il était le cheptel. En échange de ces charges et de ces entraves, il n'avait à attendre d'autres secours que ceux qu'il plaisait au seigneur de lui accorder, et que celui-ci n'était plus que faiblement intéressé à lui fournir lorsque les affranchissements eurent augmenté le nombre des ouvriers libres, dont le travail était plus efficace que celui des corvéables. L'ouvrier des corporations ne pouvait qu'exceptionnellement arriver à la maîtrise, c'est-à-dire s'élever à la condition d'entrepreneur, et, avant d'exercer son métier, il devait passer par de longues et pénibles années d'apprentissage, il pouvait rarement changer de maître, — les maîtres s'interdisant d'embaucher les ouvriers qui abandonnaient, pour n'importe quel motif, l'atelier d'un membre de la corporation; enfin il était soumis à un régime de surveillance inquisitoriale au point de vue moral et religieux.

Toutes ces entraves, toutes ces charges disparaissaient sous le nouveau régime. L'ouvrier devenait son propre maître. Il pouvait disposer librement de son travail, le porter sur le marché le plus avantageux, sans demander aucune autorisation, sans payer aucune redevance, se marier et élever ses enfants à sa guise, enfin devenir maître à son tour. Comment n'aurait-il pas échangé avec joie son ancienne condition contre la nouvelle ?

Seulement, en devenant libre, il devenait aussi responsable de son existence et de celle de sa famille. Encore une fois, possédait-il les ressources matérielles et la capacité morale nécessaires pour supporter le poids de cette responsabilité? Était-il en état de défendre ses intérêts et de gouverner utilement ses affaires et sa vie?

Ses affaires d'abord. Ses moyens d'existence dépendaient de la mise en œuvre de ses facultés productives, autrement dit de l'emploi de son travail. Maintenant, son travail lui appartenait. Il pouvait l'échanger contre un salaire ou l'employer pour son propre compte, en entreprenant une industrie; mais le nombre des entreprises possibles était naturellement limité, et à mesure que le progrès, en transformant la machinerie de la production, nécessitait l'agrandissement des exploitations, ce nombre diminuait. Sous le régime de la petite industrie, une entreprise ne comportait guère plus de dix ouvriers pour un patron; sous le régime de la grande industrie, elle en comportait cent, mille et davantage. Le nombre des ouvriers qui pouvaient user de la liberté de l'industrie pour devenir patrons, ne comprenait qu'une partie de plus en plus faible de la classe ouvrière. La nécessité de demander leurs moyens d'existence à la location de leurs forces productives, à l'échange de leur travail contre un salaire, s'imposait donc à l'immense majorité des travailleurs.

A la vérité, cet échange était libre. L'ouvrier pouvait à son gré l'accepter ou le refuser, en débattre le taux et les conditions ; mais l'échange est un phénomène régi par des lois naturelles, inflexibles et immuables, qui gouvernent le prix du travail comme celui de toute autre marchandise, et, dans la situation d'inégalité où se trouvait l'ouvrier vis-à-vis des entrepreneurs auxquels il offrait son travail en échange d'un salaire, ces lois agissaient à son détriment.

Si un échange ne peut se conclure à moins de procurer un avantage aux deux parties, cet avantage peut, en revanche, être inégalement partagé. Il ne peut l'être également qu'à deux conditions, d'abord que les deux échangistes disposent au même degré du temps et de l'espace, ensuite que les quantités offertes au marché ne dépassent point les quantités demandées ou ne demeurent point au-dessous.

Ces conditions étaient-elles remplies ? Y avait-il égalité de situation entre les deux parties dans le débat du salaire ? Le besoin que l'entrepreneur avait du travail de l'ouvrier était-il aussi intense que celui que l'ouvrier avait du salaire de l'entrepreneur ? L'ouvrier possédait-il les ressources nécessaires pour subsister sans travailler, aussi longtemps que l'entrepreneur sans produire ? En un mot, l'ouvrier pouvait-il disposer du temps au même degré que l'entrepreneur ? A cet égard, l'inégalité était flagrante. L'immense majorité des ouvriers vivaient au jour le jour ; trop souvent même ils étaient endettés chez le boulanger, le logeur, le cabaretier ; bien peu d'entre eux, comme le remarquait Adam Smith, pouvaient subsister un mois et même une semaine sans travailler, tandis que les entrepreneurs pouvaient supporter beaucoup plus longtemps les pertes résultant d'un chômage, sans que ces pertes les exposassent, d'ailleurs, à mourir d'inanition, eux et leur famille.

Les ouvriers et les entrepreneurs disposaient-ils au même degré de l'espace ? A une époque où les moyens de communication étaient coûteux et lents, où les agences de renseignements à l'usage du travail faisaient généralement défaut, les ouvriers se trouvaient confinés en fait, sinon en droit, dans la localité où ils étaient nés, et où ils étaient obligés d'accepter les conditions que leur imposaient les entrepreneurs, moins pressés d'employer leur travail qu'ils ne l'étaient de recevoir un salaire. Ces facilités qui leur manquaient pour porter leur travail sur le marché le plus avantageux, les entrepreneurs les

possédaient. Lorsqu'ils avaient besoin d'un supplément d'ouvriers que la localité ne pouvait leur fournir, ou lorsque les ouvriers locaux ne consentaient
point à subir leurs conditions, ils pouvaient, grâce à
la supériorité de leurs ressources et de leurs moyens
d'information, aller recruter, dans les endroits où le
travail était abondant et à vil prix, tout le contingent
dont ils avaient besoin, soit pour combler les vides
de leurs ateliers, soit pour réduire à merci les récal-
citrants.

Dans cette situation inégale, au point de vue du
temps et de l'espace, il restait aux ouvriers une res-
source : c'était de limiter leur nombre, de manière à
maintenir l'offre du travail au-dessous de la demande,
dans une mesure telle que l'excès de la demande sur
l'offre compensât l'inégalité d'intensité des besoins
des vendeurs et des acheteurs. Mais les ouvriers,
loin de limiter leur nombre depuis que les autorisa-
tions et les règlements restrictifs des mariages
avaient disparu, se multipliaient sans se préoccuper
de l'état de leur marché ; ils pullulaient, et à l'inégalité provenant de la moindre disposition du temps et
de l'espace, venait s'ajouter celle d'un excès presque
général de l'offre sur la demande.

Le résultat de cette double inégalité de situation a
été et devait être l'accroissement, jusqu'à la limite du
possible, de la quantité de travail exigée de l'ouvrier,
et l'abaissement progressif de sa rétribution. Les

socialistes se plaisent à attribuer ce résultat à l'avidité sans scrupule des entrepreneurs et à la tyrannie
du capital. Mais est-il nécessaire de dire que les
entrepreneurs et le capital ne peuvent être rendus
responsables d'un phénomène qu'il n'était pas en
leur pouvoir d'empêcher. Les entrepreneurs d'industrie s'appliquent et doivent s'appliquer incessamment à diminuer leurs frais de production ; ils y sont
obligés, sous peine de ruine, par la pression de la
concurrence. Qu'il s'agisse donc de matières premières, d'outils, de machines ou de travail, ils s'efforcent d'en obtenir la plus grande quantité au plus
bas prix possible, et ils n'ont pas à s'enquérir si
les producteurs les leur cèdent à perte ou avec bénéfice, à un prix rémunérateur ou non. Ce n'est point
leur affaire. Que les détenteurs de ces articles soient
plus pressés de les vendre qu'ils ne le sont de les
acheter, qu'ils se fassent une concurrence plus serrée,
que le prix des matières premières, des outils, des
machines ou du travail s'avilisse en conséquence,
les entrepreneurs d'industrie ne peuvent être rendus responsables de sa chute. Ils en profitent pour
le moment, mais, si cet état de choses se prolon-
geait, si ceux qui leur fournissent les matériaux et
les agents de la production finissaient par se ruiner,
cette ruine n'entraînerait-elle pas la leur ? L'abaissement de la qualité du travail, en particulier, déterminé par un excès de sa durée joint à une réparation

insuffisante, ne serait-il pas pour l'industrie d'un pays une cause de décadence sous un régime de concurrence universelle ?

Nous avons vu, en effet, que le travail a un prix nécessaire, consistant dans les frais de bon entretien et de reproduction du travailleur, frais qui diffèrent selon la qualité du travail et qui s'accroissent à mesure que l'industrie, en se perfectionnant, exige une qualité plus élevée ; mais ce prix nécessaire n'est qu'un point idéal vers lequel gravite le prix courant quand il n'est point entravé dans son mouvement par des obstacles naturels ou artificiels. Or, au début du régime de la liberté de l'industrie, ces obstacles qui résidaient dans l'inégalité de situation des parties en présence et dans la concurrence désordonnée des travailleurs, ces obstacles, disons-nous, étaient tels qu'ils devaient, dans bien des cas, déterminer l'abaissement du salaire au dernier minimum possible.

Quel était ce minimum ? C'était la quantité de matériaux de subsistance et d'entretien indispensables à l'alimentation actuelle des forces du travailleur, combinée avec le maximum de durée du travail. Que le salaire soit descendu à ce minimum et que la durée du travail se soit élevée à ce maximum dans les localités et les industries où les ouvriers dépourvus d'avances se trouvaient dans l'impossibilité d'attendre ou de se déplacer, et se faisaient une concurrence au rabais, c'est un fait qu'on ne peut malheureuse-

ment révoquer en doute. Une des premières conséquences de ce fait a été, lorsque le salaire eut cessé
de comprendre l'entretien nécessaire de la famille,
d'obliger la femme à abandonner le soin de son
ménage pour subvenir elle-même à sa subsistance.
Mais en mettant son travail au marché, elle a augmenté l'inégalité de l'offre et de la demande, et contribué à l'abaissement du niveau général de la rétribution de la classe ouvrière. Il a fallu recourir
aussi au travail des enfants, et l'offre de ce travail
supplémentaire, tout en procurant aux familles un
accroissement immédiat de ressources, a eu pour
effet de précipiter la chute du salaire.

Si les ouvriers avaient été prévoyants et économes,
s'ils avaient limité leur reproduction, à l'exemple
des classes supérieures, en ne mettant au monde que
le nombre d'enfants qu'ils avaient les moyens de
nourrir et d'élever avec leur propre gain, le prix du
travail aurait pu se maintenir à un niveau moins
destructeur de leurs forces et de leur santé. Mais les
ouvriers n'étaient généralement, à l'époque de leur
libération, ni prévoyants ni économes, et les conditions
physiques et morales que leur faisait l'excès du travail et l'insuffisance du salaire n'étaient point propres
à développer chez eux la capacité du gouvernement
de soi-même. La durée excessive du travail — la
journée atteignant et dépassant même fréquemment
douze heures — provoquait le besoin d'un excitant,

l'alcool, qui leur procurait un secours temporaire, mais au prix d'un affaiblissement ultérieur et d'une abréviation de la durée de leurs forces productives. La condition de la classe ouvrière a été ainsi s'abaissant d'une manière continue, dans la première période du régime de la liberté de l'industrie. On a vu alors apparaître et s'étendre, dans des proportions effrayantes, un mal inconnu sous le régime de l'esclavage, du servage et des corporations, le mal du paupérisme.

De tous temps, il y avait eu sans doute un résidu de misérables, exclus par leur incapacité ou leurs vices des cadres de la production, mais ce résidu social ne constituait qu'une faible minorité, en comparaison de la multitude dont l'existence était assurée par la servitude. Lorsque cette assurance eut disparu, sans que ceux dont elle sauvegardait l'existence l'eussent remplacée en s'assurant eux-mêmes par la prévoyance et l'économie, lorsque cette multitude se trouva obligée de livrer son travail dans les conditions inégales que nous venons de décrire et de gouverner elle-même ses affaires et sa vie, sans posséder la capacité morale qu'exigeait ce gouvernement difficile, le contingent des misérables dut s'accroître en raison des risques que l'assurance de la servitude avait cessé de couvrir. Le paupérisme apparaissait comme la conséquence inévitable de l'émancipation peut-être trop hâtive de la classe ouvrière.

CHAPITRE VII

Le paupérisme. La charité publique.

Perturbations causées par le progrès industriel dans les conditions d'existence de la classe ouvrière. — La transformation et le déplacement du travail. — L'état précaire des débouchés.—Résumé des causes du paupérisme. — Insuffisance de la charité privée pour arrêter le débordement de la misère.—Nécessité d'y adjoindre la charité publique. — Inefficacité et vices de la charité privée et publique.—Les effets de la charité publique en Angleterre. — Qu'elle agissait comme une cause d'abaissement des salaires. — La législation des pauvres et Malthus.—Comment et dans quelles limites la charité est utile.

Ce qui caractérisait l'ancien régime de la production, c'était, comme nous l'avons vu, le morcellement des marchés, et leur isolement naturel ou artificiel. La généralité des matériaux de la consommation, à l'exception d'un petit nombre d'articles de luxe, étaient produits dans les limites du domaine seigneurial. Le paysan, serf ou colon, cultivait le lopin de terre dont la jouissance lui était concédée en échange de la corvée et des autres redevances. Il se nourrissait du produit de sa petite exploitation, bâtissait lui-même son humble demeure et ne demandait aux industriels et aux marchands du bourg ou de la cité, que quelques-unes des étoffes grossières de son vêtement, et des articles de parure.

Le seigneur vivait de même des produits alimentaires de son domaine agricole et, en échange du surplus, il s'approvisionnait des produits de l'industrie locale et de ceux que lui fournissait d'habitude le commerce intermittent des foires. Ces derniers articles, assez peu nombreux exceptés, le marché était approprié à ses fournisseurs agricoles ou industriels, la concurrence entre eux était limitée, et les prix fixés par la coutume demeuraient presque invariables ; ceux des produits agricoles, seuls, subissaient l'influence de la variabilité de la température. Le progrès était lent, l'horizon borné, en revanche les existences étaient stables.

Une série de découvertes et d'inventions qui ont, principalement à dater du xve siècle, agrandi les débouchés de l'industrie et déterminé la transformation de son outillage, ont mis fin à ce régime et modifié profondément les conditions d'existence des sociétés et des individus. Au xviiie siècle, un pas décisif a été fait dans la voie nouvelle, par l'invention de la machine à vapeur et des métiers mécaniques. Les industries de la filature et du tissage ont multiplié leurs produits, et, grâce· à l'abaissement des prix, elles les ont substitués à ceux de la quenouille et du métier à la main. Mais ce progrès occasionnait, dans l'existence de la classe ouvrière, deux perturbations inévitables : la première en enlevant aux fileuses et aux tisserands à la main la plus grande partie, parfois même la totalité de leur gagne-pain, sans qu'il fût toujours possible à ces victimes du progrès de trouver un autre emploi ; la seconde, en obligeant la classe ouvrière à aller s'entasser dans les localités où se concentrait l'industrie manufacturière. Dans les premiers temps, les salaires y étaient relativement élevés, mais à mesure que les ouvriers y affluaient, l'augmentation de l'offre du travail faisait baisser le taux de sa rétribution. Ce mouvement de baisse était encore accéléré par l'imprévoyance avec laquelle les ouvriers se multipliaient. Ils se trouvèrent à la merci d'un nombre d'entrepreneurs de plus en plus réduit, à mesure que les manufactures s'agrandissaient, et le salaire ne tarda pas à tomber au-dessous du taux nécessaire pour subvenir aux besoins d'une famille. Le supplément de ressources qu'apporta alors le travail des enfants, agit comme un nouvel encouragement à l'accroissement de la population ouvrière. Dans une famille nombreuse, l'exploitation hâtive du travail des enfants devint assez lucrative pour procurer, en sus des frais d'élève, un profit qui permettait fréquemment au père d'abandonner l'atelier pour vivre aux dépens de sa progéniture.

La classe ouvrière ne souffrait pas seulement de la chute du salaire, à mesure que l'offre du travail augmentait, elle souffrait plus encore de l'état précaire des débouchés. Sous l'ancien régime, le marché de l'industrie localisée était étroit, mais stable, protégé comme il l'était par la difficulté des communications, l'interdiction de la concurrence étrangère, et la limitation de la concurrence intérieure. Sous le nouveau régime, le marché était étendu, mais à l'étranger il pouvait être et il était souvent rétréci ou même fermé par la guerre ou le relèvement des tarifs douaniers ; à l'intérieur, il subissait le contre-coup des événements qui le rétrécissaient au dehors. Fréquemment encore, une excitation désordonnée à multiplier les entreprises était suivie d'une crise qui provoquait la faillite des entreprises surabondantes, et la fermeture des ateliers. Une multitude d'ouvriers, pour la plupart dénués de ressources, se trouvaient ainsi privés, du jour au lendemain, de leurs moyens d'existence.

L'abaissement anormal des salaires, résultant de l'affluence excessive et de la multiplication imprévoyante de la classe ouvrière dans les districts manufacturiers et miniers, les chômages résultant de l'instabilité des débouchés, tels furent les phénomènes qui signalèrent en Angleterre d'abord, puis dans les autres pays, l'enfantement douloureux de la grande industrie, et y firent succéder au mal local de la misère, le mal général du paupérisme. La charité privée avait suffi pour soulager la misère, elle devenait insuffisante pour fournir un complément nécessaire de ressources à une multitude qui ne trouvait plus les moyens de subsister dans un salaire abaissé au minimum en échange d'un maximum de travail, qui, de plus, était exposée au péril nouveau des crises et des chômages, et qui d'ailleurs se montrait incapable d'aménager économiquement son revenu. Il fallut recourir à la charité publique.

Malheureusement, l'expérience ne tarda pas à mettre en lumière le peu d'efficacité actuelle de ce remède empirique et les conséquences nuisibles de son application.

Le défaut le plus grave de la charité soit privée soit publique, c'est d'affaiblir le ressort de la responsabilité individuelle et d'encourager l'imprévoyance. Si vous ouvrez des hospices pour les enfants et les vieillards, ils seront bientôt encombrés, et la population qui fournit leur clientèle sera moins excitée à s'imposer les privations nécessaires pour subvenir aux frais d'élève des enfants et à économiser pour subsister pendant la période improductive de la vieillesse. Si vous multipliez les hôpitaux, vous découragerez l'épargne destinée à pourvoir aux frais des maladies et des accidents. Si vous assurez des secours aux victimes des chômages et de l'insuffisance des salaires, vous verrez bientôt le nombre des clients de la charité dépasser les ressources qu'elle peut fournir.

Cependant, si nuisibles que pussent être les effets ultérieurs des remèdes de la charité, pouvait-on se dispenser de les appliquer? Ne fallait-il pas courir

4

au plus pressé ? Pouvait-on refuser l'assistance aux malades, aux infirmes, aux incapables de gagner leur vie ? Pouvait-on laisser périr sans secours des populations entières, qu'une crise et un chômage imprévus privaient soudainement de leurs moyens d'existence ? Que les conséquences de la charité fussent nuisibles ou non, elle s'imposait, dût-elle, en soulageant la misère présente, accroître la misère future.

C'est en Angleterre surtout que l'impuissance de la charité privée ou publique à remédier au paupérisme a été manifeste. En aucun pays, la charité privée ne s'est montrée plus active et plus généreuse : les fondations particulières, destinées à soulager toutes sortes de maux, y sont innombrables, et une législation datant du règne d'Élisabeth y a créé, en faveur de la classe paupérisée une dîme analogue à celle qui pourvoit à l'entretien de l'Église anglicane. Cette dîme appartient aux pauvres : la loi leur reconnaît le droit d'y participer : il leur suffit d'établir leur qualité de pauvres pour recevoir les secours de la charité publique.

L'effet le plus décevant de cette intervention active de la charité privée et publique pour soulager les maux de la classe ouvrière et améliorer sa condition, a été d'abaisser le niveau du revenu qu'elle tirait du salaire à peu près dans la proportion de celui que la charité mettait, sous une forme ou sous une autre, à sa disposition. Ce résultat pouvait cependant être prévu. Tous les obstacles qui empêchaient, sous l'ancien régime, les classes inférieures de pulluler, ayant disparu sans être remplacés par la prévoyance, elles ne se préoccupaient point de proportionner leur nombre aux besoins d'un marché désormais librement ouvert, et dont l'étendue leur semblait illimitée, où d'ailleurs les enfants étaient un article particulièrement demandé. Mais si l'offre croissante des bras, produits par une reproduction déréglée, faisait baisser le salaire, il y avait toutefois une limite au-dessous de laquelle il ne pouvait descendre : celle du minimum de subsistance et d'entretien actuels du travailleur. Or, que faisait la charité? En multipliant les secours, en ajoutant au revenu que les familles ouvrières tiraient du salaire de leurs membres, un revenu supplémentaire, elle permettait d'abaisser le niveau minimum du salaire au-dessous du nécessaire. Cela étant, il fallait bien combler, par l'augmentation des secours de la charité, un déficit que la charité même avait creusé. Un moment arriva où la dîme que la taxe des pauvres prélevait sur la généralité des contribuables devint une simple subvention allouée aux entrepreneurs d'industrie. Les contribuables n'étaient plus taxés, en réalité, au profit des pauvres, ils l'étaient au profit des industriels, et la taxe allait s'alourdissant, à mesure que s'abaissait le niveau des salaires et que s'élevait celui des secours. C'est alors que l'attention commença à se porter sur la situation que l'avènement du nouveau régime industriel avait faite à la classe ouvrière, et sur les causes de sa misère. Malthus signala celle qu'il considérait non sans raison comme la plus active : l'intempérance en matière de population, et il démontra que la charité publique, telle qu'elle était pratiquée, avait pour effet de l'encourager et d'étendre ainsi la plaie du paupérisme.

La législation des pauvres a été réformée en Angleterre, conformément aux conclusions de Malthus, mais, ni en Angleterre, ni dans les autres pays, la charité privée ou publique n'a eu l'efficacité bienfaisante qu'on s'était plu d'abord à lui attribuer; partout, elle a eu pour effet ordinaire d'aggraver et de rendre endémique le mal qu'elle avait pour objet de soulager sinon de guérir.

Ce n'est pas à dire que la charité soit dépourvue d'utilité; qu'elle n'ait point un rôle salutaire à remplir, mais c'est un rôle plutôt individuel que social. Elle peut, lorsqu'elle est faite avec discernement, contribuer au relèvement d'un individu ou d'une famille, ou bien encore empêcher sa chute, en lui apportant un secours opportun, mais, appliquée à une classe, elle court le risque de l'abaisser et de la corrompre au lieu de la relever et de l'améliorer.

CHAPITRE VIII

**Progrès qui ont contribué, particulièrement depuis
un demi-siècle, à relever le taux des salaires et
à améliorer la condition des classes ouvrières.**

Que la condition de l'ouvrier libre du xviiie siècle et du commencement du xixe était inférieure à celle de l'ouvrier des corporations du xiiie. — Amélioration de cette condition, déterminée
par l'expansion du progrès industriel dans la seconde moitié du
xixe. — Pourquoi les ressentiments provoqués par les souffrances
de la première période du régime de la liberté du travail se sont
accrus et aigris au lieu de s'apaiser.

La disparition de l'ancien régime d'assurance de la
classe ouvrière, en la livrant au gouvernement d'elle-
même, sans qu'elle y fût suffisamment préparée, à
rendu pendant la période initiale de la transformation
de l'industrie, son existence plus dure et surtout plus
précaire. D'après tous les témoignages que les progrès
des sciences historiques ont mis au jour, la condition de l'ouvrier des corporations au xiiie siècle était
bien supérieure à celle de l'ouvrier du xviiie et de la
première moitié du xixe quoique dans l'intervalle la
productivité de l'industrie se fût accrue dans des proportions considérables. Mais à la fin de cette période,
la situation générale des ouvriers a commencé à se
relever d'une manière sensible, principalement sous

l'influence des progrès que la liberté de l'industrie suscitait dans la machinerie de la production. Après avoir subi pendant près d'un demi-siècle, à partir de 1789, un ralentissement causé par la Révolution Française, la destruction ou le détournement des capitaux et du travail de leurs fins productives, vers des fins destructives, l'industrie et le commerce reprirent leur essor. Des inventions de tous genres continuèrent la transformation des outillages et opérèrent notamment dans les moyens de communication une révolution plus profonde et plus féconde en résultats qu'aucune de celles qui avaient marqué auparavant l'existence de l'humanité : la navigation à vapeur, les chemins de fer et la télégraphie électrique faisaient sortir les sociétés de leur isolement primitif et substituaient aux marchés restreints des produits, des capitaux et du travail, des marchés de plus en plus étendus. Les progrès de l'industrie métallurgique, la découverte des mines d'or de la Californie et de l'Australie, l'invention de la photographie et tant d'autres progrès offraient de nouveaux emplois à l'activité humaine. La réforme douanière dont l'Angleterre avait pris l'intelligente et glorieuse initiative abaissait les obstacles artificiels que l'esprit de monopole continuait à opposer aux échanges internationaux, pendant que la navigation à vapeur et les chemins de fer applanissaient les obstacles naturels. Les entreprises se multipliaient, sous l'influence de l'extension des débouchés, les entrepreneurs se faisaient concurrence pour demander le travail, et, d'un autre côté, malgré l'insuffisance de leurs ressources et de leurs moyens d'information, les ouvriers cessaient d'être confinés dans les marchés étroits où ils avaient été immobilisés de génération en génération. Dans l'intérieur de chaque pays on voyait se développer la circulation du travail tandis que l'application de la vapeur à la navigation transatlantique déterminait une émigration croissante vers les régions du nouveau monde, où le niveau de la rétribution du travail était incomparablement plus élevé que dans l'ancien. Aussi, dans la seconde moitié de ce siècle a-t-on vu le taux général des salaires s'accroître chez les nations les plus industrieuses et les plus progressives de l'Europe, en Angleterre, en France, en Belgique, en Suisse, en Allemagne. Dans ces pays et particulièrement en Angleterre, où le libre échange a abaissé le prix des nécessités de la vie, la condition des classes ouvrières s'est améliorée tant par l'augmentation des salaires et la diminution de la durée du travail que par la diminution du coût des subsistances [1].

On aurait pu croire que cette amélioration de leur condition rendrait les ouvriers plus satisfaits et apaiserait les ressentiments qu'avait fait naître l'état de sujétion et d'oppression dont ils avaient

[1] Appendice. Note O.

été victimes dans la période d'enfantement du régime nouveau. Il n'en a pas été ainsi. C'est à dater de l'époque où la condition de la classe ouvrière est devenue moins dure que le mécontentement a passé chez elle à l'état aigu et qu'elle s'est montrée accessible aux excitations du socialisme. On ne doit point s'en étonner. C'est le cours ordinaire des choses humaines. Aussi longtemps que les hommes sont accablés sous le faix du labeur et de la misère, toutes leurs facultés sont absorbées par les soucis et les besoins du jour; c'est seulement lorsque ce faix commence à s'alléger qu'ils se rendent compte de ce qu'ils ont souffert et que leurs ressentiments se font jour.

CHAPITRE IX

Les remèdes socialistes. Le socialisme
révolutionnaire et le socialisme d'État.

Ce qui a déterminé l'apparition du socialisme. — Qu'il est un produit de l'imagination et du sentiment. — Son incapacité à analyser
les causes des maux de la classe ouvrière. — Les plans de réorganisation des pères du socialisme moderne, Owen, Saint-Simon et
Fourier. — Leur caractère inoffensif. — Ce caractère change à dater
de l'avènement du suffrage universel. — Le socialisme politicien
et révolutionnaire. — L'insuccès des mesures de répression que
les gouvernements lui opposent. — Le socialisme d'État. — Inefficacité et vices des lois qu'il suggère. — Que ces lois n'ont ni amélioré la condition des ouvriers ni désarmé le socialisme révolutionnaire.

Que le progrès industriel n'eût pas profité autant
à la classe qui vivait du produit de son travail quotidien et le recevait sous forme de salaires qu'à
la minorité qui tirait son revenu de l'exploita-
tton de ses capitaux mobiliers et immobiliers et le
recevait sous forme de profits, d'intérêts et de rentes,
que la condition de cette classe « la plus nombreuse
et la plus pauvre », suivant l'expression de Saint-
Simon, fût même devenue plus dure et surtout plus
précaire qu'elle ne l'était à une époque où l'industrie
était incomparablement moins productive, c'était un
fait indéniable. Quoique les bouleversements politiques et les guerres de la Révolution et de l'Empire

eussent détourné les esprits des questions économiques et sociales, ce fait ne pouvait passer complètement inaperçu. Il frappa d'abord les hommes d'imagination plutôt que les homme de science, et il donna naissance au socialisme utopique de la première moitié de ce-siècle. Mais si les phénomènes de l'insuffisance des salaires, de l'abus et de l'instabilité du travail, de l'extension du paupérisme et de la dégradation morale des classes ouvrières étaient visibles, les causes en demeuraient obscures, et cependant, à moins de les mettre au jour par de longues et patientes recherches, pouvait-on découvrir les remèdes applicables à chacun de ces maux ? N'était-il pas plus simple de faire table rase d'une société vieillie, infirme, et de la remplacer par une société nouvelle, qu'il était facile de rêver aussi parfaite que possible? Tels furent les plans ou pour mieux dire les. romans de réorganisation sociale des Owen, des Saint-Simon, des Fourier. Ces plans, suggérés par le spectacle de maux trop réels, avaient le défaut commun d'être chimériques. En revanche, ils étaient inoffensifs. Leurs auteurs n'en demandaient point la réalisation à la violence. Ils comptaient uniquement sur la vertu de leurs panacées pour les faire adopter par l'humanité convertie. Fourier, le plus imaginatif de ces rêveurs, se contentait de recommander qu'on brulât les livres des philosophes et des moralistes qui avaient égaré les « civilisés » dans une fausse voie.

Ce socialisme à la fois chimérique et anodin ne faisait guère de recrues que dans les classes supérieures et les lettrés ; il n'avait point de prise sur les masses ; il avait d'ailleurs le mérite d'être désintéressé, les classes ouvrières ne possédant encore aucun droit politique.

Mais à dater de la révolution de 1848, la situation changea. Le suffrage universel, improvisé en France, fit entrer un élément nouveau dans le gouvernement des sociétés. En même temps que sa situation matérielle se relevait peu à peu sous l'influence d'autres causes, la classe ouvrière commençait à compter dans les calculs de la politique. Elle pouvait satisfaire les appétits de pouvoir des ambitieux qui épousaient sa cause et défendaient ses intérêts. Le socialisme descendit alors des régions éthérées de l'utopie au terre à terre des réalités pratiques. Il se fit politicien. Ses meneurs, comprenant la nécessité de se mettre au diapason des sentiments de la multitude et au niveau de son intelligence, résumèrent leur programme de réorganisation politique et économique en un seul article : l'expropriation des classes capitalistes par une révolution sociale. Ce programme, qui répondait aux passions populaires et qui était accessible à tous les esprits, a valu au socialisme une clientèle rapidement croissante. En France, en Allemagne sur-tout, où la classe ouvrière avait été plus qu'ailleurs livrée au bon plaisir, trop souvent avide et grossier des chefs d'industrie et de leurs états-majors, en Italie, en Angleterre et aux États-Unis, le socialisme, mis à la portée des masses, s'est popularisé, et il se répand aujourd'hui comme une tache d'huile.

Les gouvernements se sont émus du danger dont les menaçait ce socialisme, devenu politicien et révolutionnaire, et ils lui ont opposé d'abord des mesures restrictives et pénales. En France, l'*Association internationale des travailleurs* a été officiellement supprimée; en Allemagne, les socialistes ont été soumis pendant douze ans à un régime d'exception qui les plaçait sous l'autorité arbitraire de l'administration et de la police. L'expérience a attesté la complète inefficacité de ce régime : il n'a pas empêché le socialisme de devenir un parti politique et de prendre, à ce titre, des proportions de plus en plus inquiétantes.

En présence de l'insuccès des mesures de répression, les gouvernements ont voulu essayer de l'homœopathie, en opposant le socialisme d'État au socialisme révolutionnaire. Déjà, en Angleterre, l'intervention de l'État avait été invoquée par les philanthropes, et des lois avaient été faites pour protéger les enfants et les femmes contre l'abus du travail dans les manufactures et les mines. Que ces lois aient été dans quelque mesure utiles, on ne saurait le nier, mais leur efficacité a été fort limitée. On pourrait même leur reprocher d'avoir simplement déplacé le mal qu'elles avaient pour objet d'extirper, en faisant affluer vers les autres branches de la production la population enfantine et féminine, et en y faisant ainsi baisser les salaires. Ces résultats douteux n'ont pas découragé les partisans de l'intervention gouvernementale, et les gouvernements eux-mêmes. Depuis quelques années, nous avons vu apparaître tout un ensemble de mesures destinées à placer la classe ouvrière sous la tutelle de l'État : institution de caisses de retraites, assurance obligatoire contre les maladies et la vieillesse, avec participation pécuniaire des patrons et de l'État, attribution aux patrons de la responsabilité des accidents, limitation de la journée à huit heures, etc., etc. Ces mesures, considérées en elles-mêmes, soulèvent des objections particulièrement graves : l'assurance obligatoire contre les maladies et la vieillesse, et la limitation légale de la journée de travail, par exemple, constituent des servitudes imposées à une classe entière de la population, et la placent en dehors du droit commun, quelles que soient la situation et les convenances individuelles : si elles peuvent être utiles aux uns, ne peuvent-elles pas être nuisibles aux autres, et ne portent-elles pas atteinte à la liberté de tous ? Enfin, quoique les gouvernements soient naturellement disposés à accroître leurs attributions et à augmenter le nombre de leurs fonctionnaires, on peut se demander s'ils possèdent la capacité nécessaire pour suffire à l'énorme tâche que leur imposerait la tutelle de la classe la plus nombreuse et la plus pauvre de la population.

En tous cas, au moment où nous sommes, ces mesures de tutelle ou de protection n'ont exercé aucune influence appréciable sur la condition des ouvriers; elles n'ont pas eu davantage la vertu de désarmer le socialisme révolutionnaire.

Nous ne nous y arrêterons donc point, et nous examinerons les procédés que les ouvriers eux-mêmes ont employés pour remédier à la situation inégale où ils se sont trouvés vis-à-vis des entrepreneurs, depuis l'avènement de la liberté du travail. Ces moyens de défense se résument dans le recours aux coalitions et aux grèves, et dans la constitution des *trade's unions* et des syndicats.

CHAPITRE X

Les coalitions et les grèves.

S'il existait entre l'entrepreneur d'industrie et
l'ouvrier une inégalité de situation irréductible, si
l'entrepreneur était invariablement le maître de fixer
à son gré le taux du salaire, le régime du salariat
mériterait certainement tous les anathèmes dont l'ont
accablé ses adversaires. Quelle serait, en effet, dans
cette hypothèse, la situation de l'ouvrier salarié? Il
serait entièrement responsable de sa destinée, et il
n'aurait pour s'acquitter de l'ensemble de ses obligations envers lui-même et envers les siens qu'un
revenu dont l'acheteur de travail fixerait le chiffre,
et qu'il serait naturellement porté — il y serait d'ailleurs obligé par la concurrence — à réduire au taux

le plus bas possible, c'est-à-dire au minimum indispensable à la réparation *actuelle* des forces du
travailleur, en le laissant dans l'impossibilité de
pourvoir aux risques des chômages, des accidents,
des maladies et de la vieillesse, aussi bien qu'à l'entretien de sa femme et de ses enfants. Dans cette
hypothèse, il est clair que la condition du salarié
serait inférieure même à celle de l'esclave, et que le
salariat mériterait la condamnation dont l'ont frappé
les théoriciens du socialisme.

Mais est-il vrai que l'entrepreneur soit toujours,
en toutes circonstances, le maître de dicter les conditions du salaire, et que le salariat se trouve ainsi
entaché d'un vice irrémédiable? On peut démontrer
aisément qu'il n'en est rien ; on peut citer notamment
des travailleurs des deux sexes — chanteurs et dan-
seuses — qui dictent leurs conditions aux entrepreneurs, bien qu'ils reçoivent, comme la généralité des
ouvriers, leur rétribution sous forme de salaire. Ce
n'est donc pas la forme de la rétribution qui décide
du taux et des conditions auxquelles elle se fixe,
c'est la situation respective des deux parties. Nous
avons vu qu'à l'origine cette situation était presque
toujours inégale, que le besoin que l'entrepreneur
avait du travail de l'ouvrier était moins intense que
celui que l'ouvrier avait du salaire de l'entrepreneur, et, en analysant les causes de cette différence
d'intensité, nous avons vu encore qu'elle tenait à ce

que l'ouvrier disposait à un moindre degré que l'entrepreneur du *temps* et de l'*espace*, autrement dit à ce qu'il ne pouvait attendre le salaire, et se déplacer pour l'obtenir à de meilleures conditions.

Le problème qu'impliquait le règlement équitable du salaire consistait donc à établir une égalité nécessaire de situation entre l'entrepreneur et l'ouvrier, entre l'acheteur du travail et le vendeur, et ce problème n'était nullement insoluble. Sans avoir aucune notion de la théorie du salaire, les ouvriers s'appliquaient inconsciemment à le résoudre. S'il leur était difficile, parfois même impossible de se déplacer pour porter leur offre dans l'espace, ils pouvaient la suspendre dans le temps, en recourant au procédé des coalitions et des grèves. Ce procédé était certainement imparfait et coûteux, mais, comme on va le voir, il avait sa raison d'être économique.

Entre l'ouvrier isolé et l'entrepreneur, l'égalité ne pouvait exister qu'à une condition, c'est que l'ouvrier possédât assez de ressources pour se passer du salaire de l'entrepreneur aussi longtemps que l'entrepreneur pouvait se passer du travail de l'ouvrier. Or, il n'y avait pas, à l'origine, un ouvrier sur mille qui se trouvât dans cette situation. En outre, à mesure que les entreprises s'agrandissaient sous l'influence de l'extension des débouchés et des progrès de l'outillage, qu'aux petits ateliers qui employaient rarement plus d'une dizaine d'ouvriers, se substituaient des manufactures qui en employaient jusqu'à mille, le manque du travail d'un ouvrier causait à l'entrepreneur un dommage cent fois moindre, et par conséquent affaiblissait dans la même proportion le besoin qu'il en avait, tandis que le besoin que l'ouvrier avait du salaire demeurait le même. En traitant avec des ouvriers individuellement, l'entrepreneur avait donc sur eux un avantage qui allait croissant à mesure que leur nombre était plus grand. En supposant que les salaires fussent de 3 francs par jour dans une manufacture qui employait mille ouvriers, et qu'un de ces ouvriers eût réclamé une augmentation de 5o centimes, l'entrepreneur, en consentant à cette augmentation, se serait exposé à la même réclamation de la part des autres, et au lieu de 3,ooo francs il aurait eu à leur payer 3,5oo francs. Il lui était incontestablement plus avantageux de congédier le réclamant, se trouvât-il même dans l'impossibilité de le remplacer, et il n'y manquait point.

Mais là situation changeait si les mille ouvriers se coalisaient pour réclamer l'augmentation, en menaçant de se mettre en grève. Alors le dommage auquel cet abandon collectif de ses ateliers exposait l'entrepreneur, n'était plus d'un millième du profit de sa production, il s'élevait à la totalité de ce profit pendant la durée possible de la suspension du travail.

Cette écrasante inégalité qui obligeait l'ouvrier isolé et dans l'impossibilité de placer ailleurs son travail, à subir les conditions de l'entrepreneur, disparaissait, au moins pour la plus grande part. Entre l'atelier collectif et l'entrepreneur, la question se posait maintenant en ces termes :

1º Combien de temps les mille ouvriers coalisés pouvaient-ils se passer du salaire ?

2º Combien de temps l'entrepreneur pouvait-il se passer de leur travail, en admettant qu'il lui fût impossible de les remplacer ?

Si l'entrepreneur estimait que les ressources dont disposaient les ouvriers étaient trop faibles pour leur permettre de prolonger la grève au delà d'une semaine, par exemple, et que la perte qui en résulterait pour lui serait moindre que celle que lui causerait une augmentation de salaire, il trouvait plus d'avantage à résister aux prétentions des grévistes qu'à y céder. Quand même d'ailleurs la perte eût été égale ou même plus forte, il pouvait préférer de la subir pour s'assurer contre des réclamations ultérieures. Il en était autrement s'il jugeait que la grève pouvait se prolonger longtemps et lui causer une perte supérieure au montant de l'augmentation, peut-être aussi une autre perte résultant du détournement de sa clientèle. Dans ce cas, son intérêt lui commandait de céder, et il cédait, d'habitude.

Cette lutte entre les deux parties avait une tactique

qui lui était appropriée et que l'expérience ne tarda pas à leur enseigner. Elle consistait pour les ouvriers : 1º à porter au maximum le dommage qu'ils pouvaient causer à l'entrepreneur, en choisissant pour se mettre en grève le moment où les commandes affluaient et où l'exécution en était la plus urgente ; 2º à employer les moyens les plus efficaces pour vider complètement l'atelier et empêcher l'entrepreneur de le remplir ; 3º à s'imposer les privations et à recueillir les subsides nécessaires pour prolonger la grève, de telle sorte que l'entrepreneur, en présence du dommage croissant qu'elle lui infligeait, dût se résigner à consentir à leurs demandes, soit qu'il s'agît d'une augmentation du salaire, de la diminution de la durée du travail ou de toute autre exigence.

La tactique des entrepreneurs avait naturellement une fin opposée à celle-là. Elle consistait : 1º à laisser les grévistes épuiser leurs ressources ; 2º à détacher successivement de la grève ses adhérents les moins résolus et les plus faméliques ; 3º à remplacer les grévistes par des ouvriers du dehors, en leur offrant au besoin une rétribution exceptionnelle. L'emploi de ces deux derniers procédés donnait aux entrepreneurs une supériorité manifeste et ne pouvait manquer de leur assurer la victoire. Aussi les grévistes s'efforçaient-ils par tous les moyens en leur pouvoir d'empêcher les dissidents, les déserteurs ou les étrangers de combler les vides de l'atelier, et, quand la persuasion ne suffisait pas, ils recouraient à la violence[1].

Il aurait dû suffire de les contraindre à respecter la liberté du travail. Mais on alla plus loin. Les entrepreneurs d'industrie profitèrent de l'influence prépondérante dont ils jouissaient, pour faire établir à leur profit tout un système de protection contre les ouvriers, en même temps qu'ils se faisaient protéger contre les consommateurs. Ce système se composait de deux pièces principales : 1° interdiction, sous des pénalités rigoureuses, des coalitions et des autres associations d'ouvriers, ainsi que de toute pratique ayant pour objet de faire hausser le salaire ; 2° interdiction d'enrôler des ouvriers pour l'étranger. La première de ces prohibitions obligeait l'ouvrier à débattre *individuellement* avec l'entrepreneur les conditions de son salaire ; la seconde le réduisait à offrir son travail aux entrepreneurs nationaux, tandis que ceux-ci demeuraient libres d'employer des ouvriers étrangers. Enfin, pour fermer toute issue à la concurrence en matière de travail, les entrepreneurs de la même localité considéraient comme un acte de félonie, et s'interdisaient d'embaucher les ouvriers d'un autre atelier. C'était, pour tout dire, le monopole de la demande opposé à la concurrence de l'offre.

[1] Voir sur la tactique des ouvriers et des entrepreneurs en matière de coalitions et de grèves : *Le Mouvement socialiste* et *La Pacification des Rapports du Capital et du Travail,* chap. iii, Les Grèves et les Sociétés de Résistance.

Ce régime de protection du capital contre le travait a fini par disparaître ; les lois sur les coalitions, les associations d'ouvriers, les enrôlements pour l'étranger, etc., etc., ont été successivement abrogées[1] ; mais pendant la longue période où elles ont été en vigueur, et où des obstacles naturels se joignaient d'ailleurs à ces obstacles artificiels pour rendre illusoire le droit reconnu au travailleur de disposer de son travail, la classe ouvrière, quoique nominalemeut libre de débattre le taux et les conditions de sa coopération à la production, s'est trouvée généralement obligée à subir ceux que lui imposaient les entrepreneurs. Avilissement des salaires, exagération de la durée du travail, oppression matérielle et morale de la classe ouvrière, tels ont été les traits caractéristique de cette période initiale du nouveau régime industriel[2].

1 Appendice. Note P.

2 Ainsi que le constatait Adam Smith, il y avait une inégalité naturelle entre le maitre et l'ouvrier, en ce que l'un pouvait attendre plus longtemps que l'autre, c'est-à-dire disposer à un plus haut degré du temps, et cette inégalité était maintenue et renforcée de son temps par la loi sur les coalitions, qui défendait aux ouvriers de s'associer et de prolonger ainsi leur résistance, en mettant en commun leurs ressources et en constituant des caisses destinées à alimenter les grèves. Sous ce régime qui s'est prolongé en Angleterre jusqu'en 1824, en France jusqu'en 1865, et dont, par parenthèse, les économistes ont été seuls à réclamer l'abolition, car les socialistes dédaignaient de s'occuper d'un si mince détail, l'inégalité de situation entre le maitre et l'ouvrier était flagrante et le salaire ne s'en ressentait que trop. — Je me rappelle comment les choses se passaient il y a cinquante ans. Quand un ouvrier s'avisait de demander une augmentation de salaire, on lui signait son livret et

on le mettait à la porte. Quand trois ou quatre ouvriers se réunissaient pour la réclamer, on faisait venir la police et on les jetait en prison, pour délit de coalition, — délit prévu par les articles 414 et 415 du Code pénal. Et la pénalité était sévère. Les meneurs ou les fauteurs de la coalition pouvaient être condamnés à cinq ans de prison.

(*La Pacification des Rapports du Capital et du Travail*. Conférence faite le 16 février 1892 à la Société libérale pour l'Étude des Sciences et des Œuvres sociales, à Gand. Reproduite dans le *Journal des Économistes*, du 15 mars.)

CHAPITRE XI

Les « trade's unions » et les syndicats. État actuel de la guerre du capital et du travail.

Origine et raison d'être des *trade's unions* et des syndicats ouvriers. — Leur état actuel. — La lutte du capital et du travail en Angleterre et aux États-Unis. — La grève de Homestead. — Pourquoi la lutte n'a pas pris les mêmes proportions sur le continent européen. — Frais et dommages directs et indirects causés par les coalitions et les grèves. — Que la victoire du travail et celle du capital auraient des conséquences également nuisibles. — Comment se pose le problème à résoudre pour établir la paix entre ces deux facteurs nécessaires de la production.

Lorsque les ouvriers eurent reconnu, par une cruelle expérience, qu'en traitant individuellement avec les entrepreneurs d'industrie, ils se trouvaient dans un état d'infériorité qui les condamnait le plus souvent à subir les conditions léonines de l'acheteur de travail, ils eurent recours, comme nous venons de le voir, à ces associations temporaires que l'on a désignées sous le nom de coalitions. Les coalisés fixaient en commun le taux et les conditions de leur offre, et si l'entrepreneur refusait de les accepter, ils lui refusaient leur travail, ils se mettaient en grève. Mais leurs ressources étant communément insuffisantes pour leur permettre de se passer de salaire aussi longtemps que l'entrepreneur pouvait se passer de travail, ils avaient presque toujours le dessous dans cette lutte. Les ouvriers comprirent alors que leurs chances de succès dépendaient de la quotité de leurs ressources, ils sentirent la nécessité de consolider leurs associations en leur donnant une organisation permanente, et de constituer un fonds des grèves au moyen de cotisations régulières. Telle fut l'origine des *trade's unions* anglaises et des sociétés de résistance ou des syndicats ouvriers du continent. Mais ces associations, comme les coalitions elles-mêmes, étant rigoureusement prohibées sous le régime de la protection du capital contre le travail, demeurèrent à l'état de sociétés secrètes, et ne purent arriver à leurs fins qu'en employant des procédés d'intimidation et de violence dont la tradition s'est malheureusement conservée dans la classe ouvrière.

Depuis que le régime de la protection a pris fin, les *trade's unions* ou les syndicats se sont rapidement multipliés, et ils ont acquis, notamment en Angleterre et aux États-Unis, une puissance considérable. En Angleterre, les revenus annuels des *trade's unions* dépassent 5o millions de francs ; aux États-Unis, l'association des Chevaliers du Travail a compté, un moment, près d'un million de membres[1]. Les forces des belligérants devenant plus

---

[1] Voir *Les Associations ouvrières en Angleterre*, par M. le Comte de Paris, *Le Passé et l'Avenir des Trade's unions*, par Georges Howell, *Les Chevaliers du Travail*, par Ernest Brelay, etc., etc.

égales, la guerre du capital et du travail s'est étendue et aggravée. Certaines grèves se sont prolongées pendant plus de six mois et elles ont occasionné aux ouvriers des dépenses et aux entrepreneurs des pertes qui se chiffraient non plus pār des milliers de francs, mais par des millions. En même temps, la tactique de cette sorte de guerre s'est perfectionnée. Les *trade's unions* ont eu recours à l'échelonnement successif de la grève, en vue d'augmenter leurs ressources. Ce procédé consiste à laisser en activité un certain nombre d'ateliers, dont les ouvriers, tacitement d'accord avec les grévistes, leur fournissent des subsides. A ce procédé, les entrepreneurs ont opposé celui de la fermeture générale des ateliers ou du *lock out*, qui, en privant de travail la masse ouvrière, coupe court aux subsides et met à la charge de la caisse d'une union l'entretien d'une population entière. Qu'ont fait alors les unions ? Elle se sont coalisées pour soutenir mutuellement leurs grèves, en généralisant ainsi la lutte. Ces procédés nouveaux n'excluent point l'emploi des anciens, c'est-à-dire du recours à la violence pour vider les ateliers et empêcher les dissidents et les non-affiliés, étrangers ou indigènes, de les remplir. Les entrepreneurs, de leur côté, font appel à la force publique pour sauvegarder leurs ateliers et garantir la liberté du travail. Enfin, lorsque le gouvernement ne leur vient point efficacement en aide, ils ont recours à des entreprises spéciales telles que la *Pinkerton Society*, aux États-Unis. La grève de *Homestead* offre le spécimen le plus complet de cette lutte poussée, des deux côtés, à un point extrême[1].

Sur notre continent, la guerre du capital et du travail n'a pas pris encore les proportions qu'elle a atteintes en Angleterre et aux États-Unis. Ce n'est pas que les sentiments d'hostilité des ouvriers à l'égard des entrepreneurs et leur désir de dicter, à leur tour, les conditions du salaire, soient moins vifs; c'est tout simplement parce que leurs associations ou leurs syndicats sont moins solidement organisés que les *trade's unions* anglaises et américaines, et ne sont pas, à beaucoup près, aussi bien pourvus du nerf de la guerre. Toutefois, les grèves se multiplient en France, en Belgique, en Allemagne, et elles prennent de jour en jour un caractère plus aigu. Les excitations socialistes ont contribué, surtout dans ces derniers temps, à les aggraver et à les envenimer, mais sans leur fournir l'apport de ressources qui pourrait seul augmenter leurs chances de succès.

Comme toutes les guerres, celle-ci est presque également nuisible aux deux parties. On a fait le compte des dépenses et des pertes que les grèves ont causées depuis quelques années aux ouvriers et aux entrepreneurs : on est arrivé à des centaines de mil-

---

1 Appendice. Note Q.

lions[1]. En outre, elles ont occasionné, dans tous les pays où elles ont éclaté, un ralentissement de la production et un détournement de la clientèle, qui se traduisent par une perte permanente dont le montant échappe à toute évaluation.

Des esprits bienveillants ont entrepris de prévenir les grèves, et de rétablir, autant que possible, l'harmonie entre les deux facteurs indispensables de la production, en instituant des conseils de conciliation et d'arbitrage. Cet expédient a exercé, en mainte occasion, une influence salutaire, mais son efficacité est demeurée limitée ; il a créé des trêves, mais sans avoir la vertu d'établir la paix [2].

Si l'on en jugeait par l'état actuel des esprits, cette paix serait plus éloignée que jamais. En France, par exemple, les meneurs socialistes de la classe ouvrière ont mis à profit l'extension partielle que la loi de 1884 a apportée à la liberté d'association pour pro-

---

1 Appendice. Note R.

2 Les conseils de conciliation et d'arbitrage ont été établis en Angleterre, en 1860, par M. Mundella, importés et perfectionnés en Belgique par M. Julien Weiler, ingénieur des charbonnages de Mariemont et Bascoup. Ils sont intervenus efficacement, dans des cas nombreux, pour prévenir ou terminer les grèves. Sur 500 grèves qui ont éclaté en Angleterre, en 1888, 72,2 pour 100 ont été résolues par la conciliation et 3,3 pour 100 par l'arbitrage. Voir les publications de M. Julien Weiler sur les *Conseils de Conciliation et d'Arbitrage* et les *Chambres d'Explications* des charbonnages de Bascoup ; l'*Esprit des Institutions ouvrières de Mariemont*, etc. Voir aussi : *La Paix des Ateliers. Institutions de nature à faciliter la Conciliation et l'Arbitrage entre Patrons et Ouvriers*, par M. A. Gibon, ingénieur des arts et manufactures.

voquer la création d'un syndicat dans chaque branche
de travail des principaux foyers d'industrie. La tendance de plus en plus marquée de ces syndicats c'est,
d'une part, d'obliger les entrepreneurs à débattre avec
eux le taux et les conditions du salaire de leurs membres; d'une autre part, de les empêcher d'employer
des ouvriers non syndiqués de la localité ou du dehors. En admettant qu'ils réussissent à atteindre ce
double but, quel serait le résultat? Ce serait de leur
conférer le monopole de la fourniture du travail dans
chaque branche d'industrie et dans chaque localité,
et de mettre les entrepreneurs-capitalistes à la merci
de ce monopole.

Cependant, les socialistes qui mènent cette campagne contre le capital comprennent parfaitement
qu'aussi longtemps que la liberté du travail subsis-
tera, que les entrepreneurs conserveront le droit
d'enrôler des ouvriers non syndiqués, et d'en recruter à l'étranger, au moyen d'intermédiaires libres,
il leur sera impossible d'arriver à leurs fins. Mais ils
comptent sur le suffrage universel pour leur venir en
aide, en faisant tomber le gouvernement entre leurs
mains. De même que les gouvernements bourgeois
ont protégé le capital contre le travail, pourquoi un
gouvernement socialiste ne protègerait-il pas le travail contre le capital, en reconnaissant aux syndicats le droit exclusif de fournir le travail nécessaire
à l'industrie, en interdisant l'emploi des ouvriers

étrangers ou en les soumettant à une taxe dont le produit serait affecté aux caisses de retraites ouvrières, enfin en supprimant les intermédiaires libres pour conférer aux syndicats le monopole du placement? Grâce à ce système de protection, les ouvriers ne deviendraient-ils pas les maîtres d'élever à leur gré le taux du salaire, de le porter à un maximum en échange d'un minimum de travail, comme les entrepreneurs l'ont été, à l'époque où ce système était établi à leur profit, d'abaisser le taux du salaire à un minimum en échange d'un maximum de travail? Le résultat final ne serait-il pas, en réduisant les entrepreneurs à une portion par trop congrue, de les obliger, sous peine de ruine, à remettre leurs entreprises aux mains de l'État, lequel, à son tour, en confierait la gestion aux syndicats ouvriers? L'œuvre de la transformation économique serait alors accomplie. Le travail entrerait en possession du capital investi dans les mines, les manufactures et le reste, et il pourrait s'attribuer à lui seul tous les profits de l'industrie. La société capitaliste aurait vécu.

En présence de ce péril, les entrepreneurs, de leur côté, ne demeurent pas inactifs, et ils ont recours, comme leurs adversaires, aux armes empruntées à l'arsenal de la protection. Tandis que les ouvriers s'efforcent d'attribuer à leurs syndicats le monopole de la vente du travail, les entrepreneurs s'appliquent à rétablir à leur profit le monopole de l'achat. A

défaut des lois qui interdisaient les coalitions, à plus
forte raison les syndicats et faisaient obstacle au déplacement des travailleurs, jusqu'à ce qu'il soit possible de les faire rétablir par quelque gouvernement
dictatorial institué pour « sauver la société », ils s'entendent pour opposer les *lock out* aux coalitions,
interdire aux ouvriers, sous peine de renvoi, de s'af-
filier aux unions ou aux syndicats, et refuser tout
débat collectif sur le taux et les conditions du salaire,
pour s'en tenir au système du débat individuel ou y
revenir [1]. En supposant qu'ils arrivent à leurs fins,
ne seront-ils pas de nouveau les maîtres de dicter ce
taux et ces conditions? Ne peuvent-ils pas se passer
du travail de l'ouvrier isolé plus longtemps qu'il ne

[1] Tant qu'on subira le droit de grève et la faculté illimitée de coalition, écrivait un journaliste très écouté des conservateurs, M. Fran-
cis Magnard, nous serons en péril.

... Personne n'aura le front de soutenir que les grèves soient un
bon instrument de conciliation et que les syndicats ouvriers aient
amélioré les rapports entre le travail et le capital. Elles ont irrité
les patrons sans que les ouvriers en deviennent plus heureux et
surtout plus sages.

Cet état de choses peut-il continuer sans que la prospérité nationale en souffre? Nous ne le croyons pas.

S'il paraît aux radicaux que ces lois tyranniques, cent fois plus
oppressives pour les vrais travailleurs que le patronat, sont insépa-
rables de la République, nous ne pouvons que déplorer leur aveu-
glement. Car c'est précisément pour ne vouloir pas respecter les
droits de la minorité que la République risque de périr, ou tout au
moins d'être absorbée par une dictature quelconque. Les forces que
la faiblesse ou l'ignorance des Parlements ont mises entre des mains
qui ne savent pas les manier constituent un danger pour un ordre
social qui a bien ses tares et ses inconvénients, mais qu'on n'a pas
remplacé encore, auquel on n'offre d'ailleurs de rien substituer. Cela
ne peut pas durer extrêmement longtemps.

(Figaro, du 15 novembre 1892.)

peut se passer du salaire? Dans les ateliers de la grande industrie où des centaines, parfois même des milliers d'ouvriers se trouvent rassemblés, le dommage que peut causer à l'entrepreneur individuel ou collectif le renvoi d'un seul, n'est-il pas infinitésimal en comparaison de celui que subit l'ouvrier renvoyé pour avoir réclamé une augmentation de salaire, et exclu, par une entente commune, des autres ateliers? Le capital ne pourrait-il pas, en ce cas, comme il arrivait trop souvent sous l'ancien régime de la protection, accaparer tous les profits de l'industrie en ne laissant au travail qu'un minimum de subsistance?

Mais, dans les deux cas, soit que la victoire demeurât au travail ou au capital, dans la lutte actuellement engagée, les résultats seraient également funestes. Si les ouvriers étaient les maîtres de fixer à leur gré le taux du salaire, ils ne manqueraient pas d'abuser de leur pouvoir et de l'élever à un niveau qui ne laisserait point au capital la part nécessaire pour couvrir ses risques et le déterminer à s'engager dans la production. Ce serait, en un mot, la destruction successive du capital, c'est à-dire d'un agent non moins indispensable à la production que le travail lui-même. Si, au contraire, les entrepreneurs redevenaient pleinement les maîtres de fixer le taux du salaire, n'abuseraient-ils pas de ce pouvoir comme ils en ont abusé sous le régime de la protection du capital contre le travail? Ne l'abaisseraient-ils pas à un niveau destructeur des forces physiques et morales de la classe ouvrière, et l'abaissement de la qualité, sinon de la quantité du travail qui en résulterait, à une époque où les progrès de l'outillage exigent, au contraire, la coopération d'un travail de plus en plus élevé en qualité, ne déterminerait-il pas la ruine de l'industrie, en admettant qu'un soulèvement général de la multitude n'eût causé auparavant la subversion de la société?

Que conclure de là, sinon que le problème à résoudre pour rétablir la paix entre le capital et le travail consiste non à conférer à l'un ou à l'autre le pouvoir de fixer le taux et les conditions du salaire, mais à le leur enlever à tous deux. Ce problème, l'extension et la mise en communication des marchés, la substitution d'un « marché général », illimité, aux marchés limités de l'ancien régime, l'a déjà résolu pour le taux de l'intérêt et le prix d'un grand nombre de produits, en créant un taux ou un prix régulateur sur lequel les prêteurs et les emprunteurs, les vendeurs et les acheteurs ne peuvent exercer, quoi qu'ils fassent, aucune influence appréciable : nous allons voir pourquoi il ne l'a pas été pour le travail, et comment, par le concours de quels progrès, les uns déjà réalisés, les autres en voie de réalisation, il le sera, selon toute apparence, dans un avenir prochain.

CHAPITRE XII

Les facteurs de l'agrandissement des marchés.

Quels ont été les facteurs de l'agrandissement et de l'unification des marchés. — Comment ils ont agi. — Influence de l'extension de la sécurité; — du perfectionnement de l'outillage de l'industrie; — du progrès et de la multiplication des moyens de communication; — du développement de l'organisme du commerce et du crédit; — de la création de la publicité commerciale et financière et des Bourses. — Que cet ensemble de progrès a agi pour assurer la distribution utile des produits et des capitaux dans toute l'étendue des marchés agrandis et mis en communication, qui constituent aujourd'hui « le marché général ».

Si nous voulons savoir comment les marchés du travail, aujourd'hui encore plus ou moins étroitement limités, pourront s'agrandir, se mettre en communication et s'unifier, il nous faut rechercher comment se sont successivement agrandis et unifiés ceux des capitaux et des produits qui possèdent actuellement un marché général où le mouvement des quantités offertes et demandées en concurrence détermine le prix régulateur de ces produits et de ces capitaux.

Les facteurs de ce progrès ont été : 1° l'accroissement de la sécurité, les progrès généraux de l'industrie, le développement des moyens de communication rapides et à bon marché, l'aplanissement, encore à la vérité partiel et insuffisant, des barrières douanières ; 2° la création et le développement du rouage des intermédiaires du commerce et du crédit ; 3° ceux du rouage de la publicité commerciale et financière ; 4° la création et la multiplication des bourses de commerce et des bourses des valeurs mobilières.

En examinant comment ces facteurs ont agi concurremment pour agrandir les marchés, on est frappé d'abord de ce fait qu'ils ont agi suivant une impulsion naturelle, c'est-à-dire lorsque leur opération, est devenue assez utile pour couvrir ses frais avec adjonction du profit nécessaire à toute entreprise, quel qu'en soit l'objet.

Comment la sécurité s'est-elle étendue successivement de manière à rendre la plus grande partie du globe accessible à l'industrie et au commerce des peuples civilisés ? Par l'unification dans l'intérieur des États civilisés de l'action de la justice et de la police, demeurée jusqu'alors locale, par la découverte, la conquête ou les traités qui ouvraient au commerce des régions auparavant inconnues ou fermées. Les débouchés de la généralité des industries, d'abord resserrés aux limites d'une commune, d'un canton ou d'une province, ont pu s'étendre au delà de ces limites étroites, au moins dans les pays où les moyens de communication avec le dehors ne faisaient point entièrement défaut. L'agrandissement des débouchés a stimulé les progrès de l'industrie, la division du travail s'est accrue, des fabriques qui concen-

traient, par exemple, la filature, le tissage et la teinture des étoffes, ont pu se borner à pratiquer sur de
plus grandes quantités une seule de ces opérations.
A mesure qu'elles diminuaient ainsi leurs frais de
production et que la concurrence les obligeait à abaisser leurs prix de vente dans une proportion équivalente, leur débouché s'étendait. Il s'étendait encore,
lorsque les moyens de communication devenaient
plus rapides et moins coûteux. L'accroissement de la
rapidité, en leur procurant une économie de temps,
leur permettait de diminuer d'autant leur avance de
capitaux, par conséquent leurs frais de production,
l'abaissement des prix de transport contribuait au
même résultat. La concurrence qui obligeait les
industriels à perfectionner leur outillage pour diminuer leurs frais, les excitait, sous l'impulsion de
la même nécessité, à provoquer l'établissement
des chemins de fer, des lignes de navigation à
vapeur, etc. Dans les pays où ils possédaient une
influence prépondérante, ils les faisaient établir aux
frais ou avec les subventions de la communauté;
ailleurs, c'était l'industrie privée, abandonnée à elle-
même, qui s'en chargeait, aussitôt qu'elle jugeait que
l es entreprises de ce genre lui fourniraient une rémunération suffisante. Est-il nécessaire d'ajouter que
c'est dans les pays où l'État n'entravait point la création des voies perfectionnées, en limitant la durée
des concessions, en imposant des tracés et d'autres

conditions restrictives aux entrepreneurs, que ces voies nouvelles se sont le plus rapidement multipliées, sans imposer aucune charge aux contribuables?

Cependant, à mesure que les débouchés de l'industrie s'agrandissaient, grâce à l'extension de la sécurité, aux progrès de l'outillage et au développement des moyens de communication, les débouchés du commerce s'accroissaient d'une manière parallèle. Lorsque les marchés étaient étroitement limités, les industriels s'occupaient eux-mêmes du placement de leurs produits, mais lorsque les marchés vinrent à s'étendre, il devint économique de diviser le travail de la fabrication et du placement, et même de spécialiser les différentes opérations du commerce, à l'exemple de celles de l'industrie. Comme la filature, le tissage et la teinture s'étaient spécialisés dans la fabrication des étoffes, on vit se spécialiser les opérations du placement : le fabricant vendit ses produits à des négociants en gros, qui se chargèrent de les distribuer sur les points principaux du marché, où ils étaient achetés par des marchands en demi-gros qui les revendaient aux marchands en détail de chaque localité, par lesquels ils étaient mis immédiatement à la disposition des consommateurs. Et chacune des parties de ce rouage commercial destiné à porter les produits d'un foyer d'industrie à leurs consommateurs, épars souvent sur toute la surface du globe, se créait aussitôt qu'elle devenait assez utile pour que ses services pussent couvrir leurs frais, et donner un profit équivalent à celui des autres branches de travail. Il suffisait pour obtenir ce résultat de « laisser faire » l'esprit d'entreprise.

Ce n'est pas tout. A mesure que la sécurité s'étendait, que l'industrie se perfectionnait, que les moyens de communication se multipliaient et que le commerce se développait, le débouché du crédit s'agrandissait à son tour. Ces différentes branches de travail ne pouvaient en effet se perfectionner et se développer qu'à la condition de recévoir un apport croissant de capitaux. Ceux-ci étaient produits par la multitude, maintenant innombrable, des individus que la disparition de l'esclavage et du servage avait rendus responsables de leur existence et de celle de leur famille, et qui épargnaient une partie de leur revenu actuel, soit pour subvenir à leurs besoins futurs, soit pour accroître leur revenu en faisant, d'une manière ou d'une autre, fructifier leur épargne. D'abord — lorsque chaque industrie était morcelée en une foule de petites entreprises — le plus grand nombre de ces épargneurs employaient eux-mêmes le capital qu'ils avaient formé, mais à mesure que les progrès de l'outillage déterminaient l'agrandissement des entreprises, et, par conséquent, en diminuaient le nombre, l'emploi direct des capitaux, après avoir été la règle, devint de plus en plus l'exception. Il fallut que les

épargneurs en cherchassent le placement. Mais,
d'une part, ils ne trouvaient pas toujours à les placer
d'une manière avantageuse et sûre dans leur localité,
d'une autre part, il leur était difficile sinon impossible de se procurer les renseignements et les garanties
nécessaires pour les mieux placer ailleurs, et ils
étaient réduits à les conserver improductifs, tandis
que mainte industrie les demandait en vain ou les
payait à haut prix. Alors la création d'intermédiaires
du crédit devint utile, et l'esprit d'entreprise se char-
gea de les créer aussitôt que leur utilité devint assez
grande pour rémunérer suffisamment les entrepreneurs, ou, en d'autres termes, aussitôt que les épargneurs trouvèrent plus de profit à charger un intermédiaire du placement de leurs économies, en lui
payant une rétribution pour ce service, qu'à les placer eux-mêmes. Les capitaux que les intermédiaires,
banquiers ou banques, recueillaient ainsi, il les dis-
tribuaient à l'industrie, au commerce et aux autres
entreprises, parmi lesquelles, malheureusement, les
entreprises politiques, qui les demandaient pour les
affecter à des emplois le plus souvent nuisibles,
tenaient le premier rang. Comme dans les entreprises
industrielles et commerciales, la division du travail
et la spécialisation s'introduisirent dans les institutions de crédit : il se créa tout un organisme de grands
et petits intermédiaires et de banques spéciales pour
les différentes sortes de prêts, industriels, commer-

ciaux, agricoles, chirographaires, hypothécaires.

. En examinant la nature des fonctions de ces intermédiaires tant du commerce que du crédit, on s'aperçoit qu'ils ne pouvaient remplir ces fonctions qu'à la condition de posséder, aussi exactement que possible, la connaissance du marché : pour distribuer le plus utilement, partant avec le plus de profit, les produits et les capitaux, ils avaient besoin, avant tout, de savoir où ils étaient le plus abondants et le plus offerts, où ils étaient le plus rares et le plus demandés. D'abord, ils s'occupaient eux-mêmes de recueillir ces renseignements ; mais, à mesure que le marché allait s'étendant, leurs moyens particuliers d'informations cessaient d'y suffire. Alors, un nouveau progrès de la division du travail s'opéra ; l'industrie de l'information se spécialisa, soit en matière de commerce, soit en matière de crédit. Des entreprises se formèrent pour publier, jour par jour, des renseignements sur l'état de l'offre et de la demande des produits et des capitaux dans les différentes parties du marché, de manière à éclairer et à guider les opérations des intermédiaires et de leur clientèle, en leur enseignant dans quels lieux il était le plus profitable aux uns de porter leurs produits, aux autres d'engager leurs capitaux.

Enfin, il devint avantageux aux intermédiaires du crédit et du commerce, de se rassembler régulièrement dans des Bourses où affluaient les renseigne-

6.

ments sur l'état des marchés et où venaient se concentrer les offres et les demandes. Dans ces marchés s'établissaient les cours des valeurs et des marchandises. Grâce au progrès des moyens matériels de communication, les cours de chaque marché ont fini par être portés instantanément dans les autres, de manière à constituer de tous ces marchés particuliers un *marché général*, où le prix résultant du mouvement de l'ensemble des offres et des demandes est aujourd'hui le régulateur de chaque transaction.

C'est ainsi, sous une impulsion naturelle et à mesure qu'ils sont devenus assez utiles pour procurer à l'esprit d'entreprise et aux capitaux qui s'y engageaient, des profits équivalents à ceux de la généralité des industries déjà existantes, que se sont constitués, perfectionnés et développés les différents rouages de l'immense appareil de la distribution des capitaux et des produits, qui s'étend dans toutes les régions du globe, en assurant, sauf les perturbations provenant des accidents du milieu, trop souvent aussi des vices et de l'ignorance de l'homme, l'approvisionnement régulier des consommateurs, et en procurant aux producteurs la rétribution nécessaire à la continuation et, au besoin, à l'accroissement de la production. En effet, quand, sur un marché, il y a insuffisance de capitaux ou de produits, quand les prix s'élèvent, en conséquence, au-dessus du taux nécessaire, on en est aussitôt informé dans tous les autres, et les capitaux ou les produits s'y portent d'eux-mêmes jusqu'à ce que le déficit soit comblé ; quand, au contraire, il y a surabondance et baisse sur un marché, les capitaux ou les produits cessent d'y affluer, ou en émigrent jusqu'à ce que l'équilibre se rétablisse et que les prix se relèvent au niveau nécessaire.

Mais ce mécanisme distributeur des capitaux et des produits n'existe pas encore, ou du moins n'existe qu'à l'état rudimentaire pour le travail. Comme nous l'avons vu, le travail en est resté au régime des marchés restreints : si ses débouchés ont pu s'élargir, dans quelque mesure, sous l'influence des progrès de la sécurité et du développement des moyens de communication, ils sont demeurés relativement limités, faute du concours des autres rouages nécessaires du mécanisme distributeur : les intermédiaires, la publicité et les Bourses [1].

1 Voir *Les Notions fondamentales,* 2ᵉ partie, chap. VI, VII et VIII. La Mobilisabilité des Produits, des Capitaux et du Travail.

CHAPITRE XIII

Conséquences de l'agrandissement des marchés des produits et des capitaux.

Obstacles naturels et artificiels à l'extension des marchés des produits et des capitaux. — Articles de grande consommation qui possèdent un marché général. — Les effets de l'agrandissement du marché des capitaux. — Le préjugé contre le prêt à intérêt. — En quoi il était fondé. — Ce qui justifiait la condamnation de l'usure. — Les coutumes et les lois limitatives du taux de l'intérêt. — Ce qui les rendait utiles. — Ce qui les rend aujourd'hui nuisibles. — Résultats bienfaisants de l'agrandissement des marchés des céréales et des autres produits. — Que l'agrandissement des marchés du travail aurait des effets analogues.

Avant d'examiner les obstacles qui ont entravé jusqu'à présent l'agrandissement des marchés du travail, et de nous rendre compte des progrès nécessaires pour les surmonter, arrêtons-nous un moment aux conséquences de l'agrandissement des marchés des produits et des capitaux.

Cet agrandissement est loin d'être aussi complet et aussi général qu'il pourrait l'être et qu'il le sera lorsque l'obstacle naturel des distances sera aplani par la multiplicité et la concurrence des instruments divers et perfectionnés de communication ; quand, d'une autre part, l'obstacle artificiel des douanes aura été renversé. Un grand nombre de produits ne

possèdent encore que des marchés plus ou moins
étroitement limités; il y a, même dans les pays les
plus avancés en industrie, bien des localités où,
faute d'intermédiaires et de publicité, les capitaux
ne se placent que dans un rayon borné, et où le
taux des prêts ne subit point l'influence du prix régulateur de l'ensemble des marchés en communication.

En revanche, il y a un certain nombre d'articles
de grande consommation, tels que les céréales, les
matières premières, le coton, la laine, la soie, etc.,
dont les marchés locaux se sont extraordinairement
étendus depuis un demi-siècle, et, en se mettant
en communication, ont constitué un marché général
dont le cours s'impose comme un régulateur. On
peut en dire autant des capitaux, depuis que les
intermédiaires du crédit et les valeurs mobilières se
sont multipliés, et que la télégraphie électrique a
pour ainsi dire unifié toutes les Bourses du monde.

Nous pouvons déjà apprécier quelques-uns des
résultats bienfaisants de ces progrès.

Sous le régime des marchés limités et isolés, ce
qui déterminait le taux de l'intérêt des capitaux,
c'étaient bien moins les quantités disponibles pour
le prêt que l'intensité comparative des besoins de
l'emprunteur et du prêteur. Le besoin d'emprunter
étant communément plus intense que celui de prêter, le taux de l'intérêt s'élevait bien au-dessus du

taux nécessaire pour couvrir la privation, le risque et le profit légitime du prêteur. C'était, suivant l'expression usitée, un taux usuraire. De là le sentiment de réprobation auquel les « usuriers » étaient en butte, à une époque où les capitaux étaient rares et où le petit nombre des capitalistes étaient les maîtres du marché local. Les philosophes et les Pères de l'Église, témoins des maux que causait l'usure, et n'apercevant aucun moyen efficace d'y remédier, nièrent la légitimité de l'intérêt et recommandèrent le prêt gratuit, comme les socialistes radicaux de nos jours, en présence de l'inégalité de situation de l'entrepreneur et de l'ouvrier, et de l'avilissement des salaires qui en était la conséquence, ont nié la légitimité de la rétribution de l'entrepreneur-capitaliste et prétendu, comme l'avaient fait les philosophes et les Pères de l'Église pour la rétribution de « l'usurier », que le capital devait prêter gratuitement ses services.

Cependant, la gratuité du prêt à intérêt ayant pour effet inévitable la suppression du prêt, il fallut adopter un moyen terme : la coutume puis la loi limitèrent le taux de l'intérêt à un taux équivalent au taux nécessaire ou jugé tel, en vue de protéger les emprunteurs contre les exigences abusives des usuriers. De même aujourd'hui les socialistes « possibilistes », plus modérés que les radicaux, se bornent à réclamer un minimum de salaire combiné avec un maximum de durée de la journée de travail, pour protéger l'ouvrier contre l'abus du pouvoir inégal de l'entrepreneur dans le débat du salaire.

Les coutumes et les lois limitatives du taux de l'intérêt n'étaient qu'un palliatif, dont il fallut pendant longtemps se contenter à défaut d'un remède. Ce remède qui n'apparaissait point aux philosophes de l'antiquité et aux Pères de l'Église, des progrès qu'ils ne pouvaient prévoir l'ont apporté. Les capitaux se sont multipliés sous l'influence des progrès de l'industrie et du *self government* individuel, les marchés des capitaux se sont agrandis sous l'influence d'autres progrès. L'extension de la sécurité, l'accroissement de la facilité des transports, la multiplication des intermédiaires ont permis de porter les capitaux des endroits où ils étaient abondants et à bas prix dans ceux où ils étaient rares et chers. Le taux de l'intérêt a tendu à s'égaliser, sauf la différence des risques, et il n'a plus été déterminé que par les quantités offertes et demandées dans l'ensemble des marchés, maintenant en communication et ne formant plus en réalité qu'un seul marché. Dans ce nouvel état des choses, les coutumes ou les lois limitatives du taux de l'intérêt, après avoir été, comme beaucoup d'autres institutions, un secours, sont devenues un obstacle. Dans les pays et dans les moments où les capitaux sont rares, le maximum légal fait obstacle à des importations qui auraient pour résultat de les rendre abondants, et de faire baisser le taux de l'intérêt au-dessous même du maximum fixé par la loi.

Au moment où nous sommes, et en dépit des restes encore subsistants de ce régime suranné, les capitaux passent en quantités croissantes des pays producteurs où ils surabondent dans les pays consommateurs où ils sont rares. L'inégalité des besoins de l'emprunteur et du prêteur n'exerce plus aucune influence appréciable sur le taux de l'intérêt désormais fixé par les mouvements généraux de l'offre et de la demande sur le marché universalisé. L'usure disparaît.

Il en est de même pour les produits ou du moins pour ceux dont le marché s'est le plus étendu, sous l'influence des progrès de la sécurité, des moyens de communication, et du développement du rouage des intermédiaires du commerce et du crédit. Telles sont, en première ligne, les céréales. Dans les marchés restreints de l'ancien régime, l'intensité comparative des besoins de vendre et d'acheter était le principal sinon l'unique facteur déterminant du prix des grains. Les cultivateurs, pressés de réaliser leurs produits après la récolte, pour payer leur fermage et leurs autres redevances ou impôts, les offraient au petit nombre des marchands de grains ou *blatiers* de la localité, beaucoup moins pressés de les acheter. Presque tous, car ceux qui pouvaient attendre étaient

7

rares, se trouvaient obligés de les céder à vil prix à ces intermédiaires. Ceux-ci, après avoir fait la loi aux vendeurs, la faisaient aussi aux acheteurs, en maintenant leur offre au-dessus de la demande, en laissant pourrir ou en détruisant même une partie de leurs approvisionnements, l'expérience leur ayant appris que les prix haussent ou baissent dans une proportion plus forte que les déficits ou les excédents. De là, la haine à laquelle, comme les usuriers, les marchands de grains qualifiés d'accapareurs étaient en butte, haine justement motivée d'abord et passée ensuite à l'état de préjugé, quand l'intensité comparative des besoins eut cessé d'être le facteur déterminant du prix.

C'est l'extension générale des marchés des céréales qui a fait disparaître ce facteur, en substituant au monopole d'un petit nombre « d'accapareurs », la concurrence d'un nombre illimité de marchands. Ce progrès a eu deux conséquences également bienfaisantes.

La première a été de niveler les approvisionnements et les prix non seulement dans l'espace mais encore dans le temps. L'excédent des pays où la récolte est bonne est porté rapidement dans ceux où elle est mauvaise, et la surabondance d'une année est mise de même, en réserve, en prévision des déficits de l'avenir. Les disettes sont ainsi devenues impossible, sauf dans les contrées où l'isolement des populations, leur extrême misère et l'absence d'intermédiaires font obstacle aux apports et au nivellement des prix.

La seconde a été d'établir sur les marchés désormais en communication, un prix, à la fois régulateur et impersonnel, résultant uniquement des quantités disponibles pour la vente. C'est un prix régulateur, car il s'impose dans chaque transaction particulière. C'est un prix impersonnel, car aucun des échangistes ne peut exercer sur son établissement une influence appréciable. Quelle que soit la puissance d'un spéculateur ou d'un « accapareur », il ne lui est plus possible de faire hausser ou baisser le prix des grains sur un marché devenu universel, et l'on peut en dire autant pour les autres articles de grande consommation. De là l'échec inévitable des coalitions et des manœuvres d'accaparement. Ces coalitions — *rings* ou syndicats — et ces manœuvres qui peuvent avoir encore des chances de succès sur des marchés limités par un tarif protecteur, aboutissent invariablement à la ruine des monopoleurs coalisés ou syndiqués, sur un marché librement ouvert à la concurrence. Quoi qu'ils fassent, en effet, ils ne peuvent englober dans leurs syndicats toutes les exploitations agricoles, toutes les mines de cuivre ou autres, toutes les fabriques de sucre, de suif, etc., répandues sur tous les points du globe ; quand même d'ailleurs ils y réussiraient, aussitôt qu'ils auraient fait hausser le prix de l'article accaparé, cette hausse agirait comme une prime d'encouragement à la mise en culture des terres non encore défrichées, à la recherche et à l'exploitation de nouvelles mines, à l'établissement de nouvelles fabriques de sucre et de suif, et ferait succéder la surabondance et la baisse à la disette et à la hausse.

Supposons maintenant que le marché du travail vienne à s'universaliser, à l'exemple des marchés des capitaux, des céréales et des autres articles de grande consommation, ne verra-t-on pas se produire le même phénomène ? Le facteur de l'intensité comparative des besoins qui a jusqu'à présent exercé une influence prépondérante sur la fixation du taux et des conditions du salaire dans les marchés limités du travail ne disparaîtra-t-il pas comme il a disparu du marché des capitaux et des produits ? Aux prix arbitraires et inégaux de ces marchés limités ne verra-t-on pas se substituer un prix régulateur et impersonnel, déterminé uniquement par le mouvement de l'offre et de la demande sur le marché universel ? Dans ce nouvel état des choses, les coalitions n'ayant plus aucun pouvoir d'action sur les prix, cesseraient de se produire, la paix s'établirait entre le capital et le travail.

Mais est-il possible qu'un marché général s'établisse pour le travail, comme il s'est établi pour les capitaux, les céréales, les cotons, les laines, et comme il tend à s'établir pour tous les autres produits?

Et si la constitution d'un marché général du travail est réalisable, pourquoi n'est-elle point déjà réalisée?

Voilà ce qu'il s'agit d'examiner.

CHAPITRE XIV

Les obstacles à l'agrandissement des marchés du travail.

Obstacles à la circulation du travail libre. — Que ces obstacles n'existaient pas pour la circulation du travail esclave. — Le commerce des esclaves dans l'antiquité et la traite des nègres. — Entraves à la circulation du travail après la disparition de l'esclavage, — Situation inégale qu'elles ont faite aux ouvriers dans l'échange de leur travail contre un salaire. — Remèdes aux vices de cette situation. — Les deux solutions du rétablissement de la servitude et de l'établissement de la liberté effective de la circulation du travail. — Pourquoi cette dernière solution a pu être considérée longtemps comme une utopie.

« De toutes les espèces de bagages, disait Adam Smith, l'homme est la plus difficile à transporter. » Cette observation du père de l'économie politique n'a pas cessé d'être vraie, quoique l'homme civilisé possède généralement de nos jours la liberté de se déplacer et de porter son travail où bon lui semble. Le travail de l'ouvrier libre est demeuré la moins circulable des marchandises. Il n'en était pas ainsi dans l'antiquité pour le travail des esclaves. Le commerce dont il était l'objet avait une importance considérable [1]. Les esclaves importés de l'Afrique, de la Syrie, et plus tard de la Gaule et de la Sarmatie,

---

[1] Appendice. Note S.

affluaient sur les marchés de la Grèce et de l'Italie, de même qu'après la découverte de l'Amérique les nègres de la côte d'Afrique, devenus un des principaux articles du commerce de Saint-Malo, de Liverpool et de Boston, affluèrent sur les marchés des régions tropicales du nouveau monde. Les invasions des barbares, en interrompant les communications, détruisirent en grande partie le commerce des esclaves. Les propriétaires des domaines ruraux furent alors obligés de recourir presque exclusivement au travail de la population qui y était attachée et à laquelle ils trouvèrent généralement profit d'abandonner le soin de sa subsistance, en l'assujettissant simplement à la corvée. Le servage, ainsi substitué à l'esclavage, immobilisa le travailleur agricole sur la terre seigneuriale, tandis que l'ouvrier des métiers était immobilisé dans la corporation. Lorsque le servage et les corporations eurent disparu et que l'ouvrier devint libre de se déplacer, il se trouva en présence d'obstacles, les uns naturels, les autres artificiels, qui rendaient cette liberté le plus souvent illusoire. Il était libre, en droit, de porter son travail sur le marché le plus avantageux dans le pays, et même — quoique pas toujours — à l'étranger, mais l'était-il en fait? En dehors de la localité étroite où il était né, savait-il, pouvait-il savoir quels étaient les marchés où son travail était demandé, à quel prix et à quelles conditions? Et quand même il en aurait été exactement informé, possédait-il les avances ou le crédit nécessaires pour se transporter, lui et les siens, dans des localités qui lui étaient inconnues, souvent fort éloignées, à une époque où les communications étaient difficiles et les moyens de transport coûteux ? A ces obstacles naturels, presque toujours insurmontables, s'ajoutaient des obstacles artificiels de différentes sortes : d'une part, la nécessité de se pourvoir d'un passeport, la défense de porter à l'étranger les secrets de l'industrie nationale, ou même la défense pure et simple d'émigrer, les lois sur le vagabondage qui exposaient l'ouvrier en quête de travail à être assimilé au vagabond ; d'une autre part, les lois sur le domicile de secours, qui le privaient d'assistance en dehors de sa commune, les institutions plus ou moins philanthropiques, telles que les caisses de retraite, auxquelles on l'obligeait à fournir une cotisation qui ne lui était point remboursée en cas d'émigration, sans parler de l'hostilité des ouvriers locaux à l'égard des concurrents qui leur venaient du dehors.

Ces obstacles avaient pour effet de limiter étroitement les marchés du travail et, sauf de rares exceptions, de les isoler. Sur ces marchés limités et isolés, les ouvriers se trouvaient, comme nous l'avons vu, en présence d'entrepreneurs dont les progrès de l'outillage industriel réduisaient incessamment le nombre et qui d'ailleurs pouvaient se passer du travail de l'ouvrier plus longtemps que celui-ci ne pouvait se passer de salaire. Les ouvriers s'associaientils et mettaient-ils leurs faibles ressources en commun pour prolonger leur résistance aux conditions léonines que leur imposaient les entrepreneurs, ils s'exposaient aux dures pénalités qui sanctionnaient les lois sur les coalitions. C'étaient pour eux des mois et même des années de prison, pour leurs familles la misère et la faim. De la liberté ils n'avaient que le fardeau, savoir l'obligation de pourvoir eux-mêmes à leur subsistance et à celle de leur famille, sans en posséder les avantages et sans être sauvegardés, comme sous le régime de l'esclavage et du servage, par l'intérêt du maître ou du seigneur. Qu'importait, en effet, à l'entrepreneur que l'ouvrier, prétendu libre, fût usé de bonne heure par le travail et les privations? les entraves que l'esclavage, le servage et les coutumes ou les règlements communaux opposaient à la multiplication surabondante des travailleurs ayant disparu, l'offre des bras dépassait toujours la demande. A la responsabilité de son existence et de celle de sa famille qui pesait désormais entièrement sur le travailleur, il eût fallu, pour contrepoids, la possibilité de faire complètement usage de sa liberté, et ce contrepoids nécessaire lui faisait défaut. Sa responsabilité était entière et sa liberté incomplète.

Comment pouvait-on remédier au vice de cette

situation ? Ou bien il fallait diminuer la responsabilité de l'ouvrier, ou augmenter sa liberté. Diminuer sa responsabilité, en rétablissant sous une forme ou sous une autre la servitude à laquelle il venait d'échapper, c'est à quoi ont travaillé et travaillent encore d'une manière inconsciente les théoriciens et les praticiens du socialisme. Mais était-il possible d'augmenter sa liberté ?

A l'époque où ce problème s'est posé, la solution en était, il faut le dire, difficile sinon impossible. S'il dépendait des « législateurs » de supprimer les obstacles artificiels qui contribuaient à maintenir et à accroître l'inégalité de situation de l'entrepreneur et de l'ouvrier dans le débat du salaire, était-il en leur pouvoir d'aplanir l'obstacle naturel des distances ? Et aussi longtemps qu'il subsistait, l'extension et l'unification des marchés du travail ne demeuraient-elles pas impraticables ? A la vérité, cet obstacle n'avait pas empêché l'extension des marchés du travail esclave. Mais les propriétaires et les marchands d'esclaves possédaient les capitaux nécessaires pour transporter cette marchandise d'un pays et même d'un continent à un autre, comme aussi pour se renseigner sur les endroits et les moments où ils pouvaient l'acheter au meilleur marché, et sur ceux où ils pouvaient la vendre le plus cher. L'ouvrier libre ne possédait d'habitude aucun capital, il vivait au jour le jour, et l'obstacle des distances, qui n'arrêtait point le propriétaire et le marchand de travail esclave, était pour lui insurmontable.

Aussi longtemps donc que les moyens de communication sont demeurés dans l'état primitif où ils étaient encore à l'époque d'Adam Smith, on ne pouvait guère songer à étendre et à généraliser les marchés du travail. La nature elle-même s'y opposait, et toute conception de l'esprit humain qui se heurte à l'opposition de la nature n'est-elle pas condamnée à rester à l'état d'utopie ?

Mais ce qui échappait au pouvoir du « législateur », la science et l'industrie l'ont accompli, l'obstacle des distances a été vaincu, et l'utopie de la veille a pu devenir la vérité du lendemain.

CHAPITRE XV

La première idée de la Bourse du Travail.

L'invention et la multiplication des chemins de fer. — L'agrandissement des marchés du travail rendu possible. — Les prévisions de l'auteur de *l'Avenir dés Chemins de Fer*. — Les Bourses du Travail et la publicité quotidienne mise au service des travailleurs. — Appel aux ouvriers parisiens. — Refus des corporations ouvrières. — Décret du Gouvernement provisoire et projet de M. Ducoux. — Le journal *La Bourse du Travail*, à Bruxelles. — Pourquoi ces tentatives d'extension et d'organisation des marchés du travail étaient prématurées.

L'invention des chemins de fer a été sans contredit le plus considérable des progrès accomplis dans le cours de ce siècle et celui qui a exercé sur les esprits l'impression la plus vive. Sans prévoir encore le développement rapide et prodigieux des nouvelles voies de communication, on se demandait quels changements elles allaient apporter dans les relations des peuples et dans les conditions d'existence des différentes classes de la société.

Dans un travail sur « l'Avenir des Chemins de fer », qui date aujourd'hui d'un demi-siècle, l'auteur de ce livre essayait de répondre à ces questions que la discussion de la loi de 1842 avait mises à l'ordre du jour, et il cherchait en particulier quels services la merveilleuse tranformation des moyens de transport des hommes et des choses pourrait rendre à la classe ouvrière. Élevé dans une ville industrielle, il avait pu constater journellement l'inégalité de la situation de l'ouvrier et de l'entrepreneur dans le débat du salaire, et les effets de cette situation inégale. Il avait vu de près l'ouvrier, dépourvu d'avances et immobilisé dans un marché étroit, obligé d'accepter les conditions qui lui étaient imposées, si dures qu'elles pussent être. A ses yeux, le problème à résoudre consistait donc à agrandir ce marché et à l'éclairer.

Ce problème, d'une importance vitale pour la classe ouvrière, les chemins de fer n'en apportaient-ils pas la solution ? En permettant aux ouvriers de se déplacer, de porter leur travail des endroits où il surabonde dans ceux où il est en déficit, ne rendraient-ils pas le propriétaire et le vendeur de cette marchandise devenue « mobilisable » libre désormais d'accepter ou de refuser le prix et les conditions de l'acheteur ? Ne contribueraient-ils point, par conséquent, à relever le taux des salaires tout en l'égalisant ? L'agrandissement du marché ne déterminerait-il pas l'établissement de « Bourses du Travail », analogues aux bourses des valeurs et des marchandises, où se rencontreraient les offres et les demandes, et où la publicité, mise à la disposition de cet agent nécessaire de la production, rendrait aux ouvriers les mêmes services qu'elle rend aux capitalistes et aux banquiers, à l'industrie et au commerce ?

Ces prévisions, malgré ce qu'elles paraissaient avoir d'utopique, n'effrayèrent point l'intelligent directeur de la *Gazette de France*, M. de Genoude. Il fit bon accueil à «l'Avenir des Chemins de fer», et le publia d'abord dans la *Nation*, annexe populaire de la *Gazette*, ensuite dans la *Gazette* même. Nous en reproduisons la partie relative aux Bourses du Travail :

La grande cause du bas prix des salaires, c'est la disproportion qui existe fréquemment entre le nombre des travailleurs et le travail disponible ; c'est aussi l'agglomération excessive de la population ouvrière dans certains centres de production, à une époque où l'industrie sans cesse tiraillée par le progrès ne peut avoir d'assiette régulière. Tout perfectionnement mécanique remplace une certaine quantité de force humaine et laisse ainsi momentanément inactifs des milliers de bras. Tout ralentissement dans la production industrielle produit encore le même effet. De là, concurrence extrême entre les travailleurs, et avilissement du prix du travail. A ce mal, lorsqu'il est absolu, lorsque le nombre des ouvriers occupés à une industrie est trop considérable pour qu'ils puissent en vivre, il n'est que deux remèdes : le développement de l'instruction professionnelle, qui permet aux travailleurs la pratique de plusieurs états, afin de pouvoir exercer l'un lorsque l'autre n'offre plus assez de ressources, et la colonisation, qui dégorge, par une saignée bienfaisante, les veines trop gonflées du corps social et y rétablit une circulation libre et normale. Mais le mal n'est pas toujours absolu : souvent l'industrie ne laisse les travailleurs inoccupés sur un point que parce qu'elle se déplace pour aller s'établir dans un milieu de production plus favorable. Il arrive que le travail ici est plus demandé; là, qu'il est plus offert.

Les juifs du moyen âge trouvèrent un moyen ingénieux de prévenir l'inutile agglomération des capitaux sur des points où ils tendaient à s'accumuler improductivement, et de les faire circuler où l'on pouvait les employer avec fruit : ils inventèrent la lettre de change. La création des Bourses fut le résultat de la libre circulation des valeurs. Les capitalistes se réunirent afin de procéder à la vente et à l'achat des signes de la richesse. Leurs opérations qui eussent été impossibles lorsque le déplacement des valeurs était coûteux et lent, s'accrurent en étendue et en importance à mesure que ce déplacement devint plus rapide et moins onéreux.

Une influence égale à celle que l'invention de la lettre de change, et plus tard l'introduction de la poste aux lettres ont exercée sur les capitaux, doit être produite sur le travail, ce capital des prolétaires, par l'application de la vapeur aux voies de communication.

Ce qui empêche les populations ouvrières de se déplacer, lorsque l'industrie vient à se ralentir dans le lieu où elles sont fixées, c'est la cherté ou la lenteur des moyens de transport, c'est aussi l'incertitude dans laquelle elles se trouvent de pouvoir se procurer ailleurs du travail. Donnez-leur les moyens de se transporter à peu de frais à de grandes distances, donnez-leur aussi la faculté de connaître où elles trouveront du travail aux conditions les plus avantageuses, et elles n'hésiteront plus à se déplacer. Ce double résultat peut être obtenu à l'aide des chemins de fer. Lorsque les travailleurs voyageront rapidement, et à bas prix surtout, vous verrez bientôt s'ouvrir pour le travail des *Bourses* semblables à celles qui ont été établies à l'usage des capitaux quand la circulation des valeurs a pu s'opérer aisément et à peu de frais. Le travail deviendra un objet de trafic régulier, il sera coté selon la demande que l'on en fera, et sa valeur s'accroîtra comme s'est accrue la valeur des capitaux, à l'époque de l'ouverture des premières Bourses [1].

Épris de cette idée, et se faisant quelque illusion sur la possibilité de la mettre immédiatement en pratique, l'auteur la développa dans une série d'articles et de brochures. En attendant qu'il pût leur ouvrir une Bourse, il proposait aux ouvriers parisiens de mettre gratuitement à leur service la publicité d'un journal, et il leur adressait l'appel suivant, dans le *Courrier Français,* dirigé alors par M. Xavier Durrieu.

---

[1] *L'Avenir des Chemins de Fer* (3e article). Journal *La Nation*, du 23 juillet 1843 ; *Gazette de France*, du 8 septembre 1843.

AUX OUVRIERS

Parmi les reproches que l'on a adressés à l'école économique dont nous avons l'honneur de soutenir et de propager les doctrines, le plus grave, c'est le reproche d'insensibilité à l'égard des classes laborieuses. On a prétendu même que l'application des doctrines de cette école serait funeste à la masse des travailleurs; on a prétendu qu'il y a dans la liberté nous ne savons quel germe fatal d'inégalité et de privilège; on a prétendu que si le règne de la liberté illimitée arrivait un jour, ce jour serait marqué par l'asservissement de la classe qui vit du travail de son intelligence et de ses bras, à celle qui vit du produit de ses terres ou de ses capitaux accumulés; on a prétendu, pour tout dire, que ce noble règne de la liberté ne pourrait manquer d'engendrer une odieuse oppression ou une épouvantable anarchie.

Déjà plus d'une fois nous nous sommes attaché à combattre ces tristes sophismes des adversaires de l'école libérale; plus d'une fois nous avons prouvé à nos antagonistes que les souffrances des classes laborieuses proviennent non point, comme ils le pensent, de la liberté du travail, de la *libre concurrence*, mais des entraves de toute nature apportées à cette liberté féconde; nous leur avons prouvé que la liberté n'engendre ni l'inégalité ni l'anarchie, mais qu'elle amène à sa suite, comme des conséquences inévitables, l'égalité et l'ordre.

Aujourd'hui, nous voulons faire plus encore : nous

voulons rendre aux ouvriers un service plus direct, plus immédiat, en donnant place dans nos colonnes à un *Bulletin du Travail* en regard du *Bulletin de la Bourse.*

Pour opérer cette innovation importante, nous avons besoin du concours des ouvriers, de même que le premier journal qui a eu la pensée de publier le bulletin de la Bourse a eu besoin du concours des capitalistes. Mais, hâtons-nous de le dire, il ne s'agit point ici d'un concours onéreux, nous réclamons uniquement des différents corps d'état de la ville de Paris la communication régulière du taux des salaires et du mouvement de l'offre et de la demande des bras sur ce grand marché de travail. La publicité que nous offrons aux ouvriers sera entièrement gratuite.

Nous appelons, en conséquence, toute leur attention sur les considérations suivantes. Nous avons la conviction qu'après les avoir lues, les ouvriers s'empresseront de nous mettre en mesure de publier régulièrement nos *Bulletins du Travail.*

Depuis longtemps les capitalistes, les industriels et les négociants se servent de la publicité que leur offre la presse, pour placer le plus avantageusement possible leurs capitaux ou leurs marchandises. Tous les journaux publient régulièrement un bulletin de la Bourse, tous ont ouvert aussi leurs colonnes aux annonces industrielles et commerciales.

A quoi sert le bulletin de la Bourse? A quoi servent les annonces?

Le bulletin de la Bourse indique, comme on sait, le cours des fonds publics et des actions industrielles sur

les différents marchés du monde. En jetant les yeux sur
ce bulletin, le capitaliste qui a des fonds disponibles
apprend où il peut les placer avec le plus d'avantage ;
il peut comparer les cours de fonds, juger ainsi de la
valeur de chaque placement et choisir le meilleur. Si le
bulletin de la Bourse n'existait pas, les capitalistes ne
sauraient fort souvent où placer leur argent ; ils seraient
absolument dans la même situation que des ouvriers
propres au travail et disposés à travailler qui ne sauraient où s'adresser pour trouver de l'ouvrage. Leurs
fonds resteraient inactifs, à moins qu'ils ne consen-
tissent à les prêter de la main à la main, dans la localité même où ils se trouvent. N'ayant pas le choix des
emprunteurs, ils seraient obligés, dans ce cas, de se
contenter fréquemment d'un petit intérêt et d'une garantie insuffisante. Il est permis d'affirmer que la publicité
accordée au placement des capitaux a décuplé les bénéfices généraux des capitalistes, par les facilités que cette
publication bienfaisante leur a procurées.

Ce que nous venons de dire du bulletin de la Bourse
s'applique aussi aux annonces industrielles et commerciales. En faisant connaître au public, par la voie des
journaux, la nature, la qualité et le prix des marchandises, les marchands ont achalandé leurs magasins,
augmenté le chiffre de leurs ventes et par conséquent
le chiffre de leurs profits.

Si la publicité rend aux capitalistes et aux négociants
des services dont on ne saurait plus aujourd'hui nier
l'importance, pourquoi ne serait-elle pas mise aussi à
la portée des travailleurs ? Pourquoi ne serait-elle pas

employée à éclairer les démarches des ouvriers qui
cherchent de l'ouvrage, comme elle sert déjà à éclairer
celles des capitalistes qui cherchent de l'emploi pour
leurs capitaux, comme elle sert encore aux négociants
pour trouver le placement de leurs marchandises? L'ouvrier qui, pour toute fortune, ne possède que ses bras
et son intelligence, n'est-il pas aussi intéressé pour le
moins à savoir en quels lieux le travail obtient le salaire
le plus avantageux, que peut l'être le capitaliste à connaître les marchés où les capitaux donnent l'intérêt le
plus élevé, et le négociant ceux où les denrées se ven-
dent le plus cher? Sa force physique et son intelligence
sont ses capitaux; c'est en exploitant ces capitaux per-
sonnels, c'est en les faisant *travailler* et en échangeant
leur travail contre des produits dus au travail d'autres
ouvriers comme lui, qu'il parvient à subsister.

Le travail est un produit de la force physique et de
l'intelligence, c'est la denrée de l'ouvrier. L'ouvrier est
un marchand de travail, et, comme tel, nous le répétons,
il est intéressé à connaître les débouchés qui existent
pour sa denrée et à savoir quelle est la situation des
différents marchés de travail.

Si l'on veut se rendre parfaitement compte des avantages que les ouvriers retireraient de la *publicité du
travail*, que l'on examine la situation dans laquelle ils
se trouvent aujourd'hui, par suite de l'absence à peu
près complète de renseignements sur la vente du travail.

Dans les campagnes, les ouvriers, ignorant ce qui se
passe au delà du cercle resserré où s'écoule leur exis-

tence, se trouvent presque toujours à la merci du fermier, lequel, à son tour, est à la discrétion du propriétaire. Le salaire accordé au journalier n'est pas et ne peut pas être librement débattu, car l'ouvrier, vivant au jour le jour, ne sait point, ou du moins ne sait que fort rarement où il pourrait se procurer immédiatement du travail, si le fermier pour lequel il a coutume de travailler refusait de l'employer. Entre les deux parties en présence, entre le journalier qui veut vendre son travail le plus cher possible, et le fermier qui veut l'acheter au meilleur marché possible, il n'y a donc pas égalité de situation, et par conséquent il ne peut y avoir règlement équitable du salaire. Presque toujours le journalier est obligé d'accepter, sans débat, la rémunération que lui offre le fermier.

Nécessairement, cette rémunération est extrêmement faible; le fermier n'offre au journalier que ce qui est rigoureusement indispensable pour le faire vivre; il lui offrirait moins encore, si le travail ne devait se ressentir de la déperdition des forces du travailleur réduit à une ration insuffisante. L'intérêt même du fermier garantit au journalier le strict nécessaire, rien de moins, mais aussi rien de plus.

A son tour le fermier se trouve, vis-à-vis du propriétaire, à peu près dans la situation où se trouve le journalier vis-à-vis du fermier. De même que le journalier ignore si, loin de son village, il rencontrera des fermiers disposés à utiliser ses bras, de même le fermier ignore (le plus souvent du moins) s'il trouvera au loin des propriétaires disposés à utiliser sa science pratique, à rémunérer équitablement son industrie. Il est obligé, en conséquence, de subir les conditions que lui impose arbitrairement le propriétaire.

C'est ainsi que le plus clair des bénéfices résultant de la culture de la terre échappe aux travailleurs pour aller grossir le revenu des propriétaires ; c'est ainsi que les salaires des journaliers et les profits des fermiers demeurent stationnaires, tandis que la rente de la terre ne cesse de s'accroître. Toute augmentation, soit naturelle, soit factice du produit du sol, tourne au bénéfice du propriétaire, au lieu de profiter aux travailleurs. En Angleterre, la rente de certains domaines a septuplé en moins d'un quart de siècle ; dans les départements du nord de la France, la rente de la terre s'est accrue d'une façon à peu près équivalente. Il est superflu de dire que ni les salaires des journaliers, ni les profits des fermiers, en Angleterre ou en France, n'ont augmenté dans une telle proportion. On pourrait aisément prouver qu'ils ne se sont nulle part, dans la même période, accrus d'une manière appréciable.

Supposons maintenant que l'inégalité de situation que nous venons de signaler disparaisse, supposons que le journalier et le fermier, au lieu de se trouver, celui-là à la discrétion d'un nombre limité de fermiers, celui-ci à la discrétion d'un nombre limité de propriétaires, connaissent ce qui se passe au delà de la sphère bornée où ils vivent, supposons qu'ils soient tenus au courant, le journalier, des prix du travail accordés dans les différents centres agricoles aux travailleurs de la terre, le fermier, du taux des fermages ou bien encore du taux

des salaires accordés aux directeurs de l'industrie agricole, dans ces mêmes centres de production, qu'arrivera-
t-il ? Quel changement ce simple fait de la connaissance
de l'état des différents marchés du travail agricole
exercera-t-il sur la situation des uns et des autres ? .

S'il y a des pays où les propriétaires fixent à leur gré
le taux des fermages et où les journaliers sont obligés
de subir le bon plaisir des fermiers, il y en a d'autres
en revanche où les intelligences et les bras se trouvant
en petit nombre en présence d'une vaste étendue de
terre à défricher, les propriétaires sont obligés de
réduire au taux le plus bas le prix de vente ou de location de leurs terres, et où les fermiers à leur tour ne
peuvent se procurer des journaliers à moins de les rétribuer fort chèrement. Dans ces pays, en Algérie et aux
États-Unis, par exemple, le même travail qui se paie en
France 1 franc se paie 2, 3 et même 5 francs.

Mais, si les travailleurs sont demandés dans ces contrées à des prix élevés, si on leur offre 2 ou 3 francs
pour le travail qui leur est payé 1 franc dans la localité
où ils vivent, il est bien évident qu'ils exigeront un
accroissement de salaire, et, si on le leur refuse, qu'ils
se rendront dans les pays où le salaire est le plus élevé.

Depuis longtemps, au reste, malgré le manque de
renseignements sur les prix du travail à l'étranger, les
ouvriers des pays les plus pauvres émigrent en masse
dans les contrées où les travailleurs sont rares, et où
par conséquent les salaires sont à haut prix. En moins
d'un quart de siècle, près de cinq millions d'Allemands
ont passé aux États-Unis ; des bandes nombreuses de

montagnards suisses, d'habitants des provinces basques et de paysans espagnols se rendent chaque année à Alger ou dans les diverses parties du continent américain.

Si les prix du travail dans les différentes contrées du globe étaient partout parfaitement connus des ouvriers, les salaires seraient donc régularisés, en ce sens que la même quantité de travail finirait par se payer partout à peu près au même taux.

Naturellement, ce taux serait celui des salaires actuels dans les pays où les travailleurs sont rares, car la terre ne manque pas à l'homme. Pendant longtemps, toujours peut-être, il y aura plus de terres à cultiver que l'humanité n'en aura besoin pour subvenir à sa subsistance.

On sait que le prix du travail agricole est le premier degré de la mobile échelle des salaires. Quand ce prix monte ou descend, tous les autres montent ou descendent successivement, jusqu'à ce que la proportion naturelle qui existe entre les divers salaires par suite de la différence des travaux se trouve rétablie. Si ce prix se trouve réglé au minimum des subsistances, tous les travailleurs, sauf quelques exceptions, n'obtiennent en échange de leur travail que le strict nécessaire, que ce qu'il leur faut rigoureusement pour subsister, eu égard à la nature de leur travail. Une hausse dans les prix du travail agricole occasionnerait immédiatement une hausse proportionnelle dans les prix des divers travaux industriels.

Tel serait l'effet inévitable de la *publicité* du travail sur le taux des salaires.

Mais cette publicité n'amènerait pas seulement une hausse directe des salaires, elle les ferait hausser encore d'une manière indirecte en abaissant les prix des objets de consommation. Voici comment :

Un système dit *protecteur du travail national* a été successivement adopté par les différents peuples du monde. Ce système, en vertu duquel la plupart des articles produits à l'étranger ont été soumis à des droits exorbitants, a eu pour effet de renchérir toutes les denrées nécessaires à la vie. Ainsi le blé paie en France un droit d'environ 30 pour 100, le café, le sucre, le thé, des droits de 100 pour 100, et au delà ; la plupart des objets qui servent à vêtir le peuple sont plus maltraités encore ; on les a prohibés. Ceux qui servent au logement, tels que le fer, le bois, etc., sont soumis à des droits à peu près prohibitifs, en un mot, on peut affirmer que la vie coûte en France deux fois plus cher qu'elle ne coûterait, si le système protecteur n'avait pas été établi.

Dire que la vie coûte deux fois plus cher qu'elle ne devrait coûter, c'est comme si l'on disait que le peuple est obligé de travailler deux fois plus qu'il ne devrait travailler pour obtenir la même quantité de choses nécessaires à la vie.

Ceux qui ont établi ce système soi-disant protecteur, ont dit pour le justifier : sans doute, le peuple paiera plus cher toutes les denrées dont il a besoin ; en revanche, il sera protégé contre la concurrence de l'étranger, et, grâce à cette protection, il aura toujours du travail à exécuter et il recevra un salaire plus élevé.

On a cru sur parole les fauteurs du système de protection, on a cru que si ce système avait pour effet d'élever les prix des denrées, il aurait aussi pour effet d'assurer du travail aux ouvriers et d'élever le taux de leurs salaires. Mais bientôt l'expérience est venue prouver que sur ces deux points les protectionnistes s'étaient trompés. L'expérience a prouvé, d'une part, que jamais le travail n'a été moins assuré que depuis l'avènement du système protecteur; d'autre part, qu'en aucun pays le système protecteur n'a eu pour résultat de faire hausser les salaires.

Cependant, disons-le, la démonstration n'a pas été parfaitement claire, et elle ne pouvait pas l'être. Pour apprécier, en effet, d'une manière exacte, l'influence exercée par le système protecteur sur le travail des masses laborieuses, il aurait fallu connaître les prix du travail avant et après l'avènement du système protecteur, il aurait fallu les comparer et les mettre en regard des prix des denrées de consommation à ces deux époques. On aurait pu alors juger d'une manière irrécusable, définitive, si le système protecteur protège le travailleur, ou si, loin de le protéger, il l'opprime, il le spolie, il lui enlève, sans compensation aucune, la meilleure part des fruits de son travail.

Eh bien, cette démonstration qui jusqu'à présent n'a pas été faite exactement, il est encore temps de la faire. Partout, à la vérité, le système protecteur fonctionne, mais ce système n'est point partout immobile, immuable; certaines nations ont fait, dans ces derniers temps, des brèches considérables à la protection douanière;

l'Angleterre, par exemple, est entrée à pleines voiles dans les eaux de la liberté commerciale. Quelques autres nations, au contraire, persévèrent dans les vieux errements du système protecteur ; naguère encore la France augmentait divers articles de son tarif. Si donc, en présence de ces modifications en sens opposés, la publicité du travail se trouvait établie, il serait facile de savoir laquelle, de la protection ou de la liberté commerciale, est favorable aux travailleurs. Il suffirait de comparer la situation du marché de travail avant et après l'augmentation ou le dégrèvement d'un tarif, pour savoir à quoi s'en tenir à cet égard. Nous n'hésitons pas à le dire, le système protecteur serait alors jugé et condamné.

On affirme que la France n'en aura pas fini avant quinze ou vingt ans avec ce détestable système qui appauvrit la masse de la nation au profit de quelques privilégiés ; nous affirmons, nous, que si le pays pouvait apprécier au juste l'influence de ce système sur la condition des travailleurs, avant trois ou quatre ans nous jouirions des bienfaits de la liberté commerciale.

De tous points donc, la publicité du travail serait avantageuse aux travailleurs. Il ne nous reste plus qu'à rechercher le moyen de l'établir.

Ce moyen serait fort simple. C'est la presse qui publie le bulletin de la Bourse et les annonces industrielles : ce serait la presse qui publierait le bulletin du Travail.

Nous proposons, en conséquence, à tous les corps

d'état de la ville de Paris, de publier gratuitement chaque semaine le bulletin des engagements d'ouvriers avec l'indication du taux des salaires et de l'état de l'offre et de la demande. Nous répartirons les bulletins des différents corps d'état entre les divers jours de la semaine, de telle sorte que chaque métier ait sa publication à jour fixe.

Si notre offre est agréée par les corps d'état, nous inviterons nos confrères des départements à publier le bulletin du Travail de leurs localités respectives, comme nous publierons le bulletin du Travail de Paris. Chaque semaine, nous rassemblerons tous ces bulletins, et nous en composerons un bulletin général. Chaque semaine, tous les travailleurs de France pourront avoir de la sorte sous les yeux le tableau de la situation du travail dans les différentes parties du pays.

Nous savons bien que la constitution de cette vaste publicité présentera d'assez grandes difficultés, mais nous avons la ferme assurance qu'avec un peu de zèle et de bon vouloir de la part des ouvriers, ces difficultés seront successivement surmontées.

Nous nous adressons avant tout aux ouvriers des corps d'état de la ville de Paris. Déjà ils se trouvent organisés, et ils possèdent des centres de placement réguliers. Rien ne leur serait plus facile que de livrer à la publicité le bulletin de leurs transactions quotidiennes et de doter la France de la *publicité du Travail* [1].

Cette proposition ne reçut point l'accueil favorable

—————

[1] *Courrier Français*, du 20 juillet 1846.

qu'espérait son auteur. La réunion des tailleurs de
pierre la repoussa, comme étant de nature à attirer
un surcroît de concurrence sur le marché parisien.
Après la révolution de Février, il ne fut pas plus
heureux auprès de M. Flocon, devenu ministre de
l'Agriculture et du Commerce, qui avait reproduit
auparavant son projet de Bourse du Travail dans
le journal *la Réforme*. L'idée de mettre la publicité
au service des ouvriers avait cependant commencé
à se répandre. Un décret du Gouvernement provisoire, en date des 8 et 10 mars 1848, ordonna l'établissement, dans chaque mairie de Paris, d'un bureau,
chargé de recevoir les offres et les demandes de travail, et un projet de Bourse du Travail fut présenté
à la commission municipale, avec plans et devis,
par le préfet de police, M. Ducoux. Ce projet fut
repris trois ans plus tard et soumis à l'Assemblée
nationale qui le repoussa, par le motif qu'il s'agissait
d'une institution essentiellement communale. Est-il
nécessaire de dire que dans la pensée du promoteur
des Bourses du Travail, cette institution ne devait
être ni gouvernementale, ni communale?

En 1857, l'auteur entreprenait de nouveau de
mettre la publicité au service des ouvriers. Il fondait
à Bruxelles un journal intitulé : *La Bourse du Travail*. Mais ce journal, dont on trouvera le programme
à l'Appendice, fut, dès son apparition, en butte aux
attaques des défenseurs attitrés de la classe ouvrière

aussi bien qu'à l'hostilité des patrons. Au bout de quelques mois, il dut cesser de paraître [1].

Ces tentatives et celles qui se sont produites ailleurs, en dehors du mouvement socialiste, n'ont pas réussi, et nous ajouterons qu'elles ne pouvaient pas réussir. Il en était de la Bourse et de la publicité du Travail comme de beaucoup d'autres inventions, qui exigeaient un progrès préalable pour être fécondées. C'est ainsi que la télégraphie électrique, dont la première idée remonte au dix-septième siècle, n'a pu être appliquée qu'après la découverte d'Ampère. C'est ainsi encore que la locomotion à la vapeur n'a pu occasionner une révolution dans l'industrie des transports qu'après que Seguin eut inventé la chaudière tubulaire. De même, c'est seulement après que le commerce des valeurs et des marchandises se fut développé et eut cessé d'être localisé, que l'on vit se fonder des Bourses et s'établir une publicité régulière pour les capitaux et les marchandises. Les intermédiaires du commerce et du crédit eurent intérêt alors à se réunir chaque jour pour opérer leurs achats et leurs ventes, et à faire connaître à leur clientèle les résultats de leurs opérations. Cet intérêt suscita la création des Bourses et de la publicité des cours.

Or, à l'époque où eurent lieu les premières tenta-

[1] Appendice. Note T.

tives de création des Bourses et de la publicité ouvrières, le travail ne possédait point le puissant
rouage des intermédiaires que l'extension des marchés avait rendu indispensable à l'échange des produits et des capitaux. Les ouvriers étaient généralement réduits à placer eux-mêmes leur travail. Les
intermédiaires du placement étaient clairsemés,
presque toujours aussi, mal famés et dépourvus des
ressources nécessaires pour étendre leurs opérations
en dehors des localités où ils étaient établis. Comment, dans cet état de choses, auraient pu s'établir
les Bourses et la publicité du Travail, et quels services auraient-elles pu rendre? Comment auraient
pu se créer les Bourses des valeurs et la publicité
de leurs cours, et à quoi auraient-elles servi s'il
n'avait pas existé d'intermédiaires entre les producteurs de capitaux et les consommateurs?

L'idée de l'auteur de « l'Avenir des Chemins de
fer » et de « l'Appel aux Ouvriers » était donc pré-
maturée. Cette idée a été reprise plus tard par les
socialistes et ils ont entrepris de l'appliquer à leur
manière. Nous allons voir ce qu'ils en ont fait.

$$CHAPITRE\ XVI$$

CHAPITRE XVI

Les Bourses du Travail socialistes ou philanthropiques.

Ouverture de la Bourse du Travail de Paris. — Les autres Bourses du Travail qui ont été successivement établies en France et à l'Étranger. — Qu'elles peuvent être partagées en deux catégories : les Bourses socialistes et les Bourses philanthropiques. — Que celles-ci ne peuvent se multiplier et se développer suffisamment. — Pourquoi ? — Peu d'efficacité du mobile de la charité en comparaison de l'intérêt personnel. — Vice radical des Bourses socialistes gérées par [les syndicats ouvriers. — Que les [syndicats se proposent pour but de monopoliser le marché du travail et qu'ils réclament pour atteindre ce but la suppression des bureaux de placement. — Qu'ils sont impropres à remplir le rôle d'intermédiaires entre les entrepreneurs et les ouvriers.

C'est le 28 avril 1887 qu'a été ouverte à Paris, sous les auspices du Conseil municipal, la première Bourse du Travail. Installée provisoirement dans la salle de la Redoute, rue Jean-Jacques Rousseau, elle s'est transportée l'année dernière dans un vaste édifice, élevé aux frais des contribuables et mis, avec une subvention annuelle de 100,000 francs, à la disposition des syndicats ouvriers. Des Bourses analogues ont été créées successivement à Nîmes, à Lyon, à Marseille, à Saint-Étienne et dans plusieurs autres villes. En Belgique, il s'en est établi à Anvers, à Liège, à Verviers, à Bruxelles ; en Suisse, Genève en possède une depuis 1887 [1].

Ces Bourses du Travail se partagent en deux catégories : 1° celles qui ont été établies, comme à Paris, par des municipalités plus ou moins socialistes et dont la gestion est confiée aux syndicats ouvriers ; 2° celles qui ont été fondées par des institutions philanthropiques, telle, notamment, que la Bourse du Travail de Liège.

Ni les unes ni les autres, mais pour des raisons différentes, ne sont aptes à rendre aux ouvriers et aux entrepreneurs d'industrie, aux producteurs et aux consommateurs de travail, les services que rendent les Bourses ordinaires aux producteurs et aux consommateurs de marchandises et de capitaux.

Les institutions philanthropiques, qui opèrent le placement gratuit, comme la Bourse du Travail de Liège [2], ne peuvent avoir qu'une utilité locale et restreinte, car la charité ne dispose, en vertu de sa nature même, que de ressources limitées et presque toujours précaires. L'intérêt personnel seul possède assez de puissance pour réunir et mettre en œuvre les capitaux nécessaires à une industrie ou à un service quelconque et pour assurer indéfiniment son existence. Comme disent les Américains, il faut qu'une indûstrie ou un service *paie*, c'est-à-dire qu'il

1 Appendice. Note U.
2 Appendice. Note V.

couvre ses frais et procure un profit équivalent à ceux de la généralité des branches de la production, pour qu'il puisse subsister et se développer. Les institutions charitables ne paient pas ; leur existence et leur développement dépendent, en conséquence, de l'intensité et de la durée du sentiment qui les a fait naître et qui les soutient. Or ce sentiment n'a et même ne doit avoir qu'une faible puissance en comparaison de l'intérêt personnel. En effet, l'obligation morale d'assister ses semblables n'est qu'une des obligations et non la plus importante de celles auxquelles l'individu est tenu de pourvoir ; elle ne vient qu'après les obligations envers lui-même et envers les êtres dont il est responsable. C'est à l'ensemble de ces obligations, autrement dit de ces devoirs que répond l'intérêt personnel. L'individu doit, avant tout, se créer un revenu, au moyen duquel il puisse s'acquitter de la totalité de ses devoirs, et ce revenu il ne peut l'acquérir qu'en mettant en œuvre son travail et ses capitaux pour en tirer un salaire, un intérêt ou un profit, bref, en agissant sous l'impulsion du mobile de l'intérêt personnel. Obéir aveuglément au mobile de la charité, assister ses semblables sans tenir compte de ses autres devoirs et en les sacrifiant, ce serait agir d'une manière immorale et nuisible. Mais avons-nous besoin d'ajouter que les hommes sont généralement peu sujets à commettre cette aberration morale, et que l'altruisme n'occupe chez le plus grand nombre d'entre eux qu'une petite place, — trop petite même. C'est pourquoi des ins-titutions fondées sur l'altruisme n'ont — l'expérience l'atteste — que de faibles chances d'expansion et de durée.

Les Bourses du Travail socialistes sont beaucoup moins encore que les Bourses philanthropiques propres à remplir l'office d'intermédiaires entre les ouvriers et les entrepreneurs d'industrie. Sous ce rapport, elles sont entachées d'un vice radical.

Quel but les unions ou les syndicats ont-ils en vue en associant dans chaque foyer d'industrie les ouvriers du même métier ou de la même profession? C'est, comme nous l'avons vu, d'établir la contre-partie de l'état de choses qui existait, lorsqu'un petit nombre d'entrepreneurs légalement protégés et le plus souvent coalisés, dictaient leurs conditions à la multitude des ouvriers, obligés de contracter avec eux individuellement. C'est de se rendre maîtres de chacun des marchés du travail et de dicter à leur tour les conditions du salaire. Or, ce but est précisé-ment contraire à celui que doivent se proposer les Bourses du Travail, savoir d'éclairer le marché et d'en faciliter l'accès.

Que font les syndicats pour s'emparer du mono-pole de leur marché? Ils s'affilient les ouvriers exis-tants sur ce marché, et se substituent à eux pour traiter avec les entrepreneurs, auxquels ils prétendent, à leur tour, imposer leurs conditions. Si les entrepreneurs se refusent à les subir, ils décrètent la grève. Mais une grève dont l'objet serait d'élever le prix du marché à un taux de monopole, c'est-à-dire au-dessus du prix courant des autres marchés, n'aurait de chances de réussite qu'autant qu'on empêcherait les ouvriers du dehors de venir faire concurrence aux grévistes. La publicité des cours contribuerait naturellement à attirer cette concurrence, et à rendre vaines les tentatives d'accaparement du marché au profit du syndicat. C'est pourquoi les syndicats socialistes auxquels est confiée la gestion des Bourses actuellement existantes, se sont bien gardés de l'établir. En revanche, ils s'efforcent de s'attribuer le monopole du placement, et ils ont fondé dans ce but une ligue pour la suppression des bureaux et des agences libres. Le monopole du placement n'est-il pas, en effet, le moyen le plus court et le plus sûr d'acquérir le monopole du marché ?

Supposons que les entrepreneurs d'industrie qui ont besoin d'ouvriers soient désormais obligés de les demander aux syndicats, que se passera-t-il? Les syndicats placeront naturellement de préférence leurs membres. Cela étant, les ouvriers qui sont demeurés jusqu'à présent en dehors d'eux, devront, s'ils veulent être placés, solliciter leur affiliation. Mais cette affiliation, le syndicat est le maître de l'accorder ou de la refuser. Si les meneurs socialistes des syndicats estiment que les candidats ne leur présentent point des garanties d'opinion suffisantes, ou s'ils jugent qu'un surcroît de nouveaux membres ne leur permettrait plus de commander le marché, ils se refuseront à admettre parmi eux ces intrus. L'acquisition et la conservation du monopole du marché entre les mains du syndicat se trouveront ainsi singulièrement facilitées, et c'est pourquoi la suppression des bureaux de placement figure au nombre des principaux articles des programmes des syndicats socialistes en possession des Bourses du Travail.

Quand même, d'ailleurs, les unions et les syndicats renonceraient à monopoliser les marchés du travail, ce qui est leur objectif actuel, ils seraient incapables de remplir utilement le rôle d'intermédiaires entre les entrepreneurs et les ouvriers. Car ils ne possèdent point l'indépendance nécessaire pour inspirer une confiance égale aux uns et aux autres, et ils ne présentent point les garanties indispensables pour attirer les capitaux qu'exigent l'exercice et le développement utile de toute branche de commerce ou d'industrie.

Les unions ou les syndicats sont sous la dépendance des ouvriers qui y sont affiliés, et dont les cotisations alimentent leur caisse. C'est le travail, bon ou mauvais, de ces syndiqués, qu'ils sont naturellement portés, et même obligés d'offrir avant tout. Or, ce que demandent les entrepreneurs, c'est le travail le meilleur et le moins cher possible, syndiqué ou non. Aux bureaux de placement des unions ou des syndicats, ils préfèrent donc, avec raison, et ils continueront de préférer les bureaux libres, si la « Ligue pour la suppression des bureaux de placement » ne réussit point à en faire conférer le monopole aux Bourses du Travail syndicataires.

Les unions et les syndicats sont de même dans une situation inférieure à celle des entreprises ordinaires, au point de vue du crédit. Car ils ne peuvent offrir aux capitaux que des garanties incertaines et aléatoires. Quelques *trade's unions* anglaises ou américaines possèdent des fonds considérables, soit ! mais ces fonds peuvent être absorbés, comme ils l'ont été fréquemment, par une grève, et les cotisations qui les fournissent peuvent diminuer et disparaître si les membres d'une union s'en retirent, comme ils en ont le droit, du jour au lendemain. Les unions et les syndicats ne possèdent donc point les garanties qu'exigeraient les capitaux nécessaires pour développer et perfectionner le rouage du placement du travail. C'est là un progrès qui ne peut être accompli que par des intermédiaires indépendants, et, s'il faut tout dire, capitalistes.

Ces intermédiaires existent : ce sont les bureaux de placement et les sociétés d'émigration.

Examinons quel est l'état actuel de ce rouage du placement du travail ; d'où provient son insuffisance et comment il pourra se développer et se perfectionner.

CHAPITRE XVII

État actuel des intermédiaires du placement du travail.

Causes de l'insuffisance du développement du rouage des intermédiaires du travail libre. — Différence des conditions du transport dans l'espace du travail esclave et du travail libre et de leur emploi dans le temps. — Comment les marchands d'esclaves se remboursaient de leurs avances. — Que les intermédiaires du travail libre ne pouvaient se rembourser des leurs.—Conséquences dommageables de l'absence d'intermédiaires pour les ouvriers et les entrepreneurs. — Que le besoin auquel ils pourvoyaient continuait cependant d'exister. — Que ce besoin a suscité la création des bureaux de placement et des sociétés d'émigration. — Obstacles naturels et artificiels qui entravent leur multiplication et leur perfectionnement.

Si l'on examine l'état actuel du rouage des inter-, médiaires du placement du travail, on sera frappé de son infériorité en comparaison de celui qui s'est établi sous l'influence des progrès de la sécurité, de l'outillage industriel, des moyens de communication, pour le placement des capitaux et des produits. Cependant les marchés du travail ont bénéficié de ces progrès comme ceux des capitaux et des produits. Leur extension a même rencontré, à un moindre degré, l'obstacle des barrières douanières. Les anciennes lois qui interdisaient l'émigration, autrement dit qui prohibaient la sortie du travail, ont été presque partout abrogées ou sont tombées en désuétude. L'importation du travail n'est prohibée ou taxée qu'aux États-Unis et en Australie pour les Chinois, et, quoiqu'il y ait malheureusement apparence que cette branche du système protecteur croîtra prochainement en Europe à l'égal des autres, la libre entrée du travail est demeurée la règle tandis qu'elle est l'exception pour les marchandises. Les marchés du travail ne sont donc point arrêtés dans leur extension par les obstacles artificiels qui s'opposent à celle des marchés des produits et même des capitaux, exportés généralement sous forme de produits. En revanche, ils rencontrent des obstacles naturels dans l'amour du sol natal, la différence des langues et des mœurs, l'esprit d'hostilité contre les étrangers ; mais ces obstacles n'ont pas toute l'importance qu'on se plaît généralement à leur attribuer : bien peu d'hommes hésitent à se déplacer et même à émigrer dans une contrée lointaine lorsqu'ils sont assurés d'y trouver une situation supérieure à celle qui leur est faite dans leur propre pays. Le vieil adage *ubi bene, ibi patria* n'a pas cessé d'être écouté et suivi, en dépit des protestations et des anathèmes d'un faux sentimentalisme. Si la circulation du travail ne s'est pas développée à l'égal de celle des capitaux et des produits, cela tient surtout à l'état arriéré et rudimentaire du rouage indispensable pour l'opérer.

Il n'en était pas ainsi dans les pays et aux époques où le travail était soumis au régime de l'esclavage. Dans l'antiquité, le commerce du travail esclave était la plus importante des branches de trafic. Malgré l'imperfection des moyens de communication, il s'étendait à toutes les parties du monde connu. Les marchés du travail esclave mis en communication, grâce à cet intermédiaire, ne formaient pour ainsi dire qu'un seul et vaste marché.

Cet état de choses a complètement changé lorsque le travail libre s'est substitué au travail esclave. Les marchands d'esclaves ont disparu sans être remplacés, et sous l'influence de cette disparition de l'intermédiaire nécessaire pour les rattacher les uns aux autres, les marchés du travail se sont morcelés et isolés. Quelle a été la cause déterminante de cette évolution rétrograde?

Cette cause réside dans la différence des conditions du transport dans l'espace et de l'emploi dans le temps du travail esclave et du travail libre.

Dans l'antiquité, il y avait une demande constante de travail esclave, comme il y en a une aujourd'hui de travail libre, pour les exploitations agricoles, industrielles et autres, des pays en voie de civilisation. A cette demande il était pourvu, en partie par l'élève locale, en partie par l'importation des régions où l'on pouvait se procurer des esclaves à bon marché, soit que l'élève en fût moins coûteuse, soit qu'ils fussent mis en vente à la suite d'une guerre ou de simples razzias. Entre les prix des pays d'exportation et ceux des pays d'importation, la marge était communément assez large pour rendre le commerce des esclaves plus profitable qu'aucun autre. L'esprit d'entreprise et les capitaux s'y portèrent en conséquence comme ils se sont portés plus tard dans la traite des nègres d'Afrique en Amérique. Comme toutes les autres branches de commerce, le trafic ou la traite des esclaves consistait dans le transport d'un produit dans l'espace et le temps. Ce produit — l'esclave, — le marchand l'achetait au comptant ou à crédit. Au prix d'achat s'ajoutaient des frais de transport, d'entretien et d'emmagasinage plus ou moins élevés, selon la longueur et les difficultés du trajet des lieux d'achat aux marchés de vente, selon la durée du temps qui s'écoulait entre l'achat et la vente. Le prix que payait le consommateur de travail esclave, agriculteur, industriel ou autre, servait à couvrir ces différentes sortes de frais, avec adjonction de la rétribution nécessaire de l'intermédiaire. L'esclave se payait plus ou moins cher selon la quantité et la qualité du travail qu'on le jugeait capable de fournir pendant la durée probable de ses forces productives.

En devenant libre, le travail n'a pas cessé d'être au point de vue économique ce qu'il était sous le régime de l'esclavage : une marchandise offerte par ceux qui la possédaient, demandée par ceux qui en avaient besoin. Mais les conditions de l'échange de cette marchandise se trouvaient radicalement changées. Au lieu d'être acquis pour toute la durée de la vie du travailleur, le travail ne l'était plus que pour une période limitée, souvent pour une seule journée, rarement pour un mois, plus rarement encore pour une année. Dans cette situation nouvelle, le service de l'intermédiaire ne pouvait plus être rétribué. Qui lui aurait remboursé ses avances de transport et d'entretien ? L'entrepreneur ? L'ouvrier ? Mais il ne pouvait assurer à l'un du travail, à l'autre un salaire pendant une durée assez longue pour supporter le remboursement des frais avancés, si faibles qu'ils fussent. L'intermédiaire disparut donc, bien que le besoin auquel il pourvoyait n'eût pas cessé d'exister.

Nous disons que ce besoin continuait de subsister. On pourrait ajouter même qu'il était devenu plus intense. Chargé désormais de la responsabilité de son existence et de celle de sa famille, l'ouvrier libre, propriétaire de son travail, était plus intéressé encore que ne l'avait été l'éleveur d'esclaves à porter cette marchandise dans les endroits où il pouvait en obtenir le prix le plus élevé. L'entrepreneur d'industrie, soumis maintenant au régime de la concurrence, n'était pas moins intéressé de son côté à aller chercher le travail où il pouvait le trouver en meilleure qualité et au plus bas prix. Mais en l'absence d'un intermédiaire, que les nouvelles conditions de l'échange du travail ne permettaient plus de rétribuer, qu'est-il arrivé? C'est que les ouvriers et les entrepreneurs ont été obligés de se contenter, les uns de la demande, les autres de l'offre du travail de leur localité; c'est que la communication a été rompue entre les différents marchés du travail. Sur ces marchés limités et isolés, les entrepreneurs ont enrôlé directement les ouvriers. Toutefois, dans les grands foyers de population et dans certaines industries ou professions, au sein desquelles le recrutement direct présentait des difficultés et des inconvénients particuliers, le besoin d'intermédiaires s'est de nouveau fait sentir, et des bureaux de placement locaux se sont créés pour y pourvoir. Enfin, lorsque la navigation à vapeur et les chemins de fer ont facilité le transport du travail d'Europe en Amérique, des sociétés se sont créées pour desservir l'émigration. Mais à l'obstacle naturel provenant des conditions de l'échange du travail libre s'est joint alors l'obstacle artificiel de la réglementation pour entraver le développement et le perfectionnement de ces deux branches de l'industrie des intermédiaires.

En France, notamment, les intermédiaires du placement sont soumis à l'autorité arbitraire de l'administration [1]. A Paris, le préfet de police peut, suivant

---

[1] On trouvera des renseignements détaillés sur les bureaux de placement, leurs opérations et la réglementation à laquelle ils sont

son bon plaisir, fermer du jour au lendemain un bureau de placement. Qui voudrait aventurer des capitaux considérables dans une industrie exposée à un tel risque ? Aussi les bureaux de placement, tout en se multipliant en raison du besoin auquel ils répondent, ne possèdent-ils que de faibles ressources et ne sont-ils entrepris et gérés, trop souvent, que par un personnel peu recommandable. Réduits à limiter leurs opérations à une seule localité, ils ne parviennent à couvrir leurs frais qu'en demandant à leurs clients une commission hors de proportion avec le service rendu, et parfois en commettant de véritables escroqueries. Ces pratiques abusives, qui déshonorent l'industrie du placement en la rendant impopulaire, ont contribué encore à en éloigner l'esprit d'entreprise et les capitaux. A quoi on peut ajouter que la concurrence du placement gratuit, pratiqué par diverses institutions philanthropiques et certaines municipalités, sans oublier la suppression qu'ils ont subie en 1848 et celle dont ils sont menacés aujourd'hui au profit des syndicats des Bourses du Travail [1], diminuent la clientèle des bureaux et aggravent leurs risques [2].

assujettis, dans une publication récente de l'Office du Travail : *Le Placement des Employés, Ouvriers et Domestiques en France. Son Histoire, son État actuel, avec un Appendice relatif au Placement dans les Pays étrangers.*

[1] Appendice. Note W.

[2] Quand on étudie de près la loi naturelle qui détermine la satisfaction des besoins, on s'aperçoit que tous les procédés artificiels

Les sociétés d'émigration, placées de même sous un régime d'exception qui entrave leur développement, peuvent être divisées en deux catégories : celles qui recrutent des émigrants en Europe pour les régions tempérées du Nouveau Monde, et celles qui engagent par contrat des travailleurs en Asie, en Océanie et en Afrique, pour les régions tropicales. Les premières trouvent leurs bénéfices dans les prix de transport qui leur sont payés par les émigrants, employés d'habitude, l'intervention de l'État et des communes, l'établissement de services gratuits ou à prix réduits, ont pour résultat invariable d'empêcher, ou tout au moins de retarder la création et le développement progressif des industries qui ont pour objet d'y pourvoir. Si les communes subventionnent les agences de placement des syndicats ouvriers, en mettant à leur disposition les locaux d'une Bourse du Travail et en se chargeant de la rétribution du personnel ou, pis encore, comme l'ont proposé MM. Mesureur et Millerand, si l'on déclare que « le placement gratuit organisé dans un local communal, ou dans un immeuble acheté ou loué par la commune ou placé sous son contrôle et à la charge du budget municipal, constitue un véritable service municipal », on rend difficile, sinon impossible, le développement et les progrès de l'industrie libre du placement, sans la remplacer par une institution capable de rendre des services équivalents ; car l'esprit d'entreprise et les capitaux refusent de se porter dans une industrie exposée à la concurrence d'entreprises qui ont pour principe de travailler à perte, et dont la bourse inépuisable des contribuables est chargée de combler incessamment les déficits. Le seul bon service que puissent rendre l'État et les communes aux ouvriers consiste d'abord à supprimer les lois et règlements qui entravent l'exercice et l'essor de l'industrie du placement, ensuite à s'abstenir religieusement de faire à cette industrie la concurrence inégale de la gratuité ou de la demi-gratuité, en d'autres termes, à se contenter, comme le leur conseillent, hélas ! avec quel mince succès, les économistes, de *laisser faire* et de *laisser passer*.

Voilà l'unique et véritable solution de la question des *Bourses du Travail*, et de bien d'autres.

(LA BOURSE DU TRAVAIL. *Journal des Économistes,* du 15 septembre 1888.)

et dans les primes que certains gouvernements allouent aux entreprises d'immigration. Elles abandonnent les émigrants dans les ports d'arrivée, où un grand nombre d'entre eux ne sachant où se diriger épuisent leurs dernières ressources et vont grossir le contingent des « sans-travail ». Les secondes, celles qui transportent des engagés, bénéficient de la vente des contrats qu'elles ont fait signer à des Hindous, à des Canaques ou à des nègres ignorants, et qui soumettent ces malheureux à une servitude plus dure que celle des esclaves [1].

Comment cet état de choses pourra-t-il se modifier? Quels progrès devront être accomplis pour agrandir le marché du travail à l'égal du marché des capitaux et des produits, développer et perfectionner ses intermédiaires, entreprises de placement ou d'émigration, et mettre le crédit au service des ouvriers? Voilà ce qu'il s'agit maintenant de rechercher.

[1] Appendice. Note X.

CHAPITRE XVIII

Progrès à réaliser pour agrandir et unifier les marchés du travail.

L'offre et la demande du travail. — Pourquoi elles sont demeurées locales. — Prévisions des conséquences de la multiplication des intermédiaires et du perfectionnement de ce rouage nécessaire de la circulation du travail. — Que le prix du travail deviendrait *impersonnel*, comme l'est déjà celui des capitaux, des céréales, etc. — Que ce prix serait déterminé par l'état du marché général. — Que l'extension des marchés du travail susciterait la création des Bourses et le développement de la publicité. — Comment l'obstacle à la rémunération des intermédiaires pourrait être levé. — La garantie collective des mutualités ouvrières substituée à la garantie individuelle. — Création et rôle du crédit ouvrier.

Il y a aujourd'hui, dans l'ensemble des pays civilisés, une demande et une offre constantes de travail libre, de même qu'il y avait jadis une demande et une offre constantes de travail esclave. La demande est causée d'un côté par les vides que la mort, les accidents, etc., creusent dans le personnel employé dans les anciennes entreprises, d'un autre côté par les emplois que créent les nouvelles, dans les pays où la production est en voie de développement. L'offre provient de la génération qui arrive à l'âge où son travail peut être utilisé, et des travailleurs qui se trouvent sans emploi. Mais tandis que l'offre et la demande des capitaux et des produits s'opèrent dans

un rayon de plus en plus étendu, l'offre et la demande
du travail sont communément renfermées dans les
limites du même foyer d'industrie et de population :
les ouvriers de l'industrie lyonnaise se recrutent à
Lyon même et dans la région avoisinante, les
ouvriers des charbonnages du Hainaut dans le Hainaut, etc., etc. Lorsqu'une demande extraordinaire
se produit, elle attire sans doute le travail du dehors,
et, de même, en cas de surabondance, l'excédent
s'écoule en partie : les ouvriers qui possèdent quelques ressources s'en vont, sur la foi de renseignements trop souvent incertains, à la recherche du
travail dans quelque grand foyer d'industrie [1]. C'est
ainsi que les ouvriers belges affluent dans le dé-
partement du Nord et à Paris, les Italiens dans les
départements du Midi. Mais la localisation des marchés du travail n'en demeure pas moins le fait général.

Il en serait autrement si le travail avait à son service un système d'intermédiaires, développé à l'égal
de celui qui mobilise dans l'espace et le temps les
capitaux et les produits. Supposons que l'industrie
du placement devienne assez productive pour attirer
comme les autres intermédiaires l'esprit d'entreprise
et les capitaux : que des sociétés puissantes se constituent pour l'exercer, les marchés du travail ne tar-
deraient pas à s'étendre comme se sont étendus les

[1] Appendice. Note Y.

marchés des capitaux et des produits à mesure que les établissements de crédit et les entreprises commerciales se sont multipliés et agrandis, les déficits des uns seraient comblés par la surabondance des autres ; enfin, la fixation du prix du travail cesserait d'être influencée par l'intensité inégale des besoins des deux parties ; il deviendrait *impersonnel*, et s'établirait, comme le taux de l'intérêt, le prix des céréales, des cotons, des laines et des autres articles, déjà en possession d'un marché général, d'après la masse et le rapport des quantités offertes et demandées. L'ouvrier ne pourrait plus se plaindre d'être « exploité » par l'entrepreneur, car le taux du salaire dépendrait d'un fait sur lequel les entrepreneurs et les ouvriers ne pourraient plus exercer une influence appréciable, en suspendant individuellement ou même collectivement leur offre ou leur demande, savoir l'état d'un marché devenu illimité.

Et de même que l'extension des marchés des capitaux et des produits a suscité l'intervention et le développement de la publicité financière et commerciale, et la création des Bourses, celle des marchés du travail ferait naître des agents et des institutions analogues. Ces intermédiaires auraient besoin de connaître, jour par jour, l'état des marchés, pour aller chercher le travail dans ceux où il serait plus offert que demandé, et le porter dans ceux où il serait plus demandé qu'offert. La publicité et les Bourses

pourvoiraient à ce besoin de l'industrie des intermédiaires du placement du travail comme elles pour-
voient à celui de l'industrie des intermédiaires du
placement des capitaux et des produits. Est-il nécessaire d'ajouter que ce rouage mobilisateur du travail
se créerait et se développerait de lui-même, aussitôt
que l'esprit d'entreprise et les capitaux trouveraient
intérêt à le créer, c'est-à-dire aussitôt qu'il pourrait
leur procurer un profit rémunérateur? Il suffirait de
les *laisser faire*.

Cependant, ce progrès a rencontré un obstacle qui
n'a jusqu'à présent pu être surmonté, savoir l'impossibilité pour l'intermédiaire de trouver dans le transport du travail à travers l'espace et le temps, un
profit rémunérateur. Cet obstacle ne provient pas de
la nature de l'article qu'il s'agit de transporter, car
le travail libre ne diffère pas, en substance, du travail esclave. Il réside, comme nous l'avons remarqué,
dans les conditions de l'échange du travail libre. Les
forces productives de l'esclave étaient l'objet d'un
achat, et l'acquéreur en jouissait pendant toute la
durée de cet instrument de travail. Les forces productives de l'ouvrier libre sont l'objet d'une simple
location, et elles sont louées communément à court
terme. L'exploitation à vie des forces productives
de l'esclave pouvait en conséquence procurer assez
de profit pour couvrir l'intérêt et l'amortissement
du capital employé à son acquisition, et ce capi-

tal suffisait à son tour pour rembourser à l'intermédiaire les frais de l'élève et du transport, avec
adjonction d'un profit rémunérateur. La location des
forces productives de l'ouvrier pour une journée,
une semaine, un mois, ne procure point à l'entrepreneur un profit assez considérable pour lui permettre de fournir une rétribution rémunératrice à un
intermédiaire qui aurait à faire l'avance des frais de
transport, d'un marché quelque peu éloigné à un
autre. Ces frais, l'intermédiaire pourrait, à la vérité,
en demander le remboursement à l'ouvrier lui-même.
Mais l'ouvrier est ordinairement dépourvu de ressources, il ne pourrait fournir à l'intermédiaire que
la garantie de son travail futur, et cette garantie ne
pourrait être rendue effective qu'à la condition que
l'ouvrier engageât son travail pendant une période
assez longue pour que sa dette pût être éteinte au
moyen d'une retenue sur son salaire. Or, un ouvrier
engagé à long terme, et privé de la faculté de rési-
lier son engagement jusqu'à l'extinction de sa dette,
cesse d'être libre ; il se trouve même réduit à une
servitude plus dure que celle de l'esclavage —
l'exemple des coolies engagés pour sept ans l'atteste,
— car il est placé sous l'autorité et la discrétion d'un
entrepreneur qui n'a aucun intérêt à ménager ses
forces, qui est intéressé même à les épuiser, comme
l'est un fermier à épuiser une terre dont la jouissance
va lui échapper.

En résumé, la location à court terme des forces productives du travailleur substituée à l'achat pour toute leur durée, le défaut de ressources de l'ouvrier, et l'insuffisance de la garantie qu'il peut offrir en hypothéquant son travail futur, constituent pour le transport du travail dans l'espace et le temps, un obstacle que l'on n'a jusqu'à présent surmonté que par le procédé de l'engagement non résiliable, c'est-à-dire par le rétablissement de la pire forme de l'esclavage — celle de l'esclavage à temps. Cet obstacle est-il donc insurmontable ?

Nullement, mais il implique un problème à résoudre — celui de l'établissement du crédit ouvrier. Il s'agit donc d'examiner à quelles conditions le crédit peut être mis au service de la classe ouvrière pour lui permettre de tirer le parti le plus avantageux de l'exploitation de ses forces productives.

Tout crédit exige des garanties. Il faut que le prêteur soit plus ou moins assuré de recouvrer à l'échéance le capital dont il se dessaisit, et d'en toucher exactement les intérêts, sinon il s'abstient de prêter. Cette assurance, l'ouvrier pris individuellement n'est pas en position de l'offrir, mais ne peut-il pas la fournir collectivement ? Supposons que les *trade's unions* et les syndicats qui se sont constitués et qui se multiplient tous les jours, au lieu d'employer leurs ressources à fomenter et à soutenir des grèves qui tournent trop souvent au détriment des ouvriers, se transforment en de simples mutualités de crédit ; que ces mutualités offrent aux entreprises de transport et de placement du travail leur garantie collective, garantie appuyée sur le capital fourni par les cotisations de leurs membres, et qui s'élève déjà, dans les principales *trade's unions* de l'Angleterre et des États-Unis, à plusieurs millions, les intermédiaires trouveront dans cette garantie collective la sécurité qu'une garantie individuelle ne pourrait leur procurer, et il leur deviendra possible de faire aux ouvriers mutualisés les avances nécessaires pour subvenir aux frais du transport de leur travail sur le marché le plus avantageux. Car si cette avance n'était point remboursée par l'emprunteur, elle le serait par la mutualité. Ce serait l'affaire de celle-ci d'en recouvrer le montant, et ce recouvrement que l'intermédiaire ne pourrait opérer qu'avec difficulté et à grands frais, la mutualité l'opérerait sûrement et sans peine, par la simple menace de l'exclusion et de la mise à l'index du débiteur infidèle à ses engagements.

Selon toute apparence, les banques populaires des systèmes Schultze Delitzsch, Raffeisen, Wollemborg, qui n'ont guère servi jusqu'à présent qu'à fournir des capitaux aux petits entrepreneurs d'industrie et aux petits commerçants, c'est-à-dire à une classe que la transformation économique des entreprises condamne à disparaître tôt ou tard, sont des-

.tinées à jouer un rôle important dans l'établissement du crédit ouvrier, et à faciliter ainsi la création du rouage du transport et du placement à distance.

Le problème de l'extension des marchés.et de leur unification progressive se trouvera alors résolu pour le travail comme il l'est déjà pour les produits et les capitaux.

CHAPITRE XIX

Le marchandage. Son état actuel.

Progrès à réaliser dans l'organisation des entreprises. — Comment
elles sont actuellement constituées, et comment elles fonction-
nent. — Du mode d'achat des matières premières. — Du mode de
location des employés et des ouvriers. — Imperfection du mode
de location du travail des ouvriers. — Charges qu'il impose aux
entrepreneurs et risques qu'il leur fait courir. — Le marchandeur
et sa fonction. — Son rôle à l'égard de l'entrepreneur et des ouvriers. — Imperfection du système actuel de marchandage. —
Causes de son impopularité.

Lorsque le travail aura acquis les organes de circulation qui lui font aujourd'hui défaut, un progrès
considérable sera réalisé. Le taux des salaires cessera d'être déterminé par le conflit des forces en
présence sur chaque marché local, il le sera par le
rapport des quantités offertes et demandées sur le
marché général, et ce rapport tendra incessamment à
s'établir sous l'impulsion des lois naturelles de l'é-
change, au niveau de la part juste et nécessaire du
travail dans les résultats de la production.

Mais quand on considère l'organisation imparfaite
des entreprises, on peut concevoir encore un autre

progrès, dont l'effet serait d'augmenter la part du travail, sans diminuer celle du capital.

Dans l'état actuel des choses, comment sont constituées les entreprises ? Lorsqu'un besoin demande à être satisfait avec assez d'intensité et d'étendue pour rétablir et rétribuer le capital et le travail nécessaires pour créer le produit ou le service propre à le satisfaire, cette demande ne manque pas de provoquer aussitôt l'offre du produit ou du service. Un entrepreneur individuel ou collectif apparaît : s'il estime, tous calculs faits, que la création du produit ou du service lui procurera un profit supérieur ou tout au moins équivalent à celui des autres branches de la production, il se chargera de le créer. Comment procédera-t-il ? Il commencera par se procurer le capital qu'exige toute entreprise. Ce capital réuni, comment l'emploiera-t-il ? S'il s'agit d'une industrie destinée à pourvoir au besoin du vêtement ou de l'ameublement, de la fabrication des cotonnades par exemple, il emploiera une partie de ce capital à l'acquisition, à la location ou à la construction d'une fabrique et à l'achat des machines et instruments de toute sorte nécessaires pour transformer le coton filé en étoffe. Il en emploiera une autre partie à l'acquisition des matières premières et au paiement des services du personnel dont il a besoin. Ce personnel se compose, dans une manufacture, de directeurs, d'employés en sous-ordre, et d'un nombre plus ou moins considérable de simples ouvriers, quelques centaines, parfois même quelques milliers.

Les matières premières, coton brut ou filé, selon que le tissage est séparé ou non, combustible, graisses, etc., l'entrepreneur les achète en gros au comptant ou à terme, le plus souvent à terme. Il a affaire à des producteurs ou à des intermédiaires qui lui garantissent la qualité des produits qu'il achète et contre lesquels il a recours si la qualité n'est pas conforme à celle des échantillons, ou si les produits ne lui ont pas été livrés dans les délais convenus. Quant au prix, il est fixé, au moins pour les grandes matières premières, le coton, le charbon, d'après le cours du marché, et il ne donne lieu à aucun débat. C'est le cours du marché qui fait loi.

Il en est autrement pour le travail. L'entrepreneur l'achète en détail quel que soit le nombre de ses employés et ouvriers. Les employés qui constituent l'état-major dirigeant sont engagés ordinairement pour un certain temps, et moyennant des appointements fixés pour la durée de l'engagement. Le taux de ces appointements est débattu entre les deux parties, et fixé à l'amiable. Les employés des catégories supérieures possédant d'habitude quelques ressources, ce débat peut être considéré comme libre, et le prix de cette sorte de travail se fixe en raison de la concurrence plus ou moins vive que se font les employeurs d'une part, les employés de l'autre, sur un marché qui s'étend, pour ceux-ci comme pour ceux-là, au delà d'un temps très court et d'un espace étroit. Le cas est différent pour la masse des ouvriers. La plupart d'entre eux sont pressés d'échanger leur travail contre des moyens de subsistance et se trouvent, surtout dans les foyers d'industrie peu importants et isolés, en présence d'un petit nombre d'entrepreneurs ou même d'un seul, sans avoir la possibilité d'aller offrir ailleurs leur travail. Dans cette situation inégale, ils sont obligés de subir les conditions de l'entrepreneur, si dures qu'elles soient.

Mais quand même le débat serait pleinement libre, quand même le marché de l'ouvrier serait aussi étendu dans le temps et l'espace que celui de l'entrepreneur, le salaire se trouverait abaissé par les déductions diverses que nécessite le mode actuel de location et d'emploi du travail.

Ce mode de location et d'emploi impose à l'entrepreneur une charge fort lourde et l'expose à des risques de différentes sortes. Il est obligé de payer les salaires au comptant ou à peu près, — au bout de huit jours, quinze jours, un mois au plus tard, c'est-à-dire parfois longtemps avant que le produit ou le service que le travail sert à créer soit réalisé. Il faut qu'il se procure régulièrement, en monnaie, le capital nécessaire à cette avance. Ce capital, ou il le possède, et dans ce cas il en perd la jouissance et subit de ce chef un dommage, jusqu'au moment de la réalisation du produit ou du service, ou — ce qui est le cas ordinaire — il doit l'emprunter d'une manière ou d'une autre. Selon qu'il jouit d'un crédit de premier, de second ou de troisième ordre, il l'emprunte à un taux plus ou moins élevé. Voilà pour la charge permanente que lui impose le paiement comptant des salaires.

Voici maintenant pour les risques.

En calculant le taux du salaire qu'il ne doit pas dépasser s'il veut couvrir ses frais et réaliser un bénéfice, l'entrepreneur tient compte non seulement du taux auquel il emprunte les fonds destinés au paiement du travail, mais encore des risques auxquels son industrie est exposée, risques qui pèsent tant sur le capital qu'il avance sous forme de salaires que sur ses autres avances, et la prime nécessaire pour couvrir ces risques vient en déduction du salaire. Il est encore exposé à d'autres risques qui tiennent, ceux-ci, au mode de location et d'emploi du travail. Les ouvriers engagés à court terme ou même sans terme peuvent quitter l'atelier du jour au lendemain, dans le moment même où leur travail est le plus nécessaire. Ils peuvent encore, par leur négligence, leur maladresse ou leur mauvais vouloir, endommager les outils et les machines, gaspiller ou gâter la matière première. La loi peut donner, il est vrai, et donne dans certains cas un recours contre eux à l'entrepreneur, mais ce recours n'existe point en cas de grève et il serait d'ailleurs illusoire. A quoi servirait à l'entrepreneur le droit de retenir malgré eux les ouvriers jusqu'à l'expiration d'un délai légal? Travaillant de mauvais gré, ils ne manqueraient point de faire de mauvais ouvrage, et de lui causer un dommage supérieur au profit qu'il pourrait tirer de leur travail. Ce dommage, la loi pourrait sans doute les en rendre responsables, et les obliger à le compenser. Mais ne sont-ils pas, le plus souvent, insolvables, et n'en coûterait-il pas plus à les poursuivre qu'à subir la perte causée par leur mauvais vouloir en ce cas, et par leur négligence dans d'autres ? Bref, ce sont là des risques inhérents au régime actuel des entreprises, et ces risques doivent être couverts, comme toute espèce de risques, par une prime, laquelle vient encore en déduction du salaire, sans que l'entrepreneur bénéficie d'ailleurs de la dépression qu'elle cause dans le prix du travail.

Dans un certain nombre d'industries, les entrepreneurs se sont exonérés de ces risques en recourant à des intermédiaires connus sous le nom de marchandeurs ou de sous-entrepreneurs. Quelle est la fonction des marchandeurs ? Ils se chargent, à un prix débattu, d'exécuter tout ou partie des travaux de l'entreprise, en offrant à l'entrepreneur des garanties que ne peut lui fournir le simple ouvrier, en le débar-

rassant des soins de la direction et de la surveillance
du travail individuel, enfin en lui accordant des
délais de paiement plus longs que ne le comporte la
situation d'un ouvrier vivant au jour le jour. En cas
de non ou de mauvaise exécution des travaux, l'entrepreneur a contre le marchandeur un recours
sérieux, en sorte qu'il trouve plus de profit à lui
payer un prix de façon augmenté de la prime des
risques dont il s'exonère, qu'à payer à l'ouvrier un
prix dont cette prime est déduite. Vis-à-vis de lui,
le marchandeur est un *assureur*.

Mais pour exécuter les travaux qu'il a pris à façon,
le marchandeur a besoin d'un nombre plus ou moins
considérable d'ouvriers. Ces ouvriers, il s'efforce
naturellement d'obtenir leur travail au meilleur marché possible ; il s'adresse de préférence à ceux dont
les besoins de subsistance sont les plus urgents, il
leur fait des avances pour les retenir en les endettant,
et les surveille de plus près que ne pourrait le faire
l'entrepreneur. Le marchandage ainsi pratiqué réduit
fréquemment l'ouvrier à une condition misérable. A
la merci du marchandeur, et parfois du sous-mar-
chandeur, il ne reçoit en échange d'un travail exces-
sif et épuisant qu'un salaire minime. Il se dit non
sans raison « exploité », mais cette exploitation dont
l'ouvrier est victime n'enrichit pas nécessairement
le marchandeur. Celui-ci subit des charges et court
des risques que ses prix de façon limités par la con-

currence ne suffisent pas toujours à couvrir. Il paie à ses ouvriers des salaires hebdomadaires ou même quotidiens et leur fait des avances dont l'entrepreneur ne lui rembourse le montant qu'après un délai de quelques semaines ou de quelques mois ; il est obligé de se procurer le capital nécessaire pour y pourvoir, et, comme il possède rarement un crédit de premier ordre, ce capital il le paie cher ; il est responsable de la non-exécution des travaux dans le délai fixé, ainsi que des malfaçons, et s'il ne prend pas les précautions que nécessitent ses engagements et sa responsabilité, il est exposé au recours de l'entrepreneur sans avoir lui-même aucun recours efficace contre l'ouvrier.

Les ouvriers réclament, comme on sait, l'abolition du marchandage, et on conçoit fort bien qu'il soit impopulaire auprès d'eux, mais, le marchandage aboli, comme il l'a été, un moment, en 1848 [1], leur situation serait-elle meilleure ? Selon toute apparence elle serait pire. Les risques que le marchandeur assure continueraient de subsister, et avec ces risques la prime nécessaire pour les couvrir. Cette prime qui vient en déduction du salaire, loin d'être diminuée se trouverait au contraire augmentée, l'entrepreneur n'étant pas, à cause de l'étendue et de la diversité de ses opérations, en position de s'assurer lui-même aussi efficacement et aussi économiquement que le

1 Appendice. Note Z.

marchandeur contre les risques que celui-ci prend à
sa charge.

Ce n'est pas en supprimant le marchandage qu'on
peut relever le salaire et améliorer la condition de
l'ouvrier, c'est en le perfectionnant.

CHAPITRE XX

Le marchandage. Comment on peut
le perfectionner.

De la transformation du marchandage. — Combinaisons possibles.
— Rôle d'une société de marchandage. — Avantages qu'elle
procurerait aux entrepreneurs, aux ouvriers et finalement aux
consommateurs.

Supposons que le marchandage subisse une transformation progressive analogue à celle qui a substitué les manufactures aux petits ateliers, les grands
magasins aux boutiques, qu'il soit pratiqué par des
sociétés puissantes disposant d'un capital qui se chiffre non plus par milliers de francs mais par millions,
quelles seront les conséquences de ce progrès?

Prenons encore pour exemple l'industrie cotonnière. Dans l'état actuel des choses, c'est l'entrepreneur individuel ou collectif qui, après avoir réuni le
capital nécessaire, construit ou loué les bâtiments de
la manufacture, acheté les outils, les machines, les
outils et les matières premières, enrôlé un personnel
d'employés et d'ouvriers, se charge de l'exécution
de l'ensemble des travaux qu'exige la transformation
du coton en étoffes. Il engage et paie individuellement

les ouvriers, dirige et surveille leur travail avec le concours de son état-major de sous-directeurs et de contremaîtres, il supporte les risques et les dommages causés par les grèves, les maladies, les accidents, la négligence et les malfaçons. Il est obligé de se procurer en monnaie chaque semaine ou, au plus tard, chaque quinzaine, la somme nécessaire au paiement des salaires et n'en est remboursé qu'au bout de trois mois, six mois et même plus tard. C'est une avance de capital dont il paie l'intérêt. En totalisant ce que lui coûte l'ensemble des charges, des frais et des risques qu'implique ce mode d'exécution des travaux de sa manufacture, on arrive à une somme considérable.

Si la somme annuellement payée en salaires aux simples ouvriers s'élevait par exemple à 5oo,ooo fr., les frais d'état-major, de surveillance, de comptabilité des salaires individuels, les risques de chômages, d'accidents, de malfaçons, etc., y ajouteraient, d'après l'estimation la plus modérée, au moins 1oo,ooo francs, soit en totalité 6oo,ooo francs.

Eh bien, supposons qu'une société de marchandage intervienne et propose au manufacturier de se charger de tous les travaux de la fabrication pour une somme inférieure à 6oo,ooo francs, soit pour 55o,ooo francs payables successivement à des termes de trois mois, il pourra réaliser de ce chef une économie de 5o,ooo francs augmentée d'une économie d'intérêts sur la somme qu'il emploie au paiement des salaires. Une autre combinaison serait encore possible : au lieu de recevoir une somme fixe sur le produit de l'entreprise, la société de marchandage pourrait simplement entrer en partage de ce produit. Elle supporterait dans ce cas sa part des risques de la réalisation, et le taux de partage devrait être calculé et fixé de manière à ajouter à la somme du forfait la prime nécessaire pour compenser cette portion des risques de l'entreprise. Ce serait, sous une forme progressive, l'association du capital et du travail.

Dans l'une ou l'autre hypothèse, la société de marchandage aurait à pourvoir à tous les frais et risques de fabrication qui sont à la charge de l'entrepreneur dans le mode actuel d'organisation des entreprises ; elle enrôlerait et paierait les ouvriers, dirigerait et surveillerait leur travail, etc., etc. Comment pourrait-elle abaisser ces frais et risques de manière à réaliser un profit rémunérateur, tout en faisant participer les ouvriers au bénéfice de cette nouvelle application du principe de la division du travail ?

Cette économie sur les frais et risques qu'elle prendrait à sa charge, une société amplement pourvue de capitaux pourrait l'opérer de la manière suivante :

1° En entreprenant les travaux de fabrication de plusieurs manufactures, elle réaliserait une économie notable sur leurs frais de direction et d'administration; 2° ayant pour fonction spéciale de recruter des ouvriers, de diriger et de surveiller leur travail, elle pourrait choisir mieux son personnel de travailleurs; elle irait chercher le travail dans les endroits où il se trouve en meilleure qualité, tandis que les entrepreneurs sont le plus souvent obligés, sous le régime actuel, de se contenter de celui que leur fournit le marché local; 3° l'organisation spécialisée de la direction et de la surveillance ne manquerait pas de se perfectionner en raison de cette spécialisation; d'où un abaissement des frais, dommages et risques de la détérioration du matériel, des malfaçons, du gaspillage et du vol des matières premières; 4° en raison de la supériorité de ses ressources et de son crédit, en comparaison de ceux d'un simple entrepreneur, la société se procurerait à meilleur marché le capital nécessaire au paiement des salaires.

Ces économies réunies lui permettraient de débarrasser les entrepreneurs du soin des travaux de fabrication, en diminuant leurs frais, et de réaliser elle-même un profit.

L'intervention d'une société de marchandage ne serait pas moins avantageuse aux ouvriers.

1° Dans l'état actuel des choses, les ouvriers sont communément payés toutes les semaines ou toutes les quinzaines, mais il arrive que des entrepreneurs dans la gêne soient obligés de retarder leur paiement, pis encore, qu'ils paient leurs ouvriers en nature, ou les contraignent à se pourvoir à leurs magasins des choses nécessaires à la vie. Une compagnie qui pratiquerait le marchandage sur le pied d'une grande industrie pourrait assurer à ses ouvriers un paiement régulier et à leur convenance, sans recourir aux expédients du *truck system*.

2° Elle pourrait améliorer la condition des ouvriers en leur rendant des services que de simples entrepreneurs chargés du soin de l'exécution des travaux de la production, et préoccupés des soucis du placement des produits n'ont pas le loisir de leur rendre, quand même ils en auraient la volonté. Elle pourrait par exemple, se charger de recueillir et de placer leurs épargnes, de les faire assurer aux conditions les plus avantageuses contre les maladies, les accidents et la vieillesse, d'instituer des bureaux de consultation et de renseignements pour leurs affaires privées, de leur rendre, en un mot, toute sorte de services d'aide et de tutelle.

3° En supposant que les marchés du travail s'agrandissent et s'unifient sous l'influence du progrès de l'industrie du placement, dé l'institution des mutualités de crédit et du développement de la publicité ouvrière, qu'un marché général se substitue aux marchés locaux, et que le prix du travail devenu *impersonnel* soit déterminé seulement par le rapport des quantités offertes et demandées, comme l'est déjà celui des capitaux et des produits de grande consommation, les sociétés de marchandage ne seraient pas plus que les entreprises qui continueraient d'être organisées suivant le mode actuel, maîtresses de fixer le taux du salaire; elles paieraient le travail au cours du marché, mais en raison des avantages particuliers qu'elles pourraient procurer aux ouvriers, elles en recruteraient l'élite, et rendraient ainsi nécessaire, sous peine de ruine pour les retardataires, la transformation économique des entreprises. Cette transformation s'accomplirait au double avantage du capital et du travail, et, par répercussion, des consommateurs qui bénéficient finalement de tous les progrès réalisés dans le mécanisme et les opérations de la production.

Nous avons remarqué plus haut que des sociétés de marchandage pourraient se charger des travaux des entreprises de production en échange d'une somme fixe ou d'une part éventuelle dans les produits. En supposant que cette dernière combinaison fut adoptée de préférence, les sociétés de marchandage pourraient encore, suivant les convenances des ouvriers les rétribuer, comme aujourd'hui, au moyen d'un salaire, ou bien, en les laissant dans ce cas partici-- per aux risques de l'entreprise, au moyen d'une part éventuelle; mais, selon toute apparence un salaire, c'est-à-dire une part fixe et assurée dans les résultats de la production, continuerait de répondre mieux aux convenances de la généralité des travailleurs, de même qu'un intérêt convient mieux qu'une part de profit ou un dividende à la généralité des capitalistes. Qu'il s'agisse de travail ou de capital, le nombre des obligataires l'emportera probablement toujours sur celui des actionnaires [1].

1. Appendice. Note AB.

CHAPITRE XXI

Résultats matériels et moraux de l'extension et de l'unification des marchés du travail.

Résultats bienfaisants de l'extension des marchés des produits et des capitaux. — La suppression des famines, — de l'usure. — Solidarité qu'elle a créée entre les peuples. — Résultats non moins bienfaisants de l'extension des marchés du travail. — Qu'elle déterminera la suppression de l'usure dans la location du travail. — Qu'elle remédiera mieux qu'aucune réglementation à l'inégalité de la situation de l'entrepreneur et de l'ouvrier dans le débat du salaire. — Qu'elle établira un prix régulateur que les lois de l'échange tendront continuellement à confondre avec le prix nécessaire ou le juste prix du travail.— Qu'elle déterminera un progrès général de la production et de la richesse.— Enfin qu'elle apportera un argument décisif en faveur de la complète liberté des échanges.

Quoique des obstacles de tous genres entravent l'agrandissement des marchés des produits et des capitaux et y causent d'incessantes perturbations, les résultats bienfaisants de ce progrès sont devenus trop évidents pour qu'il soit possible de les contester. L'extension successive des marchés des produits, qui a vingtuplé en moins de deux siècles le commerce extérieur des nations civilisées, a eu pour premier effet d'établir entre elles une communauté et une solidarité croissantes d'intérêts. Aussi longtemps qu'elles sont demeurées isolées, et que l'état de guerre apparaissait comme un phénomène normal et inévitable, elles étaient intéressées à l'affaiblissement et, par conséquent, à l'appauvrissement de leurs rivales. Il en a été autrement depuis que leurs rapports commerciaux se sont multipliés : dans chaque pays une catégorie de plus en plus nombreuse de producteurs, entrepreneurs, capitalistes, ouvriers — trouve ses moyens d'existence dans l'exportation de ses produits, tandis que l'importation fournit, en échange, à la généralité des consommateurs, une partie des articles nécessaires à leur alimentation et à la satisfaction de leurs autres besoins matériels et moraux. Les uns ont intérêt à l'accroissement de la richesse de leur clientèle étrangère, car, à mesure qu'elle devient plus riche, elle augmente ses achats et leur procure ainsi, sous forme de profits, d'intérêts, de rentes ou de salaires, une somme de revenus plus élevée ; les autres ne sont pas moins intéressés à la prospérité et au développement de l'industrie étrangère, car ses progrès tournent à leur profit en améliorant la qualité et en abaissant le prix des articles qu'elle leur fournit. L'agrandissement des marchés a encore cet effet utile de mettre en concurrence les agriculteurs, les industriels et les intermédiaires des différents pays de les obliger à perfectionner leur outillage et leurs procédés, sous peine d'être supplantés par leurs rivaux et de perdre les revenus qui les font vivre. Enfin l'extension des marchés de certains articles de première nécessité, dont l'homme n'est pas le maître de régler la production conformément à ses besoins, tels que les denrées alimentaires, a remédié aux maux provenant tantôt de l'insuffisance, tantôt de la surabondance des récoltes, maux qui infligeaient aux populations des souffrances presque égales : l'insuffisance engendrait la disette et parfois la famine, la surabondance ne laissait à la classe nombreuse des exploitants du sol qu'un revenu insuffisant pour s'acquitter des impôts et des autres charges dont elle était accablée. L'agrandissement et la mise en communication des marchés des denrées alimentaires, en dépit des obstacles des barrières douanières, a apporté un remède efficace à ces maux qui semblaient naguère encore incurables, en permettant de combler les déficits des uns avec les excédents des autres. Les prix ont cessé de subir des hausses ou des baisses excessives : l'unification des marchés a créé une double assurance contre les risques de la surabondance et de la disette.

L'extension des marchés des capitaux n'a pas eu des effets moins bienfaisants. Dans les marchés limités de l'ancien régime économique, l'intérêt des capitaux était bien moins déterminé par leur degré d'abondance que par l'intensité comparative des besoins d'emprunter et de prêter. Le besoin du prêteur étant moins urgent que celui de l'emprunteur, le taux courant de l'intérêt dépassait communément le taux nécessaire. L'usure était la règle, et la prohibition ou la limitation légale de l'intérêt, en écartant du marché les capitalistes scrupuleux, le livrait au monopole des usuriers. A mesure que le marché s'est étendu, que les intermédiaires se sont multipliés, ce monopole a été entamé et il ne continue de subsister que dans les localités dépourvues des institutions de crédit qui récoltent les capitaux dans les endroits où ils sont abondants pour les porter dans ceux où ils sont rares. Avant que ces institutions se fussent propagées, les capitaux qui n'étaient pas employés à l'usure demeuraient le plus souvent improductifs dans les pays où l'épargne les multipliait mais où l'insuffisance des matériaux et des débouchés de la production en rendait l'emploi peu profitable, tandis que dans d'autres pays, placés dans des conditions plus favorables, leur rareté enrayait l'essor des entreprises et le développement et la richesse. L'extension des marchés a complètement changé cet état de choses. Les capitaux se sont de plus en plus mobilisés et internationalisés. L'Angleterre, la France, la Hollande, la Belgique, la Suisse, ont exporté des capitaux par milliards en Russie, en Amérique, en Australie, dans l'Inde, où ils ont servi à construire des chemins de fer, à alimenter et à perfectionner les industries agricoles, à créer l'industrie manufacturière. Ils sont employés aussi malheureusement à combler les déficits creusés par les armements, les guerres et autres dépenses stériles ou nuisibles des États politiques;

mais, si dommageable que soit l'usage qu'en font les gouvernements, il ne balance point les bienfaits de l'extension des marchés. Après avoir été la règle, l'usure est devenue l'exception, le taux de l'intérêt à tendu à se niveler et à se fixer partout au niveau de la rétribution nécessaire pour déterminer l'engagement des capitaux au service de la production.

A quoi l'on peut ajouter que la diffusion des capitaux et du crédit a agi comme un instrument de moralisation. Elle a contribué à moraliser les prêteurs en faisant disparaître le monopole générateur de l'usure, et les emprunteurs eux-mêmes, en punissant ceux qui manquent à leurs engagements par la suppression du crédit, ou tout au moins par l'exhaussement de la prime du risque qui est une portion intégrante et non la moindre de l'intérêt.

Enfin, comme l'internationalisation des produits, celle des capitaux crée entre les peuples des liens de dépendance et de solidarité mutuelles. Un capitaliste français, anglais, suisse, dont les fonds sont engagés dans des entreprises de chemins de fer, de mines, etc., en Russie, en Espagne, en Amérique, est intéressé à la prospérité de ces pays étrangers comme à celle de son propre pays.

Sans doute, les liens qu'a créés l'extension des marchés des produits et des capitaux ne sont pas encore assez forts et assez nombreux pour enrayer toujours les intérêts et les passions qui poussent les peuples civilisés à s'entre-nuire et à s'entre-détruire, mais le réseau des intérêts solidaires va se développant d'une manière continue, et le jour n'est pas éloigné où l'on s'apercevra qu'ils ont acquis, dans leur progression silencieuse, la puissance nécessaire pour imposer la paix.

Il est permis d'affirmer que l'extension et l'unification des marchés du travail n'auront pas des résultats moins bienfaisants.

Elles mettront fin à la guerre civile du capital et du travail, en égalisant la situation des deux parties dans l'échange du travail contre le salaire et en leur enlevant, en même temps, tout pouvoir d'influer sur le taux et les conditions de cet échange. Dans l'état actuel des marchés du travail l'intensité inégale des besoins de l'entrepreneur et de l'ouvrier n'a pas cessé d'agir comme un facteur déterminant de la fixation du salaire. De même que l'agriculteur, l'industriel ou le commerçant besogneux, obligé de pourvoir à quelque échéance menaçante, se trouvait jadis à la merci du petit nombre de prêteurs ou même du prêteur unique de sa localité — moins pressés de prêter qu'il ne l'était d'emprunter, — et contraint par la nécessité d'accepter le taux et les conditions usuraires que le monopole dont ils jouissaient leur permettaient d'imposer, l'ouvrier dépourvu des ressources indispensables pour attendre ou se déplacer, est obligé, par une nécessité non moins impérieuse, de subir la loi des entrepreneurs locaux. Si l'usure a généralement cessé de vicier le prêt du capital, elle a continué de vicier la location du travail, et elle provoque chez les ouvriers qui en sont victimes les mêmes sentiments de haine contre les entrepreneurs qu'éprouvaient les emprunteurs contre les usuriers. Et de même qu'on établissait autrefois un maximum du taux de l'intérêt pour protéger les emprunteurs contre le pouvoir inégal des prêteurs, on réclame aujourd'hui l'établissement d'un maximum de la durée du travail, en attendant un minimum de salaire, pour protéger les ouvriers contre le pouvoir non moins inégal des entrepreneurs. Mais de même que l'agrandissement et la mise en communication des marchés des capitaux ont agi beaucoup plus efficacement que la coutume ou la loi pour supprimer l'usure, l'extension et l'unification des marchés du travail agiront plus sûrement qu'aucune réglementation nationale ou même internationale de la durée du travail et du taux des salaires, pour remédier aux effets nuisibles de l'intensité inégale des besoins des entrepreneurs et des ouvriers, dans des marchés limités et isolés. Lorsque les deux échangistes disposeront à un degré égal de l'espace et du temps, lorsque des groupes d'entrepreneurs ou d'ouvriers coalisés ne pourront plus provoquer une baisse ou une hausse artificielle des salaires, sans qu'aussitôt un mouvement d'exportation ou d'importation de travail ne

vienne corriger et neutraliser l'effet de cette manœu-
vre de monopole, le taux des salaires sera uniquement
ment déterminé comme l'est déjà celui des céréales,
des laines, etc., par le rapport des quantités offertes
et demandées sur le marché général. Le prix régulateur qui sera l'expression de ce rapport fera loi dans
toutes les transactions particulières : il n'y aura plus
de débat, plus de marchandage, partant plus de
conflit entre les parties. Enfin le rapport des quantités
offertes et demandées tendant naturellement sous
l'impulsion des lois de l'échange, à s'établir de manière à mettre le prix courant au niveau du prix
nécessaire, c'est-à-dire du *juste prix* de toutes choses,
la lutte intestine du capital et du travail n'aura plus
de raison d'être; la paix — une paix que la justice
seule peut fonder et rendre durable — succédera à
la guerre.

Parmi les autres conséquences bienfaisantes de
l'agrandissement et de la mise en communication
des marchés du travail, on peut signaler encore, en
premier lieu, un progrès général de la production
et de la richesse, déterminé, d'un côté, par l'apport
assuré et rapide du travail dans les régions où il est
en déficit par rapport aux autres agents productifs,
d'un autre côté, par le retrait devenu possible de ses
excédents, dans les endroits où ils diminuent le taux
des salaires, tout en nécessitant l'intervention de la
charité privée et publique pour l'entretien des « sans-

travail »; en second lieu, une excitation au progrès des institutions politiques et économiques, par l'accroissement des facilités du passage d'un pays dans un autre pour la classe qui supporte principalement le poids des vices et des charges d'un mauvais gouvernement; enfin, la condamnation et la ruine du système de prétendue protection du « travail national ». Le sophisme capital des fauteurs de ce système d'exploitation c'est que la protection augmente la quantité de travail disponible, et par conséquent la somme des moyens d'existence de la classe ouvrière, de manière à compenser et au delà l'impôt qu'elle permet aux propriétaires et aux industriels protégés de prélever sur la généralité des consommateurs. La connaissance exacte du marché du travail et des effets comparés des relèvements et des abaissements des tarifs sur le taux des salaires, fournira une preuve mathématique de la fausseté de ce sophisme. En même temps, les maux que causent les changements du régime douanier, en élargissant les débouchés de certaines industries et en rétrécissant ceux des autres, en provoquant ainsi le déplacement des sources du travail et en les tarissant en partie, deviendront visibles à tous les yeux et créeront un mouvement irrésistible d'opinion en faveur de la suppression des barrières que la fiscalité et la protection opposent à la liberté des échanges.

APPENDICE

APPENDICE

———

a, préface. **Les grandes fortunes aux États-Unis.**

En 1847, on n'y citait encore qu'un seul particulier dont la fortune s'élevât à 25 millions ; on en cite plus de deux mille aujourd'hui. Deux cent cinquante familles possèdent chacune plus de 100 millions et, dans ce nombre, il en est dont le capital atteint 1 milliard. Le calcul suivant, établi sur les chiffres de l'income-tax, et, par conséquent, notoirement inférieur à la réalité, répartit comme suit le nombre et l'importance des grosses fortunes américaines en 1892 :

```
   250 au-dessus de 100 millions, soit au minimum 25 milliards.
   500 de 50       à 100     —              —     25    —
 1,000 de 25       à  50     —              —     25    —
 2,500 de 12 1/2   à  25     —              —     31    —
 7,000 de  5       à  12 1/2 —              —     35    —
20,000 de  2 1/2   à   5     —              —     50    —
```

Soit un total de 81,250 individus possédant, au minimum, 191 milliards, autrement dit les trois cinquièmes de la richesse nationale, évaluée à un peu plus de 300 milliards de francs. Dès 1890, déjà, trente familles détenaient, à elles seules, 5,554 millions de francs, soit, en moyenne, 185 millions par famille.

(C. DE VARIGNY. *Les Coulisses de la Vie politique aux États-Unis. Revue des Deux Mondes*, du 15 octobre 1892.)

b, préface. **La situation inégale de l'entrepreneur et de l'ouvrier dans le débat des conditions du salaire.**

Dans tous les pays de l'Europe, pour un ouvrier indépendant, il y en a vingt qui servent sous un maître ; et partout on entend par *salaires du travail*, ce qu'ils sont communément quand l'ouvrier et le propriétaire du capital qui lui donne de l'emploi sont deux personnes distinctes.

C'est par la convention qui se fait habituellement entre ces deux personnes, dont l'intérêt n'est nullement le même, que se détermine le taux commun des salaires. Les ouvriers désirent gagner le plus possible ; les maîtres donnent le moins qu'ils peuvent ; les premiers sont disposés à se concerter pour élever les salaires, les seconds pour les abaisser.

Il n'est pas difficile de prévoir lequel des deux partis, dans toutes les circonstances ordinaires, doit avoir l'avantage dans le débat, et imposer forcément à l'autre toutes ses conditions. Les maîtres, étant en moindre nombre, peuvent se concerter plus aisément ; et de plus la loi les autorise à se concerter entre eux, ou au moins ne le leur interdit pas, tandis qu'elle l'interdit aux ouvriers. Nous n'avons point d'actes du parlement contre

les ligues qui tendent à abaisser le prix du travail ;
mais nous en avons beaucoup contre celles qui tendent
à le faire hausser. Dans toutes ces luttes, les maîtres
sont en état de tenir ferme plus longtemps. Un propriétaire, un fermier, un maître fabricant ou marchand,
pourraient, en général, sans occuper un seul ouvrier,
vivre un an ou deux sur les fonds qu'ils ont amassés.
Beaucoup d'ouvriers ne pourraient pas subsister sans
travail une semaine, très peu un mois et à peine un seul
une année entière. A la longue, il se peut que le maître
ait autant besoin de l'ouvrier que celui-ci a besoin du
maître ; mais le besoin du premier n'est pas si pres-
sant.

(ADAM SMITH. *La Richesse des Nations*, liv. Ier,
chap. VIII, Salaires du Travail.)

c, p. 10. Influence du progrès industriel sur la qualité et la rétribution nécessaire du travail.

Le progrès industriel substitue communément à l'emploi de la force physique du travailleur celui d'une
force mécanique moins coûteuse et plus puissante. Dans
les industries que le progrès transforme, on voit, en
conséquence, le travail humain changer successivement
de nature : de purement physique à l'origine, du moins
dans les fonctions inférieures, il devient de plus en plus
intellectuel. Si nous examinons, par exemple, l'industrie de la locomotion à ses différentes périodes de développement, nous serons surpris de l'étendue et de la
portée des transformations que le travail dont elle exige

le concours a subies sous l'influence du progrès. A l'origine, c'est l'homme lui-même qui transporte les fardeaux en mettant en œuvre sa force musculaire. Il en est encore ainsi dans certaines parties de l'Inde, où les bras et les épaules des *coolies* sont les seuls véhicules en usage pour transporter les voyageurs aussi bien que les marchandises. Mais l'industrie de la locomotion vient à progresser.

L'homme dompte le cheval, l'âne, le chameau, l'éléphant, et il les assujettit à porter des fardeaux; il invente encore la charrette, la voiture et le navire. Aussitôt la nature du travail requis pour le transport des hommes et des marchandises se modifie. La force musculaire ne suffit plus, elle ne joue même plus qu'un rôle secondaire dans l'industrie des transports; le premier rôle appartient désormais à l'adresse et à l'intelligence. Il faut plus d'adresse et d'intelligence que de force musculaire pour guider un cheval, un âne, un chameau, un éléphant, pour conduire une voiture ou une charrette, pour diriger un navire. Survient enfin un dernier progrès. La vapeur est appliquée à la locomotion. La locomotive avec ses longues files de vagons se substitue au cheval, à la charrette, à la diligence; le bateau à vapeur prend la place du navire à voiles. La fonction du travailleur dans l'industrie des transports acquiert, par suite de cette nouvelle transformation, un caractère intellectuel plus prononcé. Les employés des chemins de fer ont à déployer plus d'intelligence et moins de force physique que les voituriers, messagers, etc., qu'ils ont remplacés. Dans l'industrie des transports par eau, l'intervention de la vapeur supprime l'outillage humain qui était employé à manœuvrer l'appareil moteur des navires, les mâts, les voiles, les cordages, etc. A cet appareil qui nécessitait encore l'application d'une certaine quantité de force musculaire, la vapeur substitue une machine dont les servants, chauffeurs ou mécaniciens, n'ont guère à faire œuvre que de leur intelligence.

En examinant donc l'industrie de la locomotion à son point de départ et à son dernier point d'arrivée, on s'aperçoit que la proportion dans laquelle elle réclame le concours de la force musculaire et de la force intellectuelle de l'homme s'est progressivement modifiée, et que la dernière a fini par s'y substituer presque entièrement à la première. On obtient le même résultat en étudiant l'action du progrès industriel sur les autres branches de la production, et l'on arrive ainsi à cette conclusion importante, que l'industrie moderne exige dans une proportion moindre que celle des premiers âges du monde l'intervention de la force musculaire de l'homme, mais qu'elle réclame, en revanche, à un bien plus haut degré, le concours de ses facultés intellectuelles et morales.

Cette modification progressive dans la nature des forces requises pour la production ne manque pas de se répercuter dans les frais de production du travail. A mesure que l'intelligence se substitue à la force musculaire dans l'industrie, on voit s'élever le niveau de la rémunération des travailleurs. Ainsi les salaires des voituriers, des cochers, des conducteurs d'omnibus sont plus élevés que n'étaient ceux des porteurs de chaise, mais ils se trouvent à leur tour dépassés par ceux des employés de chemins de fer. De même, il y a apparence que les travailleurs employés dans la navigation à voiles sont mieux rémunérés que ne l'étaient jadis les rameurs, tandis qu'ils le sont plus mal que le personnel employé dans la navigation à vapeur. Pourquoi en est-il ainsi? Parce que l'intelligence nécessaire à l'exercice d'une industrie perfectionnée exige des frais d'entretien et de renouvellement plus considérables que la force musculaire requise par une industrie encore dans l'enfance; parce que les frais de production du travail intellectuel sont plus élevés que ceux du travail physique.

En examinant les modifications que subit la nature du travail sous l'influence du progrès industriel, on arrive, en définitive, à une conclusion qui peut être résumée ainsi.

Que le progrès industriel contribue dans toutes les branches de l'activité humaine à élever le niveau des frais de production du travail.

(*Cours d'Économie politique,* tome I, huitième leçon. La Part du Travail.)

d, p. 20. **L'esclavage volontaire.**

A Achin, tout le monde cherche à se vendre. Quelques-uns des principaux seigneurs n'ont pas moins de mille esclaves, qui sont des principaux marchands, qui ont aussi beaucoup d'esclaves sous eux; et ceux-ci beaucoup d'autres : on en hérite et on en fait trafiquer.

Dans ces États, les hommes libres, trop faibles contre le gouvernement, cherchent à devenir les esclaves de ceux qui tyrannisent le gouvernement.

C'est là l'origine juste et conforme à la raison de ce droit d'esclavage très doux que l'on trouve dans quelques pays; et il doit être doux, parce qu'il est fondé sur le choix libre qu'un homme, pour son utilité, se fait d'un maître; ce qui forme une convention réciproque entre les deux parties.

(MONTESQUIEU. *Esprit des Lois*, liv. XV, chap. VI.)

e, p. 22. Avances d'instruction professionnelle faites aux esclaves.

Dans l'antiquité, les propriétaires d'esclaves avançaient fréquemment à ceux qui montraient des dispositions particulières pour un art ou un métier les frais d'une instruction professionnelle destinée à cultiver et à développer leurs aptitudes et par conséquent à augmenter leur valeur. La même pratique dictée par le même motif intéressé était en usage en Russie sous le régime du servage.

« ... Parfois, lisons-nous dans les *Études* de M. de Haxthausen, le seigneur ne se contente pas de permettre au serf de suivre sa vocation; il lui en facilite encore les moyens, en lui fournissant les avances nécessaires. à l'apprentissage d'un métier ou même en se donnant la peine de le dresser à l'exercice d'une profession libérale ». M. de Haxthausen cite, à cet égard, deux exemples qui ne manquent pas d'originalité : c'est l'histoire du barbier de Pensa et celle de la troupe du théâtre de Nijni Novogorod.

« Étant retourné, dit-il, à l'hôtel où j'étais descendu à Pensa, je dis au maître de la maison, un Allemand, de m'envoyer un barbier. Quelques minutes après, je vois entrer un jeune homme bien mis, d'une tournure convenable et qui me rase avec une aisance toute française. C'était toutefois un paysan russe à qui le seigneur de son village avait fait apprendre le métier de Figaro, en payant, outre la nourriture, 350 roubles pour trois années d'apprentissage. Après ce temps, il l'avait mis à l'obroc. Le jeune homme s'en trouve bien. Il gagne aisément et au delà les 175 roubles qu'il doit payer en obroc, puis il s'amuse, va au théâtre et joue au *dandy* ni mieux ni plus mal qu'un de ses confrère du Boulevard des Italiens. »

L'histoire de la troupe d'acteurs-serfs du théâtre de Novogorod est plus singulière encore :

« Je ne pus me défendre d'une extrême surprise en apprenant à Nijni Novogorod que tout le personnel, acteurs, chanteurs et chanteuses, étaient des serfs appartenant à un seigneur. Je ne saurais dire quelle impression bizarre firent sur moi ces paroles. La prima donna, actrice choyée du public, habituée aux applaudissements et aux triomphes, était fille d'un pauvre paysan soumis à l'autorité d'un maître ; les acteurs qui avaient rempli le rôle de prince, de boyard et de héros étaient également de pauvres hères, fils de serfs attachés à la glèbe seigneuriale. Quel singulier contraste ne devaient-ils pas trouver entre ce rôle momentané et leur situation habituelle, entre l'oubli produit par l'inspiration artistique et le sentiment de leur véritable condition ? Pour avoir le droit d'être acteurs, pour exercer le plus libre, le plus indépendant de tous les arts, ils étaient obligés de payer à leur seigneur un obroc, comme on l'exige pour un métier, d'acquitter ponctuellement une dîme prélevée sur l'intelligence.

« Voici l'histoire du théâtre de Nijni Novogorod. Il y a quelques années un seigneur célibataire fit construire dans sa terre une salle de spectacle et fit parmi ses serfs choix d'un certain nombre d'individus, propres à devenir musiciens ou acteurs. Plus tard, lorsque leur éducation fut terminée, il fit monter plusieurs opéras et finit par venir s'établir à Nijni Novogorod, où il fit aussi bâtir un théâtre. Au commencement il n'engageait, au moyen de cartes d'invitation, que ses amis et ses connaissances ; mais plus tard, quand l'état déplorable de sa fortune, entamée par ses grandes dépenses, l'obligea de mettre plus d'ordre dans ses affaires, il se décida à se faire payer les billets d'entrée et à devenir simplement entrepreneur ou directeur d'une troupe de comédiens. Après sa mort, il fut remplacé par un autre directeur, et actuellement, comme on me l'a assuré, c'est encore un seigneur qui se trouve à la tête de cette entreprise ».

(Études sur la Situation intérieure, la Vie nationale et les Institutions rurales de la Russie, par le baron Aug. de Haxthausen, t. I, p. 104.)

f, p. 25. **Le servage volontaire.**

Ce qui prouve que le servage était adapté aux conditions économiques du temps, c'est qu'il était fréquemment volontaire, et qu'il arrivait que des serfs refusassent d'être affranchis. M. Levasseur en cite un exemple dans son *Histoire des Classes ouvrières en France* (t. I, p. 178) :

« L'affranchissement, dit-il, était loin d'être complet : le vilain comme le serf, restait sous la main du seigneur. Il jouissait néanmoins d'une certaine liberté et devenait une personne civile ; ses services étaient déterminés par un contrat ; il pouvait se marier, hériter, tester, vendre, acheter à son gré, c'était beaucoup. Mais, pour le paysan grossier, qui ne sentait pas encore le besoin de la liberté, ces avantages étaient quelquefois trop chèrement achetés par les impôts qu'il lui fallait payer régulièrement. Philippe III, qui avait affranchi les serfs de Pierrefonds des droits de mainmorte et de formariage, moyennant une redevance annuelle de 20 livres parisis, avait mis pour condition que ceux qui épouseraient des serves retomberaient dans le servage. Plusieurs s'empressèrent d'en épouser et présentèrent une requête au parlement pour être rétablis dans leur condition de serf, et par suite déchargés de la part de redevance qui pesait sur eux. »

Dans ses *Études sur l'État économique de la France pendant la première partie du moyen âge*, M. Ch. Lamprecht donne aussi un aperçu des causes qui faisaient préférer la condition du serf à celle de l'homme libre.

« Le servage volontaire, dit-il, se trouve mentionné bien souvent, preuve de l'état économique relativement favorable des serfs, qui pouvait faire oublier les avantages juridiques de la liberté, preuve aussi de la situation pénible du petit propriétaire libre. On s'explique ainsi que le désir d'échapper au servage ne se soit pas manifesté trop fréquemment. Quand il était exprimé avec de bonnes raisons par des gens qui en étaient dignes, il est probable qu'il fut presque toujours accompli.

« ... Les agriculteurs non libres n'étaient pas dans une situation plus mauvaise que les autres ; souvent même l'étendue de leurs terres était égale à la vieille propriété des libres, ou du moins équivalait à sa moitié. On voit certes aussi des petites propriétés appartenant aux non-libres, mais il serait faux de se représenter leur classe comme particulièrement dépourvue de ressources, au point de vue économique. Les redevances qu'ils payaient ne pouvaient guère dépasser celles d'autres fermiers ; elles étaient surtout des prestations en nature. Il y avait des redevances qui dépendaient de la condition juridique du serf. C'était, en particulier, la capitation, mais la plupart d'entre elles n'étaient pas onéreuses.

« Au contraire, l'avenir le plus proche faisait entrevoir des avantages économiques. L'union du serf à la glèbe commença à lui donner la perspective de jouir avec sécurité de son travail et de ses progrès agricoles ; elle le mit sur le même rang que les autres agriculteurs, au point de vue économique ; en même temps, elle devait le conduire à abandonner une culture grossière et à adopter une culture plus rationnelle et plus intensive. Les dévastations le trouvaient bien moins désarmé que ne l'était l'homme libre, contraint de cultiver sa terre, l'épée au poing, comme le peuple hébreu avait jadis bâti son temple. Le seigneur lui procurait, autant qu'il était possible, cette sécurité. Des temps mauvais apparaissent-ils, des famines fondent-elles d'année en année sur le pays, le serf trouve souvent ses moyens d'existence en faisant appel à la miséricorde de son seigneur, tandis que l'homme libre mourait de faim. » (PP. 204 à 230.)

g, p. 26. **Les avantages de l'esclavage.**

Pendant notre voyage dans les anciens États esclavagistes de l'Union Américaine, nous avons souvent entendu soutenir que l'esclavage était plus avantageux aux esclaves qu'aux maîtres.

« On s'est fait, en Europe, me disait-on, une idée complètement fausse du régime de l'esclavage tel qu'il existait dans nos États du Sud. On nous a représentés comme les oppresseurs et les bourreaux des nègres, représentés à leur tour comme des modèles de toutes les vertus. Si l'on s'était donné la peine de prendre des renseignements sur l'esclavage ailleurs que dans des sermons ou dans des romans, on aurait été certainement moins prompt à nous condamner. Nous n'avons pas la prétention d'être des philanthropes, et nous obéissons,

comme la généralité des hommes, à notre intérêt. Nous
considérions même, si vous voulez, nos nègres comme
une espèce particulière de bétail ou d'animaux domestiques ; mais est-ce qu'un propriétaire intelligent et
connaissant ses intérêts maltraite son bétail ? Ne s'ap-
plique-t-il pas, au contraire, à le tenir dans la meilleure
condition possible ? Nos nègres nous coûtaient fort cher,
— un nègre robuste valait 1,000 dollars et davantage. —
Qui donc s'avise de gaîté de cœur de détruire ou d'endommager une propriété de 1,000 dollars ? Non seulement nous nous gardions de les maltraiter, mais encore
nous évitions de les surmener, et les tâches que nous
leur imposions auraient paru légères à vos ouvriers
d'Europe. Nous mettions notre orgueil à les tenir en
bon état ; vous avez vu les cases qu'ils habitaient avant
l'émancipation et vous avez pu les comparer à celles où
ils gîtent aujourd'hui. Chaque famille avait sa case avec
un jardin, et souvent une petite pièce de terre. Les
nègres laborieux et économes ne manquaient pas d'en
tirer un bon parti ; nourris par le propriétaire, ils ven-
daient les produits de leur jardin et accumulaient un
capital qu'ils employaient à améliorer leur condition ou
à se racheter. Nous leur fournissions deux costumes
par an : un costume d'été et un costume d'hiver ; quelquefois même, en sus, une toilette des dimanches. Nos
dames étaient perpétuellement occupées à tailler des
étoffes et à distribuer de la besogne aux couturières
pour vêtir ces grands enfants. Nous les obligions à
tenir leurs cases en ordre et à se tenir propres. En ce
temps-là, ils prenaient des bains. Étaient-ils malades,

il y avait un médecin attaché à toutes les grandes plantations et, dans les autres, la maîtresse de l'habitation
s'empressait d'accourir avec sa pharmacie, en attendant
l'arrivée du médecin. On contraignait les indolentes
négresses à soigner leurs enfants, et l'on punissait
celles qui négligeaient leurs devoirs de mère. Enfin on
prenait soin des vieillards, et c'est dans la population
de couleur que se rencontraient les cas les plus nombreux de longévité. Sans doute, il y avait de maúvais
maîtres, mais ils étaient rares : la plupart n'apparte-
naient point au pays et ils ne craignaient pas d'affronter
la réprobation de l'opinion publique. C'étaient des
Yankees, habitués à surmener leurs ouvriers, et qui
transportaient dans le Sud les habitudes de rapacité
du Nord ; ou bien encore dans la Louisiane, par exemple,
où il était permis aux gens de couleur de posséder des
esclaves, c'étaient des mulâtres : les maîtres les plus
impitoyables qui existent. En général, l'esclavage avait
conservé dans le Sud un caractère patriarcal ; c'était en
quelque sorte la forme primitive de l'assurance sur la
vie : le nègre nous donnait son travail, nous lui assu-
rions en échange son entretien et celui de sa famille.
Ceux qui se sentaient capables d'assurer eux-mêmes
leur existence amassaient un pécule et se rachetaient;
mais c'était le petit nombre. La plupart d'entre eux se
montraient satisfaits de leur sort, et on n'entendait
dans les campagnes que le bruit de leurs chansons. On
disait d'eux qu'ils étaient la joie du Sud. Ils chantent
moins aujourd'hui ! — Comme, après tout, c'est une
bonne race dévouée et fidèle quand elle n'est point

pervertie par l'abus de la liberté ou par des sug-
gestions malfaisantes, nous nous étions attachés à nos
esclaves, et ils nous le rendaient. En voulez-vous une
preuve décisive ? S'ils avaient été, comme on le suppose,
les victimes d'une oppression impitoyable, n'auraient-ils
pas profité de la guerre de sécession pour secouer violemment le joug ? Que s'est-il passé alors ? Tous les blancs
valides étaient à l'armée ; il ne restait dans les habitations que des femmes, des enfants et des vieillards. Les
nègres se sont-ils révoltés ? Ils n'y ont pas songé,
quoique les excitations du dehors ne leur aient pas
manqué ; jamais ils ne se sont montrés plus paisibles
et plus soumis. Quand l'émancipation est venue, ils se
sont enfuis comme des écoliers le jour des vacances ;
mais plus tard, lorsqu'ils se sont aperçu que la liberté
ne leur donnait pas le pain de chaque jour, le plus
grand nombre d'entre eux sont revenus demander du
travail à leurs anciens maîtres, et chaque fois qu'il leur
arrive une maladie ou un événement fâcheux, chaque
fois qu'ils ont besoin d'un secours ou d'un conseil,
c'est à eux qu'ils s'adressent.

« Maintenant, ce serait une erreur de croire que nous
regrettions l'esclavage et que nous voudrions le rétablir si nous en avions le pouvoir. Non ! si paradoxale
que vous semble cette opinion, l'esclavage était aussi
nuisible aux blancs qu'il était favorable aux noirs. Ce
n'est pas impunément qu'une race supérieure se trouve
perpétuellement en contact avec une race inférieure.
Le nègre importé d'Afrique était un animal sauvage
dont nous avons fait un animal domestique et parfois un

homme, en lui inculquant des habitudes régulières de travail, des besoins et des goûts plus ou moins raffinés; mais, en vivant au milieu de ses nègres et de ses négresses encore à demi barbares, le propriétaire blanc devenait, en revanche, moins civilisé. Il prenait les défauts et les vices de ses esclaves; le relâchement de leurs mœurs, les habitudes de promiscuité qu'ils avaient apportées d'Afrique et auxquelles ils sont en train de retourner, devenaient contagieuses : la proportion considérable des sang-mêlé en fait foi; aujourd'hui que ce contact a cessé, aujourd'hui qu'il n'y a plus entre le blanc et le nègre d'autres rapports que ceux de l'entrepreneur et de l'ouvrier, du maître et du domestique à gages, chacun vit dans sa sphère naturelle, et la barbarie nègre a cessé de déteindre sur la civilisation blanche. Il n'y a plus guère de mélange entre les deux races et il y en aura de moins en moins; si le nègre y perd, le blanc ne peut manquer d'y gagner. »

Ce langage n'était que trop confirmé par le spectacle lamentable des ruines que l'émancipation avait faites, et de la condition misérable des esclaves hâtivement émancipés.

... Les plantations ont disparu, et, à la place qu'elles occupaient, les nègres cultivent des patates douces et des *watermelons* (pastèques). On m'assure que les nègres, isolés de la civilisation blanche, sont en train de retourner à l'état sauvage, qu'ils sont revenus à l'adoration des fétiches et du Vaudoux. C'est peut-être un mauvais propos des blancs; mais tel que je commence à connaître Tommy — permettez-moi de désigner sous ce petit nom d'amitié le neveu émancipé de feu le respectable Oncle Tom, — je l'en crois ma foi bien capable. Mes excursions aux environs de Savannah ne me le montrent pas, il faut le dire, à son avantage. Partout où j'aperçois des mauvaises herbes, je suis sûr de voir surgir une cabane de nègre, et quelle cabane ! un carré de planches noircies, avec une cheminée le plus souvent en torchis, dont l'ouverture ne dépasse pas le faîte du toit... Je visite un peu plus loin une rizière abandonnée. C'était une magnifique exploitation couvrant 500 acres. Une allée royale de vieux chênes d'un demi-mille de longueur conduit à l'habitation du planteur. Le long de cette avenue, des cases, solidement bâties en briques, couvertes avec des planchettes de cyprès et suffisamment spacieuses pour loger à l'aise une famille, servent maintenant de repaire aux insectes et aux reptiles ; à chacune de ces cases attenait un jardin où le nègre plantait du maïs et des légumes qu'il avait le droit de vendre à son profit ; le temps ne lui manquait point, les tâches dans les rizières n'étaient pas lourdes, et il lui arrivait souvent d'avoir fini sa besogne avant midi. Le reste de la journée lui appartenait, aussi les plus actifs et les plus prévoyants avaient-ils accumulé un petit capital ; on s'explique ainsi qu'ils aient pu acheter des terres au lendemain de l'émancipation, et qu'ils paient l'impôt sur 3 millions de dollars de propriété assise dans l'État de Géorgie. Ces nègres propriétaires ne constituent toutefois qu'une faible minorité, et je n'en ai vu qu'un seul dont l'exploitation puisse rivaliser pour la bonne tenue avec celle des émigrants allemands ses voisins. Au bout de l'avenue, une colonnade en style plus ou moins grec décore la façade d'une confortable maison entourée de larges vérandas où grimpe la vigne vierge et que surmonte un belvédère. Des bananiers étalent leurs larges feuilles, et les *lagerstrœmia indica*, leurs grappes de fleurs rouges au milieu des plantes parasites qui ont envahi le jardin. Auprès de l'habitation seigneuriale, un chalet élégant servait de demeure à l'*overseer;* du côté opposé étaient le moulin et les écuries. Aux environs, un immense mail ombragé de chênes séculaires, servait de lieu de réunion et d'amusement à la population noire. Aujourd'hui, sur 500 acres, 25 tout au plus sont en culture, et le silence de ce lieu désolé n'est troublé que par les coups de fusil de quelques nègres se livrant à leur plaisir favori dans un pays où on ne connaît ni les permis de chasse ni les gendarmes.

... Au moins les nègres sont-ils satisfaits de cette liberté qui a été achetée au prix de tant de ruines? Comme nous demandions à un nègre qui nous servait de guide à Washington s'il était satisfait d'être libre : « Je crois que oui, nous dit-il. — Comment! vous croyez que oui? Vous n'en n'êtes donc pas bien sûr? — Je ne pourrais pas le jurer »..Et il nous fut impossible de tirer de lui autre chose que cette réponse laconique [1].

On sait que les puissances qui viennent de se partager l'Afrique ont entrepris une croisade contre la traite,

---

[1] *Lettres sur les États-Unis et le Canada*, pp. 74 et 261.

en affichant hautement l'intention d'extirper l'esclavage du continent noir. Cette intention est louable car l'esclavage est une forme imparfaite et barbare de l'assurance : c'est une assurance forcée dont la prime est arbitrairement fixée par l'assureur et qu'il manque rarement de porter à un taux usuraire. Malheureusement, il y a apparence que ce beau zèle aboutira simplement au remplacement de l'esclavage privé par le monopole de l'esclavage exercé par l'État. Ce système a été récemment exposé par un explorateur distingué de l'État du Congo, M. Jérome Becker, et il a été favorablement accueilli même par les philanthropes anti-esclavagistes, sous son pseudonyme de « service obligatoire ». On repousse avec horreur l'esclavage, mais on accepte sans répugnance aucune le service obligatoire. Tant est grande la puissance des mots !

« Tous les États du monde, dit M. Becker, dans une lettre publiée par *l'Indépendance belge*, enrégimentent d'autorité, pour le service militaire, les citoyens ayant l'âge requis pour porter les armes. Et si chez nous subsiste encore le régime bâtard de la conscription, personne n'y conteste le droit absolu de priver de leur liberté, pendant un certain nombre d'années, les jeunes gens appelés à défendre la patrie en cas de danger.

« Que l'État du Congo assume délibérément la tutelle entière de ses sujets, et qu'en assurant le recrutement de ses forces militaires il prépare en même temps ses futures catégories de contribuables ;

« Au lieu de lever, à grands frais, hors de ses frontières, les soldats encadrés par nos officiers, qu'il les recrute chez lui, lés emploie aux travaux d'utilité publique, forcément en souffrance, faute d'argent; qu'il exige d'eux l'impôt du travail, impôt légitime en ce qu'il comporterait un enseignement national en même temps que des garanties d'ordre et de moralisation :

« Que des brigades de soldats-ouvriers puissent être mises, moyennant un salaire équitable, à la disposition des sociétés désireuses de faire de la grande culture, pour alimenter l'immense voie, fluviale et le futur chemin de fer qui peuvent faire du Congo un pays de production par excellence, et vous verrez sur tous les points s'établir des plantations prospères.

« Par des retenues opérées sur le salaire à eux alloué par les Sociétés, nos travailleurs nègres alimenteront déjà en partie la Caisse de l'État. Par leur emploi au tracé des routes, ils en allégeront les charges. Ils feront ainsi leur apprentissage de colon, tout en suffisant simplement à leur propre entretien. »

Nous avons montré ailleurs comment le problème de la suppression de la traite et de l'abolition de l'esclavage africain pourra être résolu autrement que par l'établissement du « service obligatoire » imposé par l'État et exploité à son profit (Voir les *Notions fondamentales*, Appendice : L'Abolition de l'Esclavage africain.)

h. p. 30. **Le droit de préemption.**

Le droit de préemption que se réservait le seigneur sur les produits de l'industrie de son domaine et sur les articles d'échange subsistait encore il y a deux siècles,

en Russie, où le Czar l'exerçait à son profit, où il a agi
comme une cause de démoralisation commerciale.

« Jusque vers la fin du dix-septième siècle, dit M. H.
Scherer, l'industrie et le commerce de la Russie lan-
guirent sous un régime oppressif, dont les principes et
les formes tout asiatiques isolèrent encore cette contrée
de l'Europe. Dans un empire où même les classes qui
possédaient le sol ne pouvaient disposer librement de
leur propriété, à plus forte raison devait-il être difficile
aux classes pour lesquelles l'absence d'entraves est le
premier besoin, d'acquérir une situation indépendante
et appropriée aux professions qu'elles exerçaient. La
volonté du Czar leur traçait leur système d'activité. En
sa qualité de propriétaire unique du sol, il était aussi
le seul marchand et supprimait ainsi la concurrence,
qui est le principe vital de l'industrie. Le Czar exerçait
un droit de préemption sur toutes les marchandises
tant indigènes qu'étrangères. Aucun marchand étranger ne pouvait vendre à d'autres qu'au Czar, quand il
avait déclaré l'intention d'acheter ses marchandises.
Le Czar envoyait des agents dans les provinces pour y
acheter à des prix minimes et arbitraires les produits
les plus remarquables, qu'il revendait ensuite avec un
bénéfice considérable aux marchands indigènes ou
étrangers. Ils ne pouvaient refuser même les marchan-
cises avariées, car les intérêts du monarque passaient
avant ceux du sujet. Indépendamment des monopoles
permanents de l'eau-de-vie, de l'hydromel, de la bière
forte et des grains, le Czar monopolisa aussi de temps
en temps les produits qu'il recevait à titre de tribut ou

de.contribution, tels que pelleteries, cire, chevaux tar-
tares, toile, etc., nul, en pareil cas, ne pouvait vendre
de ces produits avant que l'approvisionnement impérial
ne se fût débité à de hauts prix. Tous ces privilèges
dérivaient du pouvoir absolu de l'autocrate sur la vie
et les biens de ses sujets. Le commerce ne pouvait pas
se soustraire à cette loi fondamentale, loi profondément..
entrée dans les habitudes; et comme il lui était impossible de s'enrichir honnêtement, on se crut bientôt
obligé d'être malhonnête. Les Russes étaient connus
pour leurs fraudes et pour leurs ruses commerciales, .
et ils n'avaient pas leurs pareils sous ce rapport. Pour
ne pas être trompé en affaires avec les Russes, dit un
historien déjà ancien, il faut exiger sur-le-champ la
marchandise achetée ou le prix convenu ».

(H. Scherer. *Histoire du Commerce*, traduite par
H. Richelot et Charles Vogel, t. III, p. 597.)

i, p. 34. L'origine et l'organisation des Corporations.

Les corporations se constituèrent chez tous les peuples en voie de civilisation dès que les progrès de l'outillage et des procédés de la production eurent déterminé la séparation des industries. En Italie et en France
elles ont résisté à l'invasion des barbares.

« La rareté des documents, dit à ce sujet M. Levasseur, ne permet pas de suivre l'histoire des vicissitudes
et des transformations subies par les collèges gaulois;
mais ils suffisent à prouver que ces associations ont
persisté en partie jusqu'à l'époque de la féodalité. Les

chartes municipales de Ravenne, qui sont parvenues jusqu'à nous, font mention en 943 d'une corporation de pêcheurs, en 953 d'un chef de la corporation des négociants, et en 1001 d'un chef de la corporation des bouchers. A Paris, le corps des nautes subsista ; il semble même avoir pris une grande importance et s'être presque confondu avec la curie et la municipalité. L'an 585, Gontran se rendait à Orléans : tous les habitants sortirent à sa rencontre, portant leurs bannières et leurs drapeaux, comme le peuple d'Autun avait, près de trois siècles auparavant, déployé les siens à l'arrivée de Constantin. »

(LEVASSEUR. *Histoire des Classes ouvrières en France*, t. I, p. 124.)

C'est au XIIe et au XIIIe siècles que les corporations apparaissent dans leur plus complet développement ; nous n'avons pas à décrire ici leur organisation ; nous ferons remarquer seulement que cette organisation a été, sauf des différences de détail, la même dans tous les temps et dans tous les pays, car elle répondait aux mêmes nécessités. Consulter : LEVASSEUR, *Histoire des Classes ouvrières* ; HUBERT VALLEROUX, *Les Corporations d'Arts et Métiers et les Syndicats professionnels en France et à l'étranger* ; ALFRED FRANKLIN, *La Vie privée d'autrefois, Arts et Métiers*, etc. ; OUEN LACROIX, *Histoire des Anciennes Corporations d'Arts et Métiers et des Confréries religieuses de la Capitale de la Normandie*, etc., etc.

k, p. 35. **La coutume.**

« En réalité, ce n'est qu'à une époque comparativement récente que la concurrence est devenue, dans une proportion considérable, le principe régulateur des contrats. Plus nous nous reportons à des époques reculées de l'histoire, plus nous voyons toutes les transactions et tous les engagements placés sous l'influence de coutumes fixes. La raison en est évidente. La coutume est le protecteur le plus puissant du faible contre le fort, c'est l'unique protecteur du premier lorsqu'il n'existe ni lois ni gouvernement pour remplir cette tâche. La coutume est la barrière que, même dans l'état d'oppression la plus complète de l'espèce humaine, la tyrannie est forcée jusqu'à un certain point de respecter. Dans une société militaire en proie à l'agitation, la concurrence libre n'est qu'un vain mot pour la population industrieuse, elle n'est jamais en position de stipuler des conditions pour elle-même au moyen de la concurrence : il existe toujours un maître qui jette son épée dans la balance, et les conditions sont celles qu'il impose. Mais, bien que la loi du plus fort décide, il n'est pas de l'intérêt, et en général il n'est pas dans les habitudes du plus fort d'user à outrance de cette loi, en poussant ses excès aux dernières limites, et tout relâchement en ce sens tend à devenir une coutume, et toute coutume à devenir un droit. Ce sont des droits qui ont cette origine, et non la concurrence sous aucune forme, qui déterminent dans une société grossière la part de produits dont jouissent les producteurs. »

(STUART MILL, l. II, ch. IV, *De la Concurrence et de la Coutume.*)

Nous n'aurions que le choix dès exemples à citer pour constater l'influence déterminante de la coutume sur la fixation des prix dans les marchés limités de l'ancien régime, où elle était opposée au « monopole naturel » qu'y possédaient les producteurs. En voici un que nous empruntons à l'*Histoire des Classes ouvrières en France*, de M. Levasseur, et qui concerne la vente du vin :

« La coutume réglait l'exercice de ce monopole, en fixait la durée, et empêchait le seigneur de demander de sa marchandise un prix trop élevé. Le prieur de Charlieu avait son ban pendant le mois de mai ; en 1258, il vendit son vin 28 deniers le pot, bien que le prix courant eût été de 20 deniers depuis les dernières vendanges. L'augmentation était excessive, les bourgeois indignés continuèrent à vendre de leur côté, malgré les saisies, les violences et les coups des sergents du prieur. Le parlement fut instruit de la querelle, et donna raison aux bourgeois, parce que la coutume du lieu ne permettait pas au seigneur de vendre le pot plus de deux deniers au-dessus du mois précédent. Le contraire avait lieu à Bourges. Les habitants étaient ordinairement appelés à fixer eux-mêmes le prix du blé et du vin du ban royal ; mais ils le mettaient à un taux si bas, que le prince n'avait plus aucun bénéfice, et il fal-

lut que le bailli et le parlement leur retirassent le privilège dont ils abusaient. »

(Levasseur. *Histoire des Classes ouvrières en France,*
t. Ier, p. 313.) Voir aussi pour la raison d'être de la coutume *l'Évolution économique du XIXe siècle,* chap. III,
La Concurrence.

l, p. 36. Coutumes et règlements limitatifs
de la population.

Il est bien certain, dit M. de Sismondi, et comme fait
et comme théorie, que l'établissement des corps de
métiers empêchait et devait empêcher la naissance d'une
population surabondante. D'après les statuts de presque
tous les corps de métiers, un homme ne pouvait être
passé maître qu'après vingt-cinq ans ; mais s'il n'avait
pas un capital à lui, s'il n'avait pas fait des économies
suffisantes, il continuait bien plus longtemps à travailler
comme compagnon ; plusieurs et peut-être le plus grand
nombre des artisans demeuraient compagnons toute
leur vie. Il était presque sans exemple, cependant,
qu'ils se mariassent avant d'être reçus maîtres ; quand
ils auraient été assez imprudents pour le désirer, aucun
père n'aurait voulu donner sa fille à un homme qui
n'avait point d'état.

(Sismondi. *Nouveaux Principes d'Économie politique,*
liv. IV, chap. X.)

On ne sait pas généralement, dit M. Stuart Mill, dans
combien de pays européens des obstacles légaux directs

s'opposent aux mariages imprévoyants. Les communications faites à la première commission pour la loi des pauvres par nos consuls et ministres dans les divers pays de l'Europe fournissent des renseignements abondants sur cette matière. M. Senior, dans la préface dont il a fait précéder le recueil de ces renseignements, affirme que dans les pays où le droit à l'assistance est légalement reconnu, le mariage est interdit aux personnes qui reçoivent cette assistance, et qu'on laisse marier seulement un petit nombre de celles qui ne semblent pas posséder les moyens de vivre par elles-mêmes. Ainsi, on nous dit qu'en Norvège nul ne peut se marier s'il ne constate, au jugement du prêtre, qu'il est établi de manière à faire penser que très probablement il aura le moyen d'élever sa famille.

Dans le Mecklembourg, les mariages sont retardés par la conscription jusqu'à la vingt-deuxième année et par le service militaire pendant six ans de plus ; en outre, les futurs époux doivent avoir un domicile, faute de quoi le prêtre n'a pas le droit de les marier. Les hommes se marient de 25 à 30 ans, et les femmes presque au même âge, parce que les uns et les autres doivent gagner d'abord de quoi s'établir.

En Saxe, l'homme ne peut se marier avant 21 ans, s'il est propre au service militaire. A Dresde, *les professionnistes* (expression qui désigne sans doute les artisans) ne peuvent se marier qu'après être passés maîtres.

Dans le Wurtemberg, l'homme assujetti au service militaire ne peut se marier avant 25 ans que par une permission spéciale obtenue ou achetée ; à cet âge même il est tenu de se procurer une permission qu'il obtient en prouvant que lui et sa future possèdent ensemble de quoi s'établir et élever une famille. Dans les grandes villes, il faut posséder de 800 à 1,000 florins ; dans les petites, de 400 à 500 florins et 200 florins dans les villages.

Le ministre d'Angleterre à Munich dit : « La grande cause qui maintient à un chiffre si bas le nombre des pauvres en ce pays, est la loi qui empêche les mariages, dans le cas où il est prouvé que les futurs n'ont pas des moyens suffisants d'existence ; cette loi est observée strictement dans toutes les localités et en tout temps. L'observation constante de cette règle a eu pour effet d'empêcher l'accroissement de la population de la Bavière, population qui, en effet, est peu nombreuse par rapport à l'étendue du territoire, mais elle a eu pour effet heureux d'éloigner l'extrême pauvreté et, par suite, le paupérisme ».

A Lubeck, les mariages entre pauvres sont retardés, premièrement par l'obligation imposée à l'homme de prouver qu'il a un emploi, un métier ou une profession régulière qui le met en état de soutenir un ménage ; secondement par l'obligation où il est de se faire bourgeois et d'acquérir l'uniforme de la garde bourgeoise qui coûte environ 4 liv. A Francfort, le gouvernement ne fixe point d'âge avant lequel on ne puisse se marier, mais on n'accorde la permission de se marier qu'à celui qui prouve qu'il a de quoi vivre.

Lorsque ces documents parlent des devoirs militaires, ils indiquent un obstacle indirect opposé aux mariages par les lois particulières de certains pays où l'on n'a point établi de restrictions directes. En Prusse, par exemple, les lois qui obligent tout homme qui n'est pas physiquement impropre au service militaire à passer plusieurs années dans les rangs de l'armée à l'âge où les mariages imprudents sont le plus souvent contractés, exercent probablement sur le mouvement de la population la même influence que les restrictions légales des petits États de l'Allemagne.

Les Suisses, dit M. Ray, savent si bien par expérience qu'il est convenable de retarder l'époque du mariage de leurs fils et de leurs filles, que les conseils de gouvernement des quatre ou cinq cantons les plus démocratiques, élus, il ne faut pas l'oublier, par le suffrage universel, ont fait des lois par lesquelles tous les jeunes gens qui se marient sans avoir prouvé au magistrat du district qu'ils sont en état d'entretenir une famille, sont passibles d'une grave amende. A Lucerne, à Argovie, dans l'Unterwald, et je crois à Saint-Gall, Schwytz et Uri, des lois semblables sont en vigueur depuis de longues années.

(JOHN STUART MILL. *Principes d'Économie politique,* traduits par Dussart et Courcelle-Seneuil, t. Ier, p. 402.)

m, p. 36. **Les Salaires et la Condition des ouvriers aux XIIIe et XIVe siècles.**

La vérité qui se dégage d'une étude approfondie et impartiale du régime des corporations, c'est que la

13.

condition de l'ouvrier aux XIIIe et XIVe siècles était supérieure à sa condition actuelle. J'entends parler ici non du plus ou moins de bien-être dont il jouit — il a participé au progrès réalisé dans ce sens, — mais de sa condition morale et sociale, qui n'a cessé d'empirer, en dépit des efforts faits pour la relever.

... Voyons, par le menu, quelle était aux XIII[o] et XIVe siècles, la condition de l'ouvrier parisien.

Pour être employé comme tel, le jeune homme sortant d'apprentissage était tenu de représenter le brevet que lui avait délivré son maître. Mais comme, en général, ni le maître ni l'apprenti ne savaient écrire, on se contentait du témoignage de ce dernier.

On se montrait plus exigeant envers l'ouvrier ayant déjà servi. En effet, aussi bien que l'apprenti, un contrat presque toujours verbal le liait à son maître, vis-à-vis de qui il s'engageait pour une année, pour un mois, pour un jour, voire pour un travail déterminé. De là le nom d'*alloué* sous lequel il est souvent désigné. L'ouvrier qui demandait à être embauché devait donc prouver d'abord qu'il était libre de tout engagement antérieur. Une simple affirmation du dernier maître ne suffisait même pas ; on exigeait de lui un serment prêté sur les reliques de quelque saint. L'ouvrier arrivé de la province ou de l'étranger était également tenu d'établir qu'il avait « fait le gré de son mestre de qui il sera parti ». Très sagement, les fermaillers lui demandaient aussi de prouver qu'il s'était soumis à un apprentissage de huit ans au moins, temps imposé aux apprentis de Paris.

Tous les membres de la corporation se regardant comme solidaires, ils en refusaient l'entrée aux paresseux, aux débauchés, aux bannis, aux voleurs, aux meurtriers. « Nus maistres, disent les statuts des boucliers d'archal, ne doit souffrir li vallit qui ne soit bons et loiaus, ne reveeurs, ne mauvès garçon. » Dans certains métiers, on n'admettait même pas l'ouvrier qui avait une maîtresse : « Nus, disent les drapiers, ne doit souffrir entour lui ne entour autre du mestier, larron, ne murtrier, ne houlier (débauché) qui tiegne se meschine (maîtresse), au chans ne à l'ostel ». Les tisserands se prononcent plus énergiquement encore dans leurs statuts de 1281. Ils s'engagent à repousser « tout houlier qui entretient sa putain aus chans »; l'ouvrier voulant introduire une femme dans l'atelier doit établir « par bons tesmoins ou par créabilité de Sainte Yglise, que il a espousé la fame ».

La corporation se préoccupait aussi du vêtement des ouvriers, voulait qu'ils fussent toujours propres, même pendant le travail, « pour nobles genz, contes, barons, chevaliers et autres bonnes genz qui aucunes fois descendent en leurs ouvrouers ». Les fourbisseurs qui s'expriment ainsi devaient en effet recevoir souvent la visite des gentilshommes ; aussi refusent-ils d'engager un ouvrier dont le vêtement ne représente pas une valeur de cinq sous, soit peut-être une trentaine de francs de notre monnaie. Le texte dit « cinq soudées de robe », mot qui désigne, selon toute apparence, un trousseau complet, car l'ouvrier était presque toujours logé et nourri chez son maître. Les foulons, en rela-

tions moins fréquentes avec la noblesse, se contentent
d'abord d'un trousseau de douze deniers ; mais, dès
1443, il doit représenter quatre sous parisis. L'ouvrier
du xiie siècle s'habillait donc proprement, et tout porte
à croire qu'il soignait sa toilette autant que l'ouvrier
de nos jours [1].

La stabilité est le caractère de cette époque, comme
l'instabilité est la marque de la nôtre. Le jeune homme
travaille comme ouvrier dans la ville où il a été apprenti
et où il espère devenir maître, et dans les professions
à longs engagements il change peu de patrons. Sa vie
est toute réglée. La cloche de matines, celle des vêpres
et de l'angelus marque le commencement et la fin du
travail. Les heures supplémentaires, les moments de
presse excessive n'étaient guère connus alors, non plus
que le travail du dimanche. La journée finissait le samedi
vers deux heures de l'après-midi, comme encore aujour-
d'hui en Angleterre. On voulait laisser à l'ouvrier, et
surtout à l'ouvrière, bien qu'il y eût moins de métiers
occupant des femmes qu'il n'y en a aujourd'hui, le loisir
de s'occuper des soins du ménage, afin d'avoir entière
la liberté du dimanche.

Le maître, avant d'engager un compagnon, devait
s'assurer qu'il avait une tenue convenable ; on exigeait
dans certains métiers qu'il eût plusieurs robes. Il était
souvent, lorsque l'engagement était à long terme, logé
et nourri chez le maître, comme le sont encore nos jour-

---

[1] ALFRED FRANKLIN. *La Vie privée d'autrefois,* chap. ii, L'Ouvrier.

naliers des campagnes, c'est d'ailleurs ce qu'exprime le mot même de compagnon *(cum pane)*, et c'était une chose qui contribuait singulièrement à maintenir ce bon accord entre ouvriers et patrons qui nous apparaît aujourd'hui comme une sorte d'idéal de plus en plus éloigné.

La condition de l'ouvrier était donc alors très supportable, et j'ajouterai, avec les enseignements que la critique moderne nous fournit, qu'elle devait être supérieure à celle de nos ouvriers. Le salaire d'alors, comparé au prix des denrées, assurait aux compagnons du XIIIe, du XIVe siècle, une vie matérielle plus large que celle de nos ouvriers. Ils n'étaient pas mal logés, car la cherté et l'insalubrité des locaux destinés aux classes laborieuses des grandes villes sont un mal de notre époque. L'ameublement était, il est vrai, plus grossier, mais il était conforme au goût du temps et contentait les besoins des hommes d'alors, ce que ne font pas nos mobiliers plus raffinés d'aujourd'hui. Ils semblent n'avoir pas été plus mal vêtus, car peu d'ouvriers actuellement trouveraient à s'occuper s'ils devaient prouver qu'ils ont cinq à six costumes. Enfin les chômages périodiques, cette plaie de notre industrie moderne, étaient inconnus ; en dehors des grandes crises qui arrêtent la vie ordinaire, l'ouvrier incorporé était assuré d'avoir du travail.

(P.-HUBERT VALLEROUX. *Les Corporations d'Arts et Métiers et les Syndicats professionnels en France et à l'Étranger*, p. 42.),

n, p. 45. L'affranchissement des serfs des domaines royaux par Louis le Hutin.

On a fait honneur à Louis X d'une ordonnance qui accordait la liberté aux serfs des domaines royaux. Elle ne fut pas l'effet d'un sentiment de justice et de générosité, car le roi ne cherchait qu'à se procurer de l'argent, et mettait un prix à la liberté. Peu de serfs profitaient de l'ordonnance, faute de posséder la somme qu'on leur demandait, ou parce qu'ils ne voulaient pas payer si cher un avantage incertain et mal défini. Louis X dut enjoindre à ses agents d'employer la force à leur égard.

(TH. BACHELET. *Histoire de France*, première partie, Moyen Age, p. 373.)

o, p. 67. Hausse des salaires depuis la fin du XVIIIᵉ siècle.

Que les salaires aient haussé depuis la fin du siècle dernier, et, en particulier, depuis cinquante ans, c'est un fait incontestable. L'ouvrage de M. Schœnhof, sur l'économie des hauts salaires, contient à ce sujet des tableaux auxquels nous empruntons quelques données d'un haut intérêt. Il s'agit de l'augmentation du prix du travail combinée avec la baisse des articles nécessaires à la vie en Angleterre, depuis l'avènement du libre-échange.

M. Schœnhof prend, comme moyenne de salaire d'un potier, 30 sh., tout en notant que cette estimation est fort au-dessous du taux habituel, et il ajoute : Nous pouvons dire en toute sûreté que les mêmes travaux qui sont aujourd'hui payés 30 sh. dans les poteries n'étaient payés que 12 sh. il y a cent ans ; de même pour les tisserands qui gagnent aujourd'hui 24 sh. tandis qu'ils n'en recevaient que 9 autrefois.

Voici du reste quelques salaires donnés par Frédéric Eden dans son ouvrage « The Condition of the Poor », datant de 1797. Il compare les salaires de 1737 et de 1787 qui avaient déjà haussé de 2 à 3 d. par jour depuis 1737. Nous ne nous occuperons que de ceux de 1787.

```
Pour le travail au dehors, par jour. . . . . .  12 deniers.
  — batteurs en grange (thrashers). . . . .  12    —
  — manœuvres près des grandes villes. .  16    —
  — briseurs (scribblers). . . . . . . . . . .  15    —
  — tondeurs de blé (shearmen). . . . . . .  18    —
  — tisserands 2 d. plus élevé.
  — fileuses (women spinners). . . . . . . .   7    —
```

Nous avons vu que les salaires avaient presque doublé et même, en certains cas, plus que doublé depuis cent ans ; nous ferons maintenant remarquer que les denrées ont, au contraire, fort diminué de prix. Empruntons-en encore la preuve à M. Schœnhof ; voici un tableau comparatif de ce qu'un shilling pouvait procurer de denrées formant le fond de la consommation de l'ouvrier anglais en 1790 et ce qu'un shilling peut procurer aujourd'hui.

		1790	1890
Pain de froment, livres anglaises.		4 4/11	. 11
Farine de froment,	—	5 à 6	9 3/5
Bœuf,	—	2 1/2 à 3	1 1/2 à 3
Mouton,	—	2 1/2 à 3	1 1/2 à 2 1/2
Beurre,	—	1 1/3	3/4
Thé,	onces.	1 2/3	6 2/5
Sucre,	livres.	1 3/4	5
Pommes de terre, pecks [1].		1 2/3 à 2	1 1/2

Outre le beurre, la viande est le seul article qui soit
devenu plus cher, mais cela tient à ce que l'ouvrier ne
veut se nourrir que de viande fraîche, tandis qu'autrefois il était trop heureux si son salaire lui permettait
de se procurer suffisamment de pain et de pommes de
terre. La viande d'Australie congelée ne coûte pas plus
cher que la viande il y a cent ans.

(J. SCHŒNHOF. *The Economy of High Wages*, chap. x,
The Mesure of Progress expressed in the Budget of
Consumables.)

p, p. 82. Les lois sur les coalitions et leur abrogation.

En Angleterre, les lois qui interdisaient les coalitions ont été abrogées en 1824 (statut 5, George IV).
Elles remontaient au xive siècle.

« Le premier statut qui vise les associations ou coalitions d'ouvriers, dit M. George Howell, semble être
le statut 34, Édouard III, chapitre ix (1360-61), loi
dans laquelle le statut des travailleurs est confirmé,

[1] Le peck vaut 9 litres.

amendé et renforcé. Après avoir un peu adouci les peines qui frappaient les travailleurs, cet acte décrète que toutes les alliances et coalitions de maçons et charpentiers sont interdites et annulées, et ordonne que chaque artisan sera forcé de servir son maître et d'accomplir le travail qui lui incombe. Le chapitre x de la même année et du même règne (1360-61), va plus loin en ce qui concerne les ouvriers et artisans, et donne aux sheriffs le droit de poursuivre et de saisir ceux qui quittent leur service pour aller dans une autre ville ou une autre contrée, et de mettre au ban de la loi ceux qui n'auront pu être arrêtés. Après cette mise hors la loi, ceux qui étaient retrouvés étaient mis en prison et y restaient jusqu'à ce qu'ils eussent obéi à la loi et donné satisfaction à leurs maîtres ; en cas de fraude on les marquait au front avec un fer rouge, ayant la forme de la lettre F., ce qui signifiait Fausseté [1]. »

En France, les lois sur les coalitions édictées sous l'ancien régime ont été renouvelées d'abord par la loi des 14-17 juin 1791, votée sur le rapport de Chapelier, et dont les trois premiers articles sont ainsi conçus :

ARTICLE PREMIER. — L'anéantissement de toutes les espèces de corporations des citoyens du même état et profession, étant une des bases de la Constitution française, il est défendu de les rétablir de fait, sous quelque prétexte et quelque forme que ce soit.

ART. 2. — Les citoyens d'un même état ou profession, les entrepreneurs, ceux qui ont boutique ouverte,

---

[1] GEORGE HOWELL. *Le Passé et l'Avenir des Trade's Unions*, traduit par Ch. Le Cour Grandmaison, p. 35.

les ouvriers ou compagnons d'un art quelconque, ne pourront, lorsqu'ils se trouveront ensemble, se nommer ni président, ni secrétaire, ni syndic, ténir des registres, prendre des arrêts ou délibérations, former des règlements sur *leurs prétendus intérêts communs.*

ART. 3. — Si contre les principes de la liberté et de la Constitution, des citoyens attachés aux mêmes professions, arts et métiers, prenaient des délibérations ou faisaient entre eux des conventions tendant à refuser de concert ou à n'accorder qu'à un prix déterminé le secours de leur industrie ou de leurs travaux, lesdites délibérations et conventions, accompagnées ou non de serments, sont déclarées inconstitutionnelles, attentatoires à la liberté et à la déclaration des Droits de l'homme et de nul effet ; les corps administratifs et municipaux sont tenus de les déclarer telles. Les auteurs, chefs et instigateurs qui les auront provoquées, rédigées ou présidées, seront cités devant le tribunal de police à la requête du procureur de la commune, condamnés chacun à 500 livres d'amende et suspendus pendant un an de l'exercice de tous droits de citoyen actif et de l'entrée dans les assemblées primaires.

Cette loi a été ensuite reproduite, augmentée et aggravée par les articles 414, 415, 416 et 417 du Code pénal qui ont régi la matière jusqu'en 1864, et dont nous reproduisons le texte :

414. — Toute coalition entre ceux qui font travailler des ouvriers, tendant à forcer injustement et abusivement l'abaissement des salaires, suivie d'une tentative

ou d'un commencement d'exécution, sera punie d'un emprisonnement de six jours à un mois, et d'une amende de deux cents francs à trois mille francs. (P. 52, 415 s.)

415. — Toute coalition de la part des ouvriers pour faire cesser en même temps de travailler, interdire le travail dans un atelier, empêcher de s'y rendre et d'y rester avant ou après certaines heures, et en général pour suspendre, empêcher, enchérir les travaux, s'il y a eu tentative ou commencement d'exécution, sera punie d'un emprisonnement d'un mois au moins, et de trois mois au plus. (P. 40 s., 219 1°, 386 3°, 408). — Les chefs ou moteurs seront punis d'un emprisonnement de deux à cinq ans.

416. — Seront aussi punis de la peine portée par l'article précédent et d'après les mêmes distinctions, les ouvriers qui auront prononcé des amendes, des défenses, des interdictions, ou toutes proscriptions sous le nom de *damnations* et sous quelque qualification que ce puisse être, soit contre les directeurs d'ateliers et entrepreneurs d'ouvrages, soit les uns contre les autres. (P. 406). — Dans le cas du présent article et dans celui du précédent, les chefs ou moteurs du délit pourront, après l'expiration de leur peine, être mis sous la surveillance de la haute police pendant deux ans au moins et cinq ans au plus. (P. 44.)

417. — Quiconque, dans la vue de nuire à l'industrie française, aura fait passer en pays étranger des directeurs, commis, ou des ouvriers d'un établissement, sera puni d'un emprisonnement de six mois à deux ans, et

d'une amende de cinquante francs à trois cents francs. (P. 40 s., 52).

En 1849, M. Frédéric Morin, représentant de la Drôme, manufacturier et économiste, présenta à l'Assemblée législative un amendement ayant pour objet l'abrogation des lois sur les coalitions. Cet amendement fut vivement appuyé par Bastiat, dans la séance du 17 novembre.

« Selon moi, disait-il notamment, il y a une foule de questions agitées maintenant parmi les classes ouvrières, et au sujet desquelles, dans mon opinion très intime et très profonde, les ouvriers s'égarent ; et j'appelle votre attention sur ce point : toujours lorsqu'une révolution éclate dans un pays où il y a plusieurs classes échelonnées, superposées, et où la première classe s'était attribué certains priviléges, c'est la seconde qui arrive ; elle avait invoqué naturellement le sentiment du droit et de la justice pour se faire aider par les autres. La révolution se fait, la seconde classe arrive. Elle ne tarde pas le plus souvent à se constituer aussi des priviléges. Ainsi de la troisième, ainsi de la quatrième. Tout cela est odieux, mais c'est toujours possible, tant qu'il y a en bas une classe qui peut faire les frais de ces priviléges qu'on se dispute.

« Mais il est arrivé ceci, qu'à la révolution de Février, c'est la nation tout entière, le peuple tout entier, dans toutes les profondeurs de ses masses, qui est arrivé ou qui peut arriver par l'élection, par le suffrage universel, à se gouverner lui-même. Et alors, par un esprit d'imitation que je déplore, mais qui me semble assez naturel, il a pensé qu'il pourrait guérir ses souffrances en se constituant aussi des priviléges, car je regarde le *droit au crédit*, le *droit au travail*, et bien d'autres prétentions, comme de véritables priviléges.

« ... Eh bien, l'Assemblée législative pourra être appelée à lutter contre ces prétentions, qu'il ne faut pas traiter trop légèrement parce que, malgré tout, elles sont sincères. Vous serez obligés de lutter. Comment lutteriez-vous avec avantage si vous refoulez la classe ouvrière lorsqu'elle ne demande rien que de raisonnable, lorsqu'elle demande purement et simplement justice et liberté? Je crois que vous acquerrez une grande force en donnant ici une preuve d'impartialité ; vous serez mieux écoutés, vous serez regardés comme les tuteurs de toutes les classes, et particulièrement de cette classe, si vous vous montrez complètement impartiaux et justes envers elle [1]. »

L'amendement de M. Frédéric Morin n'en fut pas moins repoussé. L'Assemblée se borna à modifier les articles du Code pénal, en égalisant les peines dont les ouvriers et les patrons étaient passibles. C'est quinze ans plus tard seulement que le droit de coalition a été reconnu (loi du 21 mai 1864). Seules, les atteintes à la liberté du travail, portées soit par les ouvriers, soit par les patrons, sont demeurées, et avec raison, punissables.

En Belgique, ou la même législation était en vigueur, l'auteur de ce livre a adressé, en 1857, à la Chambre

[1] BASTIAT. *Œuvres complètes*, Discours sur la Répression des Coalitions industrielles, tome V, p. 494.

des Représentants une pétition pour demander « l'abrogation des lois sur les coalitions et sur les enrôlements
d'ouvriers pour l'étranger [1] ».

« Les lois sur les coalitions et sur les enrôlements
d'ouvriers pour l'étranger, y disait-il, ont été empruntées purement et simplement à la législation de l'ancien
régime... Ce régime a disparu, depuis la Révolution de
1789, et la liberté du travail a été inscrite dans notre
Constitution sinon dans notre code. Les entrepreneurs
d'industrie et les ouvriers sont devenus, du moins en
principe, également libres, également indépendants les
uns des autres. L'entrepreneur peut se procurer des
ouvriers où bon lui semble, et aux conditions qui lui
conviennent; en outre, le salaire payé, il n'a plus
aucune obligation à remplir envers eux. L'ouvrier de
son côté peut ou doit pouvoir disposer de son travail à
sa guise, le porter dans les endroits où il espère en
tirer le parti le plus avantageux, refuser même de travailler, si les conditions qu'on lui offre ne lui conviennent point. Telles sont les conditions naturelles du
régime de la liberté du travail.

« Nous acceptons, pour notre part, pleinement, ce
régime. Nous ne sommes pas de ceux qui prétendent
que la liberté a été un présent funeste pour les classes
ouvrières. Nous sommes convaincu, au contraire,
qu'elle seule peut permettre à l'ouvrier d'améliorer sa
condition matérielle et morale, et nous protestons éner-

---

[1] Cette pétition a été publiée par le journal *la Bourse du Travail*
du 14 mars 1857, et reproduite dans les *Questions d'Économie politique et de Droit public*, t. I, p. 199.

giquement contre les doctrines du socialisme et du communisme, qui, sous prétexte de nous délivrer des maux de la liberté, nous replongeraient dans l'abjection de la servitude.

« Mais si nous acceptons comme un bienfait le régime de la liberté du travail, c'est à la condition que cette liberté soit réelle, c'est à la condition que les mêmes droits qui sont accordés aux entrepreneurs vis-à-vis des ouvriers soient aussi reconnus aux ouvriers vis-à-vis des entrepreneurs. »

Chose curieuse ! cette pétition, que signèrent d'ailleurs un grand nombre d'ouvriers, fut également mal accueillie par les journaux attitrés des patrons et par les organes les plus avancés, ou se disant tels, de la classe ouvrière.

« C'est, disait un organe des patrons, le *Nouvelliste de Gand*, un pétitionnement qui tend au rétablissement du compagnonnage et de toutes les aménités qu'il traîne à sa suite. A-t-on sérieusement réfléchi aux maux que cet état de choses nous prépare ? Nous ne le pensons pas. La mise en grève sera encouragée, et un travail, loyalement débattu, loyalement accepté, livré au plus odieux arbitraire. »

« Encore une mystification, disait de son côté le *Prolétaire*. Un journal, la *Bourse du Travail*, avec le concours de *quelques amis dévoués de la classe ouvrière*, fait circuler une pétition demandant l'abrogation des articles 414, 415, 416 et 417 du Code pénal. Une chose digne de remarque, c'est que jamais, quand il s'agit des affaires qui concernent le travailleur, messieurs les *faiseurs* ne se donnent la peine de le consulter ; cependant, puisqu'on se targue de parler en son nom, il serait assez naturel, ce nous semble, de lui demander son avis au préalable. Nous disons *aux amis dévoués des classes ouvrières :* « Votre' pétition n'est qu'un traquenard tendu à la bonne foi des prolétaires pour les détourner de la voie révolutionnaire qu'ils suivent avec tant d'énergie et de persévérance, au grand désespoir de messieurs les exploiteurs ».

Dans un autre article, le *Prolétaire* s'efforçait d'empêcher les ouvriers de signer la pétition, en leur affirmant que ce serait retourner d'un siècle en arrière.

« Les lois sur les coalitions, dites-vous, sont des entraves à la liberté des citoyens. Eh ! bon Dieu, qui le nie ? Croyez-vous donc que pour comprendre des vérités aussi *banales,* il soit absolument nécessaire d'appartenir à ce parti d'eunuques politiques qu'on appelle les économistes ?

'« Que M. Adam Smith ait demandé *il y a cent ans* l'abrogation de ces lois, qu'est-ce que ça prouve ? Rien, si ce n'est qu'en faisant de cela aujourd'hui une affaire capitale, vous retournez d'un siècle en arrière.

« Nous considérons comme une plaisanterie de mauvais goût de venir présenter au prolétaire, comme chose d'importance majeure, une réforme dont le résultat (si tant est que résultat il y ait), ne peut apporter aucune amélioration à sa condition. »

q. p. 88. **La grève de Homestead**.

Nous empruntons à un article de M. Albert Gigot le récit de cette grève, la plus importante qui ait éclaté dans ces dernières années, et celle qui fait le mieux comprendre combien il est urgent de mettre fin à la lutte engagée entre le capital et le travail.

Homestead, qui a été, dans les premiers jours de juillet 1892, le théâtre de graves désordres, est une petite ville de 10 à 12,000 habitants, située dans l'État de Pennsylvanie, à sept ou huit milles de Pittsburg, sur la rive gauche de la Monongahela. A un mille environ du centre de la ville se trouvent les grands établissements métallurgiques de la Compagnie Carnegie, une des plus puissantes des États-Unis ; l'usine de Homestead n'a pas coûté moins de six millions de dollars. Le chef de cette grande société industrielle n'est pas une personnalité vulgaire. A l'âge de douze ans, M. Andrew Carnegie travaillait de ses mains et gagnait un modique salaire d'un dollar et demi par semaine : il occupe aujourd'hui vingt mille ouvriers dans ses usines de Homestead, Edgar Thomson, Duquesne et Beaver Falls ; il a un hôtel à Londres et un château en Écosse, sa fortune est évaluée à 170 millions ; et il a attaché son nom à des fondations considérables d'utilité publique, parcs, salles de concerts, bibliothèques, pour lesquelles il a dépensé plusieurs millions de dollars.

. . . .

14

Quelque jugement qu'on porte sur ses doctrines économiques et sociales, ce grand manieur d'hommes et de millions possède une qualité que nul ne songera à lui contester : c'est l'énergie tout américaine qu'il porte dans la défense de ses intérêts. Il en avait fait preuve il y a quatre ans, en résistant aux exigences des grévistes de son usine d'Edgar Thomson : il a retrouvé la même vigueur pour tenir tête, du fond de son château d'Écosse, à ses ouvriers de Homestead. Ajoutons qu'il a été secondé dans sa résistance par des collaborateurs d'une rare valeur, au premier rang desquels on doit placer son directeur général, M. Frick, lui aussi un millionnaire fils de ses œuvres, auquel le chef de la grève, M. Hugh O'Donnell, rendait ce témoignage peu suspect : « C'est un homme d'affaires, et, à mon avis, l'un des premiers de ce temps ».

Le régime sous lequel étaient placés les ouvriers de Homestead, au point de vue de la fixation de leurs salaires, était celui de l'*échelle mobile.*

A la suite d'un accord intervenu en juillet 1889 pour une période de trois années entre la Société Carnegie et une puissante association ouvrière, l'*Amalgamated Association of iron and steel workers*, il avait été convenu que le prix de vente des billettes d'acier d'un certain type, constaté à la fin de chaque trimestre par une commission mixte d'ouvriers et de délégués de la Compagnie, servirait de base aux salaires. Si le prix de vente s'élevait, les salaires devaient suivre indéfiniment la même progression ; mais dans le cas d'abaissement de ce prix, les salaires ne pouvaient descendre au-dessous du taux qui correspondait à un prix de vente de 25 dollars par tonne de billettes d'acier.

M. Carnegie avait une confiance trop absolue dans l'efficacité du régime protecteur qui devait, suivant les promesses du parti républicain, assurer à tout jamais de larges bénéfices aux chefs d'industrie, et des salaires élevés aux ouvriers, pour hésiter à souscrire à ces conditions. L'événement ne répondit malheureusement pas à ses espérances. Le tarif pouvait bien protéger les produits américains contre la concurrence étrangère, mais ses auteurs et ses défenseurs avaient oublié de compter avec le développement de la concurrence intérieure qui devait être la conséquence des énormes bénéfices réalisés par les établissements existants. Les capitaux se portèrent en abondance vers l'industrie métallurgique, de nouvelles usines s'ouvrirent : la production, développée sans mesure, dépassa les besoins de la consommation, et l'excès de la production entraîna la baisse des produits. Il en résulta que le prix de vente de la tonne de billettes d'acier, qui s'était élevé à 37 dollars 50 en 1890, descendit à 22 dollars 25 à la fin du premier semestre de 1892. La Compagnie Carnegie a déclaré devant la commission d'enquête du Congrès que l'usine de Homestead avait travaillé à perte en 1892, et qu'elle avait lieu de craindre une baisse nouvelle des prix de vente de ses produits. Dans cet état du marché, elle ne crut pas possible de maintenir intégralement les anciennes conventions, et elle proposa aux ouvriers d'y apporter, à partir du mois de juillet 1892, les modifications suivantes : réduction du taux des salaires pour

certaines catégories d'ouvriers qui avaient particulièrement bénéficié de l'augmentation de production due au
perfectionnement de l'outillage ; abaissement à 22 dollars, au lieu de 25, du minimum de prix de vente servant de base à l'échelle des salaires.

Pour apprécier les conséquences que pouvaient
entraîner pour les ouvriers de Homestead les modifications proposées par la Compagnie, il est nécessaire
de connaître les salaires qu'ils recevaient antérieure-
ment au 30 juin 1892. Ces salaires avaient subi depuis
trois ans une hausse non interrompue : en dernier lieu
un chauffeur avait gagné 224 dollars (1,120 francs) en
vingt-six jours : le salaire d'un chef-lamineur avait
atteint en 29 jours le chiffre de 118 dollars (594 francs) ;
les salaires des manœuvres n'avaient pas été inférieurs
à 8 ou 10 francs par jour. . . . .

. . . .

Sur le nombreux personnel employé à l'usine de
Homestead, les modifications proposées au contrat de
1889 ne devaient atteindre que les trois cent vingt-
cinq ouvriers les mieux rétribués. Encore, si l'on en
croit la Compagnie, la réduction devait-elle être plus
apparente que réelle, à raison de l'influence que devait
exercer sur les salaires l'augmentation de production
résultant du perfectionnement de l'outillage. On put
espérer un moment que l'accord s'établirait entre la
Compagnie et ses ouvriers, et vraisemblablement il en
eût été ainsi, sans la pression exercée sur ces derniers
par l'*Amalgamated Association*. Dans une conférence qui
eut lieu le 24 juin, la Compagnie avait consenti à porter

à 23 dollars le minimum du prix de vente sur lequel seraient calculés les salaires : de leur côté, les délégués des ouvriers avaient accepté l'abaissement de ce minimum à 24 dollars : mais ils refusèrent toute nouvelle concession. La conférence n'ayant pu amener une entente, la Compagnie ferma l'usine, et déclara qu'elle n'y admettrait désormais que des ouvriers n'appartenant à aucune Union (*non union men*).

De part et d'autre, depuis plusieurs jours déjà, on se préparait à la lutte. Les ouvriers s'étaient embrigadés, avaient choisi des chefs, avaient acheté des armes et des munitions. La Compagnie, de son côté, avait fortifié son usine en l'entourant de palissades percées de meurtrières, et en élevant sur le bord de la rivière deux gigantesques clôtures. A la notification du *lock out*, les ouvriers répondirent en pendant en effigie M. Frick et le surintendant de l'usine, M. Potter; ils se rendirent maîtres de la ville où ils installèrent un comité de cinquante membres appartenant à l'*Amalgamated Association*; les ouvriers qui ne faisaient pas partie de cette association furent violentés et expulsés; des patrouilles parcoururent les rues, et surveillèrent la rivière et les routes pour s'opposer à l'arrivée d'ouvriers étrangers; des sentinelles furent postées aux bords de l'usine dont l'accès fut interdit, et les représentants de la Compagnie furent contraints de se retirer.

Violemment expulsés de leur propriété, ces derniers s'adressèrent au shériff du comté d'Allegheny, fonctionnaire investi des principales attributions du pou-

14.

voir exécutif et chargé du maintien de la *paix du comté*. Les moyens d'action de ce fonctionnaire sont malheureusement beaucoup plus restreints que ses attributions ; et, à défaut de force publique, il n'a d'autres ressources, en cas d'émeute ou de grève, que de réquisitionner un certain nombre de citoyens de bonne volonté auxquels il confère temporairement, avec le titre de *deputies sheriffs*, le caractère d'agents de l'autorité. Lorsque le shériff du comté, M. Mac Cleary, fit, non sans quelque embarras, une démarche auprès des ouvriers pour obtenir d'eux la remise de l'usine, ceux-ci répondirent en réclamant pour les membres de leur comité la qualité de *deputies* qui leur eût permis de rester en possession, avec un titre légal, des propriétés dont ils s'étaient violemment emparés. Malgré tout son désir de ménager une fraction puissante du corps électoral, le shériff ne put souscrire à cette étrange prétention ; il fit appel à quelques honnêtes et courageux citoyens auxquels il donna la délégation nécessaire et qu'il dirigea vers l'usine ; mais les malheureux *deputies* furent aussitôt assaillis par une populace furieuse, maltraités et chassés, non seulement de l'usine, mais de la ville.

Ce fut dans ces circonstances que la Compagnie Carnegie, qui, trois ans auparavant, avait déjà fait en semblable circonstance l'épreuve de l'impuissance et des hésitations des autorités locales, résolut de chercher ailleurs la protection qu'elle n'avait pu obtenir, et fit appel à l'agence que dirige à New-York M. Robert Pinkerton. Cette agence, qui n'a d'analogue dans aucun pays d'Europe, entretient, pour suppléer aux défaillances de la police officielle ou de la force publique, un personnel considérable de *detectives* et de *watchmen* qui constituent, suivant la définition qu'en a donnée le président du comité d'enquête du Congrès, le colonel Oates, « une sorte de police privée et de force semi-militaire ».

.   .   .   .

.   .   .   .

Trois cents *Pinkerton men* partirent dans la nuit du 5 juillet pour Homestead où les avaient précédés des caisses d'armes et de munitions expédiées de Chicago. Le shériff avait été prévenu de leur arrivée et avait promis de leur conférer, s'il en était besoin, la qualité de *deputies*. Les bateaux sur lesquels ils étaient montés furent amenés jusqu'à l'enceinte fortifiée qui protégeait l'usine, par un remorqueur qui portait à son bord les représentants de la Compagnie et le colonel Gray, *chief deputy sheriff*. La petite troupe s'apprêtait à débarquer sans bruit, aux premières lueurs du jour, lorsque sa présence fut signalée par l'équipage d'un bateau à vapeur préposé par les grévistes à la surveillance de la rivière. Au premier signal, une foule armée se rassembla sur le rivage, brisa les clôtures de l'usine et accueillit par une décharge de coups de fusil les agents qui, en voyant tomber plusieurs des leurs, firent à leur tour usage de leurs armes. Trois agents furent tués dans cette rencontre, sept ouvriers eurent le même sort : les blessés furent nombreux des deux côtés. Le débarquement était devenu impossible ; les *Pinkerton men* restèrent jusqu'au soir dans les bateaux qui les avaient amenés, sous le feu des grévistes qui avaient pointé sur eux un canon et qui dirigeaient sur la rivière des jets de pétrole enflammés. Après avoir inutilement attendu le retour du remorqueur qui avait transporté les blessés à l'hôpital et qui, attaqué lui-même par les ouvriers avait dû regagner Pittsburg, les agents arborèrent le drapeau parlementaire et demandèrent à capituler. Les ouvriers leur accordèrent la vie sauve ; mais ils s'emparèrent de leurs armes, incendièrent leurs bateaux, et, malgré la promesse du président du Comité des cinquante, M. O'Donnel, qui s'était engagé à les protéger, ils les conduisirent en prison après les avoir livrés aux outrages et aux violences de la populace. Le président du comité d'enquête du Congrès déclare que, dans ce trajet, les agents ont été soumis aux traitements les plus odieux et les plus barbares, et le correspondant du . *Journal des Débats* raconte qu'une mégère enfonça son parapluie dans l'œil d'un de ces infortunés qui, dégouttant de sang, poussait des cris épouvantables. Pendant qu'avaient lieu ces scènes de sauvagerie, un des meneurs de la grève, nommé Beckmann, envahissait l'appartement de M. Frick et tirait sur lui quatre coups de revolver. Laissé pour mort par ce furieux, qui s'est glorifié devant ses juges d'avoir frappé « un exploiteur des travailleurs », le directeur général a heureusement survécu à ses blessures.

Cette fois, la mesure était dépassée. Le shériff arriva à Homestead dans la nuit, fit mettre en liberté les *Pinkerton men*, et demanda au gouverneur de l'État de Pennsylvanie, M. Pattison, l'envoi immédiat de troupes pour rétablir l'ordre et faire respecter la loi. Le gouverneur, qui jusqu'alors n'avait pas cru devoir accéder aux demandes que M. Carnegie lui avait adressées d'Écosse, se décida à faire partir le 11 juillet plusieurs régiments de milice formant un effectif de 6,000 hommes, sous le commandement du général Snowden. L'état de siège fut proclamé : Homestead fut occupé militairement et les principaux auteurs des désordres furent incarcérés.

L'arrivée des troupes, qui depuis cette époque n'ont pas quitté Homestead, a immédiatement mis fin au désordre : malgré quelques tentatives isolées qui ont été promptement réprimées, leur seule présence a assuré l'obéissance à la loi et la liberté du travail. Depuis le commencement du mois d'août, plus de mille ouvriers, qui n'appartiennent à aucune *trade's union*, travaillent à l'usine à des conditions qu'ils ont librement et individuellement débattues avec les représentants de la Compagnie, en dehors de toute immixtion étrangère. Le travail a repris également dans d'autres établissements de la Compagnie Carnegie, dont les ouvriers s'étaient mis en grève en se déclarant solidaires de leurs camarades de Homestead ; là aussi l'intervention des Unions a été écartée, et les ouvriers admis ou réadmis ne l'ont été que comme *non union men*. Enfin, sous l'influence de ces événements, la puissante *Amalgamated Association*, atteinte dans son prestige, a dû transiger avec d'autres représentants de l'industrie métallurgique avec lesquels elle était entrée en lutte, et accepter des réductions de salaires qui s'élèvent à 10 pour 100 pour certaines catégories d'ouvriers.

Quels ont été les résultats de cette violente et sanglante agitation ? Le bilan en est déplorable. Une trentaine de vies humaines ont été sacrifiées. Sans parler des pertes énormes qu'ont subies les chefs d'industrie, une nombreuse population ouvrière attachée au sol où elle a vécu, accoutumée à trouver, dans l'usine autour de laquelle elle était groupée, un travail constant et un salaire rémunérateur, a fait place à des ouvriers étrangers et paraît condamnée à un lamentable exode. C'est une page de plus à ajouter à cette douloureuse histoire des grèves que résumait, il y a quatre ans, en chiffres si éloquents, la Commission du Travail des États-Unis, lorsqu'elle constatait que, de 1881 à 1887, les grèves avaient fait perdre aux ouvriers américains près de 52 millions de dollars (260 millions de francs).

(ALBERT GIGOT. *Les Grèves aux États-Unis. Revue de Famille*, du 15 octobre 1892.)

r, p. 89. Ce que coûtent les grèves. — Les grèves en Angleterre en 1888.

Le Rapport du *Board of Trade*, sur les grèves en Angleterre en 1888, donne le nombre des grèves pendant les dix années 1870-1879 qui ont vu 2,352 grèves en Angleterre. L'année qui en a eu le moins est 1870, où il y en a eu 30; celle qui en a vu le plus est 1873, où il s'en est produit autant que de jours dans l'année, 365.

Les chiffres ci-dessus, bien que tirés du rapport du *Board of Trade*, sont empruntés à un travail de M. Bevan présenté à la Société de Statistique en 1880. Dans le même travail, M. Bevan a estimé les pertes occasionnées au commerce ou à l'industrie, par 114 seulement de ces grèves, à 126,500,000 fr., et il demande à quelle somme il faut évaluer les pertes dues aux 2,238 autres.

Avant que M. Bevan eût dressé les tableaux qui figurent dans son travail, personne ne paraît avoir pensé à recueillir des statistiques de ce genre, et le Rapport que vient de publier le *Board of Trade* est le premier que le gouvernement ait fait dresser. Il est vrai que le « Bureau du Travail » n'existe que depuis peu de temps au ministère du Commerce.

Arrivons maintenant au Rapport de M. Burnett sur les grèves de 1888.

Il y en a eu, dans cette année, 509. L'industrie du coton en a produit 155; les houillères, 137 ; ces deux industries à elles seules fournissent 57 pour 100 du total. Réparties par localités, les 509 grèves se décomposent ainsi : Angleterre et Pays de Galles, 214 ; Écosse, 94 ; Irlande, 1. La grève d'Irlande a eu lieu dans le Nord (comté d'Antrim), dans un chantier de construction de navires.

Arrivant aux résultats des grèves, M. Burnett constate que 249 ont réussi (c'est le mot consacré), c'est-à-dire que les ouvriers ont obtenu ce qu'ils demandaient; 94 ont réussi en partie seulement; 116 ont été sans succès : quant aux 50 autres, le résultat n'a pu être connu.

Les causes de grève sont les suivantes :

Demandes d'augmentation de salaires. 32o
Résistance à des réductions de salaires   54
Dispute sur l'importance de concessions récemment faites. .   2
Mécontentement causé par les conditions et les heures de tra-
   vail, etc.   66
Dispute entre diverses catégories d'ouvriers   2
Protestation contre certaines modifications apportées au tra-
   vail, etc.   22
Demandes d'adoption ou de maintien des règlements des
   Trade's Unions   10
Demande de réinstallation de certains ouvriers.   6
Mécontentement contre certains employés supérieurs . . .   15
Causes inconnues   12

175 grèves ayant pour but une augmentation de salaire ont réussi ; mais, par contre, 12 seulement des 54 grèves dont l'objet était de protester contre une diminution des salaires ont eu le résultat désiré.

La conclusion que tire de ces faits M. Burnett est que les grèves réussissent généralement quand le marché est en hausse et qu'elles échouent le plus souvent quand il est en baisse.

Les statistiques officielles ne sont pas très complètes, quand il s'agit de déterminer le nombre des grévistes et la durée des grèves ; le rapport ne peut donner de détails à cet égard que sur 328 grèves dont la durée a été de 6,317 journées de travail perdues par 109,951 ouvriers.

Comme moyen de régler les querelles entre patrons et ouvriers, les grèves sont un procédé coûteux. Ici encore les statistiques sont incomplètes ; mais, telles qu'elles sont, elles ne manquent pas d'enseignements utiles.

200 grèves ont coûté en salaires perdus par les ouvriers en grève 51,500 liv. st. (1,287,507 fr.) par semaine ; 123 grèves ont occasionné une perte d'intérêt sur un capital de 6 millions de liv. st. (150,000,000 de francs) ; 107 autres ont coûté pour la suspension et la reprise des travaux, 47,000 liv. st. (1,175,000 fr.) ; enfin 10 autres grèves ont coûté en subventions accordées aux patrons par une association d'usiniers 2,415 l. st. ou 60,000 fr.

Passant ensuite au règlement de ces grèves, on trouve dans le Rapport de M. Burnett que 322 ont été terminées par les comités de conciliation ; 14, par l'arbitrage, 85, par la commission des ouvriers ; 23, par l'embauchage d'un nouveau personnel ; 3, par la combinaison de ces deux moyens ; 1, par la soumission et la conciliation. Sur les 50 autres grèves, une n'était pas terminée au moment où le Rapport a été rédigé, et les détails manquent quant aux 49 autres. . . . .

. . . .

Si les ouvriers se mettent en grève assez souvent, les patrons, eux aussi, font grève quelquefois et ferment leurs ateliers ; mais c'est rare, et le cas s'est présenté huit fois seulement en 1888. Dans cinq de ces grèves de patrons, les ouvriers ont été remplacés ; dans une, ils ont trouvé du travail ailleurs, dans deux autres, ils se sont soumis. *(Journal des Débats.)*

Aux États-Unis, les bureaux du Travail ont constaté que de 1881 à 1886, les grèves ont fait perdre 235 millions 843,200 fr. aux ouvriers, et 191,318,400 fr. aux patrons, soit en tout plus d'un demi-milliard.

s, p. 115. Le commerce des esclaves dans l'antiquité.

Athènes protégeait les marchands d'esclaves. Il était défendu de les maltraiter, sous peine d'exhérédation. Cette protection spéciale avait pour cause les profits qu'en tirait le trésor, car il y avait un impôt sur la vente des esclaves, et Athènes était un des principaux lieux où s'en faisait le commerce. Elle n'avait de rivale, en ce genre, que certains marchés asiatiques plus rapprochés des sources ordinaires de l'esclavage, Chypre, Samos, Éphèse et surtout Chio, où, selon Théopompe, on commença sinon à faire usage d'esclaves, du moins à en faire trafic [1].

... Le commerce était la voie naturelle qui mettait à la disposition de chacun ceux que la guerre ou la piraterie avait réduits en esclavage. Il se faisait à la suite des armées, dans les camps, où le général convoquait parfois les marchands pour traiter en masse de l'achat des captifs. A défaut de ces occasions, les marchands parcouraient les pays étrangers d'où l'homme se pouvait exporter avec profit. Carthage, qui avait des esclaves comme Tyr, pour les besoins divers de son industrie et de sa marine, en faisait aussi le commerce. Elle en tirait des tribus intérieures pour l'approvision-

[1] H. Wallon. *Histoire de l'Esclavage dans l'Antiquité*, t. Ier, p. 154, Des Sources de l'Esclavage en Grèce.

nement de son marché; et, quand elle fut vaincue, on
ne cessa pas de venir demander le Gétule et le Maure
à l'Afrique. L'Espagne, la Gaule aussi avaient leurs
esclaves; et l'on sait avec quel entraînement le Germain,
quand il avait tout perdu au jeu, jouait sur un dernier
coup sa liberté. Mais les marchands visitaient moins les
régions barbares que les royaumes asiatiques placés sur
la lisière des possessions romaines, pays où, grâce à la
misère sociale, l'esclavage était devenu comme un mal
endémique, la Bithynie, la Galatie, la Cappadoce, la
Syrie, etc. Un de ces marchands est appelé par Horace
« roi de Cappadoce ». Quand leur assortiment était
complet, ils venaient en certains lieux, plus particulièrement consacrés à ce trafic. Les marchés que
nous avons désignés chez les Grecs restaient fameux
chez les Romains; mais depuis que la Grèce elle-
même était devenue un pays d'esclavage, le marché
de Délos, plus central, effaçait tous les autres comme
entrepôt.

Rome était le grand centre de consommation : c'était
à Rome que les esclaves venaient de tous les champs
de bataille, de tous les marchés du monde, pour se
répandre dans les services divers de la campagne ou
de la ville; et avant d'en arriver là, ils avaient pu
passer en plus d'une main et faire plus d'une fortune;
car un si vaste commerce se prêtait à des spéculations
de toute nature. Les profits qu'on y trouvait devaient
aussi tenter la cupidité romaine. Ce genre d'affaires,
que Plaute déclarait malhonnête, était rangé parmi les
placements de fonds les plus lucratifs, vanté et pratiqué

par Caton le Censeur... Mais quoi que pût faire Caton
par ses conseils et par son exemple pour former les
Romains à ce métier, les Grecs avaient sur eux l'avantage d'une longue expérience et tenaient la première
place sur ces marchés [1].

t, p. 139. **Historique de l'idée des Bourses du Travail.**

I

Quelques mois après la publication de l'article sur
l'Avenir des Chemins de fer, dans lequel il exposait
l'idée des Bourses et de la publicité du Travail, l'auteur
développa cette idée dans une brochure intitulée : *Des
Moyens d'améliorer le sort des Classes laborieuses* [2].

« Grâce à l'intervention des chemins de fer, disait-il,
on peut voyager aujourd'hui très rapidement. Cependant, pour l'ouvrier nécessiteux qui cherche du travail,
la rapidité de la locomotion n'est qu'un avantage illusoire si l'on n'y joint le bas prix du transport. Il faut,
par conséquent, que les tarifs des chemins de fer soient
proportionnés aux ressources de la population ouvrière.
Ceci est une condition essentielle.

« Si l'ouvrier peut voyager rapidement et à très bas
prix, il n'hésitera pas certainement à se déplacer lorsque le travail viendra à lui manquer dans l'endroit où il
demeure. Mais de quel côté dirigera-t-il ses pas pour
trouver de l'occupation ? Comment saura-t-il où le travail est offert aux conditions les plus avantageuses ?

---

[1] H. Wallon. *Histoire de l'Esclavage dans l'Antiquité*, t. II, p. 46,
Sources de l'Esclavage à Rome.

[2] Paris. Librairie d'Amyot, éditeur. Février 1844.

Comment pourra-t-il éviter des démarches infructueuses et des dépenses inutiles de temps et d'argent ? Quelle boussole le guidera dans ses recherches ?

« Si grave que semble cette difficulté, elle peut être complétement résolue par l'établissement de *Bourses du Travail*.

« Les Bourses du Travail seraient pour les transactions des travailleurs ce que les bourses actuelles sont pour les opérations des capitalistes. Dans les principaux centres d'industrie et d'agriculture, on établirait une bourse où se rendraient les ouvriers qui auraient besoin de travail et les maîtres d'ateliers qui auraient besoin d'ouvriers. Le prix du travail pour chaque industrie y serait chaque jour affiché. La *cote* de la Bourse du Travail serait ensuite insérée dans les journaux, de même que l'on y publie aujourd'hui celle de la bourse des capitalistes. Les ouvriers de tout un pays, de tout un continent pourraient de la sorte connaître, jour par jour, les endroits où le travail s'obtient aux conditions les plus favorables, ceux où ils doivent se porter de préférence pour en demander. »

Le journal *l'Atelier*, que dirigeait M. Corbon, depuis vice-président de l'Assemblée nationale et sénateur, rendit compte de cette brochure, mais, tout en reconnaissant les bonnes intentions de l'auteur, il se montra hostile à l'institution des Bourses et surtout à la publication des prix du travail. Il applaudissait d'ailleurs à une idée que l'auteur n'avait point et s'était gardé d'exprimer : celle de charger le Gouvernement de la répartition utile du travail sur le territoire :

« L'auteur, disait-il, nous paraît animé des meilleures intentions, et c'est avec un désir bien sincère de voir s'établir la conciliation de l'intérêt du maître et de celui des ouvriers, qu'il a indiqué certains moyens qui doivent opérer, suivant lui, « la fusion de ces deux classes ».

« Il veut augmenter le prix des salaires. Mais trois causes, dit-il, empêchent ce résultat ; ce sont : 1° l'extrême concurrence qui règne entre les travailleurs ; 2° l'inégale répartition des bras sur le territoire ; 3° l'ignorance, l'incapacité des ouvriers ».

« Il est bien vrai que la concurrence entre les ouvriers et l'introduction spontanée d'un grand nombre de machines ont amené la baisse des salaires ; ces machines et l'accroissement de la population jettent chaque jour hors des ateliers une foule de bras qui s'offrent à travailler à tout prix.

. . . .

« Voici l'idée fondamentale sur laquelle repose la brochure de M. de Molinari : pour maintenir les salaires à un taux équitable, il faudrait établir une juste proportion entre le nombre des ouvriers et le travail disponible ; et cette idée fondamentale est détruite, puisque cela est impossible avec la concurrence anglaise.

« Vient ensuite l'inégale répartition des bras sur le territoire. Selon l'auteur, le Gouvernement devrait indiquer aux ouvriers inoccupés des villes où ils pourraient trouver de l'ouvrage, et leur rendre faciles les communications en abaissant le tarif des chemins de fer ; il faudrait aussi créer des *Bourses du Travail*, où chaque jour le prix du travail serait affiché et coté d'après les engagements qui auraient été effectués pendant la journée.

« Oui, le Gouvernement devrait indiquer les points du territoire où le besoin d'ouvriers se fait sentir, et il devrait aussi proportionner le tarif des chemins de fer aux ressources de la population ouvrière. Mais, lorsque M. de Molinari prétend que, par l'établissement des *Bourses du Travail*, « le prix des salaires se trouverait tout à coup *relevé* et uniformisé », il commet là une erreur complète. Le prix des salaires est fixé par la concurrence ; on n'afficherait donc dans ces Bourses que les prix fixés ainsi, et, pour qu'ils pussent être relevés, il faudrait modifier la concurrence elle-même ; or, l'auteur la veut *libre*. Le prix des salaires pourrait être seulement uniformisé, et ce serait, nous le croyons fermement, aux conditions les plus désavantageuses [1]. »

Sans se laisser décourager par cet accueil défavorable que ses idées rencontraient chez les ouvriers intelligents mais imbus des doctrines socialistes, qui rédigeaient l'*Atelier*, l'auteur essaya de les propager dans la presse. Il les exposa avec de nouveaux développements dans une série d'études que le *Courrier Français*, dirigé alors par M. Émile Barrault, l'ancien apôtre du saint-simonisme, consentit à publier [2], puis dans la *Réforme*, dont M. Flocon était le rédacteur en chef.

---

1 *L'Atelier*, organe des intérêts moraux et matériels des ouvriers, journal mensuel publié rue Pavée-Saint-André-des-Arts, 11, avec ces deux épigraphes : Celui qui ne veut pas travailler ne doit pas manger. — Liberté, Égalité, Fraternité, Unité. (N° de mars 1844.)

2 *Courrier Français*, des 26 et 31 octobre et 8 novembre 1844.

L'extrait suivant des articles publiés dans la *Réforme* sous ce titre : *De la Mobilisation du Travail*, résume la conception que se faisait l'auteur, de l'organisation des Bourses du Travail et du rôle qu'elles lui paraissaient appelées à remplir :

« Les marchés de travail se tiennent aujourd'hui en plein air, et cela se conçoit : les travailleurs sont affranchis d'hier, ils possèdent depuis trop peu de temps la libre disposition de leur travail pour avoir pu songer à se donner un abri. Les marchands de capitaux, tout au contraire, ont à leur disposition de vastes et somptueux édifices où ils se réunissent quotidiennement pour opérer leurs transactions. Les travailleurs ne pourraient-ils pas, en toute justice, leur tenir à peu près ce langage : Vous faites vos affaires dans de grandes salles bien closes et convenablement chauffées... c'est bien... mais ne serait-il pas juste que nous y pussions faire aussi les nôtres ? Vous vous levez tard, vos séances ont lieu dans l'après-midi ; nous nous levons tôt, les nôtres se tiendraient le matin... Vous n'en seriez pas incommodés... D'ailleurs, ces beaux édifices dont vous vous servez seuls ont été élevés à nos frais comme aux vôtres ; comme vous, nous devons, en toute équité, y avoir place, songez-y... Ainsi pourraient parler les marchands de travail exposés aujourd'hui sur nos quais à toutes les intempéries des saisons, et les marchands de capitaux, leurs confrères, n'hésiteraient pas, sans doute, à accueillir leur humble requête.

. . . .

« ...... L'organisation intérieure des Bourses du Travail serait extrêmement simple. Dans les Bourses de Commerce, il y a des officiers publics chargés de recueillir et de publier les prix auxquels les transactions s'opèrent ; dans les Bourses de Travail, des agents nommés et salariés par l'État rempliraient une mission identique. A ces officiers publics, chargés de la police intérieure de la Bourse et de la rédaction du bulletin de chaque jour viendraient se joindre des courtiers qui serviraient d'intermédiaires entre les vendeurs et les acheteurs de travail, — ceci, bien entendu, au gré des parties.

« Dès l'heure où s'ouvrirait la Bourse, les ouvriers qui auraient du travail à vendre se rendraient aux emplacements assignés aux différentes professions. Ces emplacements se reconnaîtraient aux noms ou aux insignes sculptés de chaque industrie. Les entrepreneurs y viendraient acheter le travail dont ils auraient besoin, ou bien ils transmettraient leurs commandes aux courtiers de la Bourse. Les officiers publics, répartis entre les différentes industries, selon le nombre et l'importance de chacune d'elles, tiendraient note soigneusement de toutes les transactions effectuées soit directement, soit par intermédiaire. Il ne leur serait pas permis, bien entendu, de se mêler d'aucune opération de courtage ; ils auraient à se borner strictement à leurs fonctions d'agents de police et de publicité. A la fermeture de la Bourse, ils se réuniraient pour faire le dépouillement de leurs carnets et rédiger le bulletin de la journée. Ce bulletin, qui présenterait le résumé succinct des transactions effectuées et l'exposé de l'état du marché,

15.

serait immédiatement livré à l'impression et adressé aux journaux. On l'afficherait ensuite à la porte de la Bourse avec celui des Bourses étrangères, jusqu'à ce que l'un et l'autre fissent place aux bulletins du lendemain.

« Les journaux de chaque localité publieraient le bulletin de la Bourse du Travail comme ils publient aujourd'hui celui de la Bourse du Commerce. Ces feuilles, remplies de matières diverses, seraient insuffisantes néanmoins pour donner régulièrement la situation des marchés de l'intérieur et de l'étranger. Dans le principal foyer industriel de chaque pays, on établirait un journal spécial du Travail, auquel les officiers publics des différentes Bourses expédieraient leurs bulletins à la fin de chaque séance. Grâce à la locomotion rapide de la vapeur, ce journal se distribuerait partout avec une extrême célérité. Les travailleurs connaîtraient, en les consultant, la situation de tous les marchés du globe. Ils sauraient toujours quand il y aurait avantage pour eux de se déplacer.

« Il y aurait cependant un grand inconvénient à ce que les ouvriers qui recevraient les bulletins des divers marchés se rendissent immédiatement dans les régions industrielles où le travail serait demandé à des prix élevés. Il pourrait arriver que le nombre des travailleurs qui se dirigeraient vers ce marché avantageux dépassât le chiffre des emplois disponibles. En ce cas, la surabondance de travail importé aurait pour effet de faire baisser aussitôt le prix de cette denrée. Les travailleurs qui se seraient déplacés dans l'espoir d'obtenir des salaires élevés se trouveraient déçus dans leur attente ; en outre, ceux qui surabonderaient seraient obligés de s'en aller comme ils étaient venus, après avoir perdu inutilement leur temps et leur argent.

« Cet inconvénient disparaîtrait si les ouvriers, au lieu de se déplacer de cette manière encore un peu aventureuse, se bornaient à adresser par écrit leurs offres aux courtiers de travail des localités où ils auraient l'intention de se rendre. Ceux-ci se chargeraient, moyennant commission, de transmettre ces offres aux acheteurs. Lorsqu'elles seraient acceptées, ils en informeraient leurs clients, qui se déplaceraient alors en toute sécurité. La réduction projetée de la taxe des lettres rendrait ce mode de transaction fort peu coûteux, la locomotion à la vapeur le rendrait de même suffisamment rapide.

« Dans les transactions du commerce, la commission payée aux courtiers se partage ordinairement entre le vendeur et l'acheteur ; il pourrait en être de même dans les transactions du travail.

« Le journal spécial du travail qui donnerait dans chaque pays les bulletins des marchés de l'intérieur et de l'extérieur, ce journal, que tous les travailleurs auraient intérêt à consulter régulièrement, pourrait devenir, on le comprend, un puissant levier d'éducation populaire. Il servirait à élever à la fois matériellement et moralement la condition de l'ouvrier. Il serait encore l'organe naturel de la grande classe des simples travailleurs, il défendrait leurs intérêts, trop souvent sacrifiés à l'avidité des grands spéculateurs, ou des grands industriels, et sa voix aurait quelque chance d'être écoutée, car elle exprimerait la pensée de plusieurs millions d'hommes.

« Telle serait, en résumé, l'organisation des Bourses du Travail; elle serait à la fois simple et peu coûteuse. Le salaire des officiers publics, des agents de change du travail, serait la seule charge qui incomberait au Gouvernement. Quant aux journaux des travailleurs, ils pourraient, avec une organisation convenable, se suffire à eux-mêmes sans subvention aucune [1]. »

A cette époque, l'application encore récente de la télégraphie électrique faisait une vive impression sur les esprits. Cette impression apparaît dans les *Études économiques sur l'Organisation de la Liberté industrielle et l'Abolition de l'Esclavage*, que l'auteur publia en 1846. Au risque d'être traité d'utopiste, il recherche comment le nouvel et merveilleux instrument de communication pourrait être adapté aux Bourses du Travail et mis au service des ouvriers.

« Si l'on supprime, disait-il, par la pensée les distances qui séparent les nations, distances qui empêchent les travailleurs de se rendre toujours où la meilleure rémunération leur est offerte, si l'on suppose, par exemple, que le monde entier se trouve réduit aux proportions d'une province, d'une cité, il est évident que les hommes laborieux iront toujours de préférence dans les parties de cette province, dans les quartiers de cette

---

[1] *De la Mobilisation du Travail*, par G. de Molinari. *La Réforme*, du 9 juin 1845.

cité, où ils trouveront les conditions d'existence les plus favorables. . . . .

. . . .

« Examinons de quelle manière la télégraphie électrique devrait être établie et organisée pour donner aux travailleurs de toutes les nations les moyens de connaître instantanément les lieux où le travail est demandé aux conditions les plus avantageuses.

« C'est, on le sait, le long des lignes des chemins de fer que s'établissent les lignes télégraphiques.

« Dans chacun des grands états d'Europe, les principales lignes de chemins de fer se dirigent vers la capitale comme vers un centre commun. Elles rattachent à la métropole toutes les villes secondaires. Celles-ci, à leur tour, deviennent les foyers d'autres voies de communication qui vont aboutir à des centres de population de troisième ordre.

« Admettons qu'en France, par exemple, il s'établisse, dans une vingtaine de villes secondaires, des marchés, des *Bourses*, servant à la fois à la vente du travail et au placement des capitaux et des denrées. Admettons aussi que la matinée soit consacrée aux transactions des travailleurs et l'après-midi à celles des capitalistes et des marchands. Voyons ensuite comment se tiendra le marché de travail.

« Le jour de l'ouverture des vingt Bourses, les ouvriers qui manquent d'emploi et les directeurs industriels qui ont besoin d'ouvriers, se rendent au marché, les uns pour vendre, les autres pour acheter du travail. Il est tenu note du nombre des transactions effectuées,

des prix auxquels elles l'ont été et de la proportion
relative des emplois offerts et des emplois demandés.
Le bulletin du marché, rédigé à la fin de la séance, est
envoyé à la Bourse centrale par voie télégraphique.
Vingt bulletins arrivent, en même temps, à ce point de
réunion où l'on en compose un bulletin général. Ce
dernier, qui est adressé aussitôt, soit par le chemin de
fer, soit par le télégraphe, à chacune des vingt Bourses
secondaires, peut être publié partout avant l'ouverture
de la Bourse du lendemain.

« Instruits par le bulletin général du travail de la
situation des divers marchés du pays, les travailleurs
disponibles dans certains centres de production peuvent envoyer leurs offres dans ceux où il y a des emplois vacants. Supposons, par exemple, que trois charpentiers soient sans ouvrage à Rouen, tandis qu'à
Lyon le même nombre d'ouvriers de cet état se trouvent
demandés au prix de 4 francs. Après avoir consulté le
bulletin du travail publié par le journal du matin, les
charpentiers de Rouen se rendent à la Bourse, où vient
aboutir la ligne télégraphique, et ils expédient à Lyon
une dépêche ainsi conçue :

« Rouen, — trois charpentiers à 4 fr. 50, — Lyon.

« La dépêche envoyée à Paris est, de là, transmise à
Lyon. Si le prix demandé par les charpentiers de Rouen
convient aux entrepreneurs de Lyon, ceux-ci répondent
immédiatement par un signe d'acceptation convenu. Si
le prix est jugé par eux trop élevé, un débat s'engage
entre les deux parties. Si enfin elles tombent d'accord,
les ouvriers, munis de la réponse d'acceptation timbrée

par l'employé du télégraphe, se rendent aussitôt à Lyon par le chemin de fer. La transaction a été conclue aussi rapidement qu'elle aurait pu l'être dans l'enceinte de la Bourse de Rouen.

« Admettons encore maintenant que Francfort-sur-Mein soit le point de réunion vers lequel convergent les lignes télégraphiques aboutissant aux diverses Bourses centrales de l'Europe. C'est à Francfort-sur-Mein que sont adressés les bulletins généraux de chaque pays, c'est là aussi que l'on en compose un bulletin européen envoyé à toutes les Bourses centrales et qui est transmis de celles-ci à toutes les Bourses secon-daires. Grâce à ce mécanisme de publicité, le nombre des emplois et des bras disponibles avec les prix offerts ou demandés se trouvent connus, d'une manière presque instantanée, sur toute la surface du continent.

« Supposons donc qu'un marin, sans occupation à Marseille, apprenne, en consultant le bulletin du travail européen, que les matelots manquent à Riga et qu'il leur est offert, dans ce port, un salaire avantageux. Il se rend à la Bourse et envoie à Riga ses offres de services par dépêche télégraphique. De Marseille la dépêche arrive à Paris, en deux ou trois étapes, selon la force de l'agent de locomotion ; de Paris elle est envoyée à Francfort, de Francfort elle va à Moscou, bourse centrale de la Russie, et de Moscou à Riga. Ce trajet, d'environ 4,000 kilomètres, peut être parcouru en deux ou trois minutes. La réponse est transmise de la même manière. Si la correspondance télégraphique est tarifée à raison de 5 centimes par 100 kilomètres, notre marin paiera 4 francs environ pour la dépêche envoyée et la dépêche reçue. Si sa demande est agréée, il prend le chemin de fer et arrive à Riga en cinq jours. En supposant que le prix de la locomotion se trouve fixé au plus bas possible, soit à 1/2 centime par kilomètre, ses frais de déplacement, poste télégraphique comprise, s'élèveront à 24 francs.

« L'Europe devient ainsi un vaste marché où les transactions des travailleurs s'effectuent aussi rapidement, aussi aisément que dans le marché de la Cité. Par Constantinople, les Bourses de l'Europe correspondent avec celles de l'Afrique et de l'Asie.

« Ainsi la locomotion à la vapeur et la télégraphie électrique sont, en quelque sorte, les instruments matériels de la liberté du travail. En procurant aux individus le moyen de disposer librement d'eux-mêmes, de se porter toujours dans les contrées où l'existence est la plus facile et la plus heureuse, ces véhicules providentiels poussent irrésistiblement les sociétés dans les voies du progrès [1]. »

Enfin, l'auteur adressait dans la même année (1846) l'*appel aux ouvriers* que l'on a vu plus haut, pour l'établissement de la publicité des prix et de la situation des marchés du travail.

« A la suite de cet appel, je m'abouchai, dit-il, avec quelques-uns des corps de métiers parisiens, entre autres avec la corporation des tailleurs de pierre. On me mit en rapport avec un compagnon surnommé

---

[1] *Études économiques*, De l Organisation de la Liberté industrielle, § 4, 1846.

Parisien la Douceur, un des ouvriers les plus intelligents que j'aie rencontrés. *Parisien la Douceur* goûta fort mon plan, et il me promit de l'exposer à la réunion des tailleurs de pierre. Malheureusement, la réunion ne partagea pas l'opinion de son délégué; elle craignit que la publication des prix du travail à Paris n'attirât une affluence plus considérable d'ouvriers dans ce grand centre de population, et elle me refusa son concours. Mes tentatives ne furent pas plus heureuses ailleurs.

« Après la révolution de Février, j'essayai de remettre cette idée à flot. J'écrivis à M. Flocon, alors ministre de l'Agriculture et du commerce, pour l'engager, sinon à faire bâtir une *Bourse du Travail* à Paris, du moins à mettre au service des travailleurs la Bourse déjà bâtie. Les gens d'affaires vont à la Bourse dans l'après-midi, les ouvriers ne pourraient-ils pas y aller le matin ? Telle est la question que je posais à M. Flocon; mais M. Flocon, qui avait bien d'autres affaires, ne me répondit point.

« La même idée fut reprise à quelque temps de là, et un projet de Bourse du Travail fut présenté au préfet de police, M. Ducoux, par un architecte, M. Leuillier. M. Émile de Girardin prêta son appui à cette tentative, et il offrit même de consacrer une partie de la quatrième page de *la Presse* à la publicité des transactions du travail [1]. »

Cependant un décret du Gouvernement provisoire, en date des 9 et 10 mars 1848, avait ordonné l'établisse-

____

1 *Les Soirées de la rue Saint-Lazare,* p. 174.

ment, dans chaque mairie de Paris, d'un bureau de renseignements pour les offres et demandes du travail;
mais ce décret ne reçut qu'un commencement d'exécution. En février 1851, M. Ducoux voulut réaliser, en
recourant à l'intervention de l'État, l'idée que l'auteur de
l'Avenir des Chemins de fer avait émise huit ans auparavant, et il soumit à l'Assemblée nationale le projet de
loi suivant :

« ARTICLE PREMIER. — Il sera construit à Paris, sous
la direction de l'État, une Bourse des Travailleurs.

« ART. 2. — Cette Bourse, divisée en compartiments
affectés aux différents corps de métiers, contiendra les
bureaux de placement pour les ouvriers, ét tous les renseignements propres à éclairer le public sur les divers
éléments du travail. Le prix dés marchandises, le taux
des salaires, en un mot toutes les indications qui
intéressent le patron et l'ouvrier, le producteur et
le consommateur, y seront recueillies et exposées avec
soin.

« ART. 3. — Cette Bourse est construite conformément
aux plans et devis dressés par les ordres du Préfet de
police et communiqués à la Commission municipale de
Paris, le 10 octobre 1848.

« ART. 4. — Un crédit supplémentaire de 300,000 fr.,
affecté à cette création, sera inscrit au budget des dépenses pour l'année 1851. »

Soumis à l'Assemblée nationale, le 15 février 1851,
ce projet fut rejeté, sur les conclusions d'un rapport de
M. Gouin, non qu'on le considérât comme inutile, mais
parce qu'il s'agissait d'une institution *essentiellemen*

communale [1]. On le renvoya, à ce titre, au Conseil municipal de Paris.

II

Revenu en Belgique après le coup d'État du 2 décembre, l'auteur de *l'Avenir des Chemins de fer* entreprit d'y réaliser l'idée de la publicité du travail, qu'il avait essayé en vain d'appliquer à Paris. Il fonda dans ce but, avec le concours dévoué de son frère, M. Eugène de Molinari, un journal intitulé *La Bourse du Travail*.

En voici le programme :

« On a essayé souvent de fonder des journaux spéciaux pour les ouvriers, mais ces entreprises ont rarement réussi. Dans notre pays, par exemple, on ne pourrait pas citer un seul journal populaire qui ait eu quelque importance et quelque durée. A quoi cela tient-il ? Cela tient sans doute, d'abord à ce que l'éducation de nos classes ouvrières est encore trop peu développée, à ce qu'une portion encore hélas! trop nombreuse de notre population est dépourvue des simples notions de l'enseignement primaire.

« Cependant, il y a, surtout dans les villes, assez d'ouvriers capables de lire un journal, et de prendre intérêt à cette lecture, pour rendre possible l'établissement d'une presse populaire. Si donc les journaux qui s'adressent spécialement à la classe ouvrière n'ont pas

Bulletin des Conférences préparatoires à l'Organisation d'une Bourse du Travail à Bruxelles. Rapport de M. Hector Denis, p. 3o.

eu de succès jusqu'à présent, la faute n'en doit pas être attribuée seulement aux ouvriers, mais encore à ces journaux eux-mêmes.

« Un journal est, avant tout, une collection de nouvelles et de renseignements utiles pour ceux qui le lisent. Ainsi, par exemple, que cherche d'abord le manufacturier ou le négociant en ouvrant son journal? Il y cherche le prix des marchandises et la situation des marchés. — Sur quelle partie du journal se portent les regards du capitaliste qui a des fonds engagés dans les emprunts des gouvernements ou dans les grandes entreprises industrielles? Sur le cours de la Bourse. Et pourquoi? Parce qu'on est naturellement beaucoup plus avide de connaître les renseignements qui concernent ses intérêts, ses affaires, que les nouvelles qui s'adressent simplement à la curiosité, ou même les articles qui concernent les intérêts généraux. Supposons que les journaux s'avisent de supprimer le cours de la Bourse et les cours des marchés, ils perdront bien certainement la moitié de leurs abonnés.

« Des renseignements utiles, voilà donc ce qu'il faut, avant tout, dans un journal. Et voilà précisément ce qui a toujours manqué aux journaux populaires.

« Mais de quels renseignements les ouvriers peuvent-ils avoir besoin? Sont-ils intéressés à connaître les cours des différentes marchandises, des grains, des huiles, des fers, des sucres, des cafés? Non, car les variations des prix de ces denrées n'influent qu'indirectement sur leur bien-être. Sont-ils intéressés à connaître les cours des fonds publics et des valeurs industrielles? Encore moins, car ils n'ont pas souvent des capitaux à placer. Ils vivent au jour le jour, et tout ce qu'ils peuvent faire c'est de placer, de temps en temps, leurs petités économies à la Caisse d'épargne. Ces renseignements qui sont si précieux pour les industriels, les négociants et les capitalistes, n'ont donc pour eux qu'une faible utilité, et, par conséquent, un faible intérêt.

« En revanche, il y a une denrée dont le cours intéresse par-dessus tout l'ouvrier, car il vit du revenu qu'il en tire, et, selon qu'il la vend plus ou moins cher et qu'il peut la placer plus ou moins régulièrement, il vit dans l'aisance ou il subit les horreurs de la misère ; cette denrée, c'est le Travail.

« Le prix du travail ou le salaire dépend de l'offre et de la demande, comme celui de toute marchandise. *Quand deux ouvriers courent après un maître*, disait un des meilleurs amis de la classe ouvrière, M. Cobden, *le salaire baisse ; quand deux maîtres courent après un ouvrier le salaire hausse.* En outre, on peut remarquer qu'il suffit souvent qu'un très petit nombre d'ouvriers viennent à manquer ou à se trouver à l'état d'excédent pour faire hausser ou baisser considérablement le salaire. Il en résulté que les ouvriers et les entrepreneurs d'industrie eux-mêmes sont intéressés au plus haut degré à connaître *l'état du marché du travail*, c'est-à-dire à savoir où le travail est *demandé*, où l'on manque d'ouvrage, et où le travail est *offert*, où l'on manque d'ouvriers. Supposons que dans un pays comme la Belgique, où les communications sont faciles et à bon marché, où les chemins de fer sont à la portée des classes ouvrières, ou parvienne à connaître régulièrement, semaine par semaine, jour par jour, l'état du marché de travail dans les différentes branches de la production ; que l'on parvienne à savoir d'une manière exacte et positive quel est le taux des salaires et l'état de l'offre et de la demande des bras, qu'en résultera-t-il ? C'est qu'on ne verra plus les bras manquer d'un d'un côté et les salaires hausser de manière à entraver la marche de l'industrie, tandis que les bras sont ailleurs à l'état d'excédent et que les salaires baissent de manière à rendre la vie presque impossible pour la classe ouvrière ; c'est que les entrepreneurs pourront toujours savoir où trouver des ouvriers, et les ouvriers où trouver des entrepreneurs. Cela empêchera, d'une part, des maîtres durs et rapaces d'abuser de l'ignorance et de la misère des ouvriers pour avilir leurs salaires. Cela empêchera, d'une autre part, des ouvriers fainéants de se faire entretenir par la charité publique ou privée, sous le prétexte qu'ils ne peuvent trouver du travail.

« Enfin, en admettant qu'il y ait dans le pays plus de travail à faire qu'il n'y a d'ouvriers, et que l'essor de l'industrie se trouve arrêté faute de bras, la publication du prix des salaires et l'exposé de l'état du marché de travail ne manqueront pas d'attirer les ouvriers du dehors, de manière à combler le déficit. En admettant, au contraire, que les bras se trouvent à l'état d'excédent, et que les salaires soient avilis sous l'influence de cette cause, les pays où les bras manquent et où les salaires sont élevés, tels que les États-Unis, le Canada, le Brésil, etc., etc., auront bientôt absorbé cet excédent, et relevé ainsi les cours des salaires, comme la chose a déjà eu lieu en Angleterre, en Irlande et en Allemagne sous l'influence de l'émigration libre, c'est-à-dire de *l'exportation volontaire du travail.*

« Tels seraient les avantages généraux de la publication régulière du taux des salaires et de la situation du marché du travail dans les différentes industries. En réalité, cette publication permettrait d'assurer toujours du travail aux ouvriers qui peuvent et qui veulent travailler.

« Voilà l'œuvre que nous entreprenons en fondant ce journal. Nous voulons recueillir d'une manière régulière tous les renseignements sur le taux des salaires, l'offre et la demande des bras ; nous voulons indiquer aux entrepreneurs où ils peuvent trouver des ouvriers ; aux ouvriers où ils peuvent trouver du travail. Nous voulons créer pour la classe ouvrière une véritable bourse où le cours des différentes sortes de travail sera coté, comme le cours des marchandises, des fonds publics et des valeurs industrielles est coté dans les Bourses ordinaires ; nous voulons, en un mot, fonder la *Bourse du Travail.* »

La Bourse du Travail publiait un « bulletin de l'état du marché », dont M. Eug. de Molinari allait recueillir les éléments dans les ateliers des différentes industries de Bruxelles, et des correspondances, relatives à la situation des marchés de province. Malheureusement, au lieu de seconder cette tentative, les ouvriers et les industriels s'y montrèrent, les uns indifférents, les autres décidément hostiles. Un filateur de coton menaça même le directeur de la *Bourse du Travail* de lui intenter un procès parce qu'il avait publié une correspondance renfermant des renseignements sur le taux des salaires et la durée du travail dans ses ateliers. En présence de ce manque de concours des ouvriers et de cette hostilité des patrons, la *Bourse du Travail* dut cesser de paraître. Elle avait vécu cinq mois, du 17 janvier au 20 juin 1857.

L'année précédente, 1856, M. Max Wirth avait fondé à Francfort, sous ce titre : *Der Arbeitgeber*, un journal qui avait le même objet.

« Il était destiné, lisons-nous dans le *Bulletin* que nous avons cité plus haut, à recueillir les données d'une enquête permanente sur la situation des diverses industries, et à rassembler toutes les indications se rapportant au marché du travail, aux offres et aux demandes d'emplois et aux cours des salaires. Comme M. de Molinari, M. Wirth était préoccupé de répartir le mieux possible les forces du travail en éclairant les travailleurs sur l'état du marché. L'idéal qu'il poursuivait ainsi était : 1° de réduire le plus possible le nombre des ouvriers inoccupés, par conséquent de ceux que le chômage condamne à consommer improductivement leurs épargnes individuelles, celles de leurs associations ou même l'argent emprunté et l'aumône ; 2° d'accroître dès lors, avec la puissance productive effective de la nation, la production totale, et, avec elle, le fonds des salaires.

« ... M. Max Wirth raconte dans son ouvrage : *Les Lois du Travail au XIXe siècle*; qu'il n'a pas réussi à donner à son entreprise l'extension nécessaire pour lui faire atteindre complètement son but. L'*Arbeitgeber* n'est devenu l'organe central que de quelques professions industrielles. Comme M. de Molinari, il s'est heurté à l'indifférence et à l'opposition sourde [1]. »

Les socialistes ont eu, du reste, la loyauté de reconnaître que l'idée de l'institution des Bourses du Travail ne leur appartient pas. Dans un discours prononcé à la réception de la délégation savoisienne à la Bourse du Travail, le 15 octobre 1889, le citoyen Brunet a déclaré « que l'idée première de la Bourse du Travail ne vient pas des ouvriers eux-mêmes ; un économiste bourgeois, M. de Molinari, a déjà tenté cette création ; sa pensée était surtout de pouvoir se rendre, au moyen de cette Bourse, un compte exact des fluctuations de l'offre et de la demande ; il espérait obtenir par là le nombre de bras chômant, ce qui eût pu contribuer, à certaines époques, à l'avilissement des salaires, en raison des bras inoccupés. Cette tentative a échoué ».

A quoi l'orateur ajoutait :

« Cette idée a été reprise par les Chambres syndicales ouvrières, et, après bien des mises en demeure, après bien des rebuffades, nous sommes sortis victorieux de la lutte ; la Bourse du Travail était créée, et on a été obligé de reconnaître que ce que n'avait pas pu

---

[1] *Bulletin des Conférences préparatoires à l'Organisation d'une Bourse du Travail à Bruxelles.* Rapport de M. Hector Denis, p. 16.

faire la bourgeoisie, des ouvriers avaient pu le réaliser[1]. »

u, p. 142. La création des Bourses du Travail en France.

Nous empruntons à la publication de l'*Office du Travail* sur le placement des ouvriers le résumé historique
de la création des Bourses du Travail en France, après
le renvoi du projet de M. Ducoux au Conseil municipal
de Paris.

« La question des Bourses du Travail resta dans
l'oubli, en France du moins, jusqu'au jour où M. De-
lattre et quelques-uns de ses collègues les firent re-
vivre, en déposant sur le bureau du Conseil municipal
de Paris, le 24 février 1875, la proposition suivante :

« Les soussignés demandent qu'il soit procédé à
« l'étude de l'établissement, à l'entrée de la rue de
« Flandre, d'une « Bourse du Travail » ou du moins
« d'un refuge, clos et couvert, afin d'abriter les nom-
« breux groupes d'ouvriers qui se réunissent chaque
« matin pour l'embauchage des ouvriers du port, et
« autres. »

« Ce projet, qui n'intéressait qu'un quartier isolé,
fut généralisé par la Commission chargée de l'examiner et l'Administration fut invitée à présenter un projet d'établissement de Bourses du Travail, pour tous les
lieux où les ouvriers des divers corps de métiers se
réunissent pour s'embaucher. »

[1] *Annuaire de la Bourse du Travail.* Année 1889, p. 87.

« Néanmoins, le 18 juillet 1878, le Conseil vota spécialement la construction d'un abri permanent, boulevard de la Chapelle.

« A la suite de cette résolution, l'organisation des Bourses du Travail demeura en suspens jusqu'au 19 novembre 1883, jour où M. Manier communiqua au Conseil municipal de Paris la décision suivante prise dans une réunion tenue, le 16 du même mois, à la salle Rivoli :

« Considérant que la Bourse du Travail aura au « moins pour effet :

« 1º De supprimer les places de grève ;

« 2º De faciliter le placement des travailleurs ;

« 3º De supprimer les bureaux de placement ;

« 4º De centraliser l'offre et la demande, afin de « mettre rapidement en rapport travailleurs et travaux ;

« 5º D'établir des rapports directs entre les chambres syndicales ou groupes corporatifs, ainsi qu'entre « tous les travailleurs en général, syndiqués ou non « syndiqués ;

« L'assemblée, après avoir entendu le développe-« ment du projet, invite le Conseil municipal à voter le « dit projet dans son ensemble et dans la présente ses-« sion. »

« Cette pétition provoqua, au Conseil municipal et dans l'Administration, de nouvelles études et de nouveaux projets, dont la loi du 21 mars 1884, qui accordait aux syndicats professionnels le droit de se constituer librement, vint modifier le caractère primitif.

« Le rapport, présenté par M. Mesureur, le 5 novembre 1886, au nom de la Commission du Travail, sur la création d'une Bourse du Travail à Paris, résume, dans le paragraphe suivant, la manière nouvelle dont cette bourse fut conçue, à partir de ce moment :

« En restant sur le terrain de la liberté des contrats,
« vous avez le droit sinon le devoir de fournir aux
« travailleurs les moyens de lutter à armes égales et
« légales avec le capital; sans la Bourse du Travail,
« l'existence des chambres syndicales sera toujours
« précaire, les charges qu'elles imposent éloignant
« d'elles le plus grand nombre des ouvriers.

« Il importe donc qu'elles aient des locaux où chacun
« pourra venir, sans crainte d'avoir à faire des sacrifices
« de temps et d'argent au-dessus de ses ressources ; la
« libre et permanente disposition des salles de réunion
« permettra aux travailleurs de discuter avec plus de ma-
« turité et de précision les questions multiples qui inté-
« ressent leur industrie et influent sur les salaires ; ils
« auront pour les guider et les éclairer tous les moyens
« d'information et de correspondance, les éléments four-
« nis par la statistique, une bibliothèque économique,
« industrielle et commerciale, le mouvement de la pro-
« duction pour chaque industrie, non seulement en
« France, mais dans le monde entier.

« Peut-être verrons-nous alors les véritables assises du Travail s'établir. »

« C'est donc pour répondre à ces *desiderata* multiples que la création d'une Bourse centrale du Travail fut décidée par le Conseil municipal de Paris et qu'une première annexe de cette Bourse fut préalablement établie dans l'ancienne salle de la Redoute, rue Jean-Jacques Rousseau, 35, où elle fut inaugurée le 3 février 1887.

« Quant à la Bourse centrale, elle fut édifiée ensuite rue du Château-d'Eau, près la place de la République, et elle a été inaugurée le 22 mai 1892.

« L'exemple de Paris a été, depuis 1887, suivi par plusieurs villes de province et les Bourses du Travail se multiplient chaque année [1]. »

On trouvera encore dans l'*Annuaire de la Bourse du Travail,* de Paris, quelques renseignements sur la fondation et l'organisation des principales Bourses du Travail de France, savoir :

Les Bourses du Travail :

De Lyon, siège social, 3g, cours Morand, fondée le 8 février 1891.
De Saint-Étienne, siège social, 6, place Marengo, le 21 février 1889.
De Marseille, rue de l'Académie, le 22 octobre 1888.
De Béziers, 24, rue de la République, le 5 avril 1891.
Municipale de Bordeaux, 42, rue Lalande, le 1ᵉʳ mars 1890.
Indépendante de Bordeaux, rue du Miroir, le 29 juin 1890.
De Montpellier, 8, boulevard Louis-Blanc, le 29 juin 1890.
De Nîmes, 7, rue Saint-Paul, le 4 mars 1887.
De Cholet, 21, rue Nationale, le 1ᵉʳ juillet 1891.
De Toulon, 51, rue de la République, le 15 octobre 1889.
        Etc., etc.

v, p. 142. **La Bourse du Travail de Liège.**

Quoique ne disposant que de ressources extrêmement limitées, la Bourse du Travail de Liège rend déjà des services notables aux ouvriers et aux patrons. Nous

[1] *Le Placement des Employés, Ouvriers et Domestiques en France,* p. 151. –

16.

empruntons à une brochure publiée à l'occasion de l'Exposition Universelle de 1889 quelques détails sur sa fondation et son organisation.

Le point de départ de la *Bourse du Travail* de Liège a été on ne peut plus modeste. Dans l'origine, elle n'était en réalité qu'un simple bureau de placement, auquel, nous devons bien le reconnaître, les patrons ne s'adressèrent pas toujours avec la plus grande confiance. Des essais d'abord timorés, mais qui donnèrent les meilleurs résultats, surent mettre fin à toutes craintes et appelèrent l'intervention plus fréquente des chefs d'industrie. Quelques mois d'existence suffirent pour donner à notre *Bourse du Travail* une vigueur qui permit de considérer son avenir comme assuré. Aujourd'hui (1889), notre œuvre entre dans une nouvelle phase, et ce sans l'avoir ouvertement provoquée. Certaines maisons qui se servent depuis un certain temps de notre intermédiaire, non seulement s'adressent à nous pour tous leurs besoins, mais souvent viennent effectuer elles-mêmes ou font effectuer à notre Bourse, par des contremaîtres délégués, l'embauchement des travailleurs qui leur sont nécessaires; d'autres nous font connaître les prix auxquels elles ont l'intention de traiter. Ces deux catégories de maisons conduisent donc insensiblement notre œuvre au vrai but qu'elle doit atteindre pour répondre à son titre de *Bourse* ou *Marché du Travail*.

Un autre élément que nous pouvons également considérer comme assurance de vitalité pour les institutions du genre de la nôtre, c'est l'exclusion complète de tout caractère politique. Ces institutions, par leur nature essentiellement humanitaire, ont besoin du concours de tous ; ce n'est que par l'union de toute les forces réunies qu'elles peuvent être appelées à un avenir assuré. C'est ce qui a décidé les organisateurs de notre Bourse à la créer en dehors de tous partis.

L'exposé qui va suivre prouvera si les mesures qui ont été prises par eux ont ou non été sages.

I. — Institutions créatrices, ressources.

L'initiative d'établir une *Bourse du Travail* à Liège est due à l'Œuvre des Chauffoirs publics de la même ville. Cette dernière institution, après s'être rendu compte, par voie de circulaires-questionnaires, de l'accueil que pourrait rencontrer, chez les patrons, un établissement dont le but serait de concentrer l'offre et la demande de travail, fit présenter à la Chambre de Commerce de Liège un projet tendant à satisfaire à ce besoin.

La Chambre approuva entièrement l'idée des promoteurs et vota un subside pour les aider dans leur tâche. Encouragés par cet appui, les auteurs du projet firent ensuite des démarches auprès de la « Bourse industrielle », des Conseils de la province, de la commune et du Gouvernement, afin d'obtenir également leur bienveillant concours.

La Bourse industrielle, le Conseil provincial et le Conseil communal accueillirent favorablement ces démarches ; quant au Gouvernement il n'a pas cru, jusqu'à ce jour, devoir faire droit à leur demande.

Les subsides annuels accordés à la Bourse se divisent comme suit :

Subside de la Bourse industrielle . . . . 100 fr.
 — de l'Œuvre des Chauffoirs publics 3oo
 — de la Chambre de commerce de Liège 100
 — de la Ville 1,000
 — de la Province 5oo

TOTAL. . . . 2,000 fr.

Indépendamment de ces subsides, l'Œuvre reçoit du Musée commercial le local qui lui est nécessaire et dont la location est évaluée à 500 francs. Il est évident que les faibles ressources dont la Bourse dispose ne répondent pas à tous ses besoins, mais la voie de prospérité dans laquelle elle est entrée permet d'espérer qu'elle rencontrera, dans un avenir prochain, une générosité plus grande de la part des autorités sous la protection desquelles elle s'est placée.

II. — MOUVEMENT.

L'utilité de la *Bourse du Travail* est devenue aujourd'hui une chose incontestable. Pour s'en convaincre, il suffit de jeter un coup d'œil sur la progression qui a marqué son mouvement depuis le jour de sa création. Les demandes de travail, qui, en février 1888, n'avaient été que de 384, se sont élevées successivement, pour les mois suivants, à : 615, 882, 803, 735, 434, 336, 388, 641, 779, 328, 297, 160, 214.

On remarque qu'une diminution notable dans la demande se manifeste pendant les mois de juin, juillet et août. Cette diminution trouve sa justification dans deux

causes : 1° le grand nombre de bras qu'a réclamés l'agriculture en retard dans ses travaux ; 2° le placement que
quantité d'ouvriers ont trouvé, grâce au concours de la
Bourse. Le mois de septembre, au contraire, reprend le
mouvement ascendant, mouvement qui s'accentue plus
particulièrement pendant les mois d'octobre et de novembre, c'est-à-dire au fur et à mesure que l'on se rap-
proche de la période hivernale. Cette fluctuation trouve
sa raison d'être dans l'existence ou la non-existence de
certaines industries particulières, telles que : les travaux agricoles, la construction, la briqueterie, etc., qui
ne s'exercent qu'à certaines époques déterminées de
l'année.

Les mois de décembre et de janvier accusent aussi
une diminution dans la demande. Cette diminution
s'explique encore par la reprise des affaires, notamment
dans la grosse industrie mécanique, la serrurerie, l'ar-
murerie et le charbonnage, lesquels ont donné lieu, à un
moment donné, comme on le verra par la suite, à une
offre correspondant en quelque sorte exactement à la
demande.

L'offre de travail ne plaide pas moins que la demande
de travail la cause de la Bourse.

Pour le mois de février 1888, 11 patrons seulement
s'étaient adressés à cette dernière. Les mois de mars à
décembre 1888 ont vu ces chiffres s'élever successivement à 36, 71, 111, 123, 93, 82, 178, 94, 111, 85. Pour
l'année 1889, les mois de janvier, février et mars ont
donné les résultats suivants : 126, 130, 162.

Ces offres ont occasionné respectivement un placement de 27, 70, 144, 250, 315, 122, 97, 356, 107, 237, 175, 310, 280 et 407 travailleurs. Ce qui donne un total de 2,897 placements.

Tout d'abord certaines personnes avaient soulevé des doutes sur la valeur morale ou industrielle des ouvriers qui se présenteraient à la *Bourse du Travail*. Une expérience de quelques mois a suffi pour démontrer combien seraient peu fondées des craintes à ce sujet. Nombre de maisons, parmi lesquelles on compte les plus importantes de la ville, se sont si bien trouvées de l'intermédiaire de la Bourse, qu'elles en ont fait leur bureau spécial pour se procurer, comme nous l'avons dit plus haut, au fur et à mesure du besoin, les ouvriers que leurs affaires réclament.

Dans ces conditions, on peut donc dire que la *Bourse du Travail* a fait ses preuves ; qu'elle n'est plus un simple essai, mais une institution fondée qui porte en elle tous les germes d'une vitalité assurée.

III. — ORGANISATION ET MÉCANISME.

La Commission organisatrice de la *Bourse du Travail* était, dans l'origine, composée de sept membres, dont cinq nommés par la Chambre de Commerce, et deux par l'Œuvre des Chauffoirs publics. Aujourd'hui, cette Commission s'est adjoint quatre membres ouvriers, choisis dans les principaux métiers ; et l'Administration communale lui a, de son côté, délégué un membre la représentant. La Commission administrative se trouve donc arrêtée définitivement à douze membres.

La Commission administrative a dans ses attributions l'administration générale de la Bourse; le travail mécanique et la tenue des écritures sont confiés à deux employés dont l'un porte le titre de « directeur ». La Commission nomme dans son sein : un président, un vice-président, un secrétaire et un trésorier.

Le matériel comprend notamment deux registres spéciaux destinés à l'inscription, l'un de l'offre, l'autre de la demande de travail. Ces registres sont divisés en colonnes relatant, le premier : le numéro d'ordre, la date de l'inscription, le nom et le prénom de l'ouvrier, sa profession, son domicile, la date et le lieu de sa naissance, son état civil, sa circulation, les fonctions qu'il peut remplir subsidiairement, les pièces dont il est porteur, les maisons où il a été envoyé, l'indication du placement et les observations s'il y a lieu. A ces deux registres est joint un livre auxiliaire servant d'index des professions classées par ordre alphabétique.

Pour faciliter la marche des opérations, le bureau dispose d'une série de trois cartes. La première (carte A) est double, elle est confiée à l'ouvrier, qui doit la remettre au patron. Elle renseigne sur la première moitié : le numéro d'inscription du porteur, ses nom et prénoms, le lieu et l'année de sa naissance, la mention s'il est ou non en possession de certificats et la désignation de l'emploi qu'il postule; sur la seconde moitié, qui doit être retournée au bureau par le patron : le numéro d'ordre du porteur, l'avis d'agréation ou de non-agréation du postulant, ainsi que du maintien ou du non-maintien de la vacance de l'emploi. L'opération qui doit renseigner le bureau sur les points énumérés consiste simplement à biffer, en laissant subsister celles qui rendent la pensée, deux des quatre mentions ci-après imprimées sur la demi-carte à retourner :

Je l'ai engagé.
Je ne l'ai pas engagé.
L'emploi est toujours vacant.
L'emploi n'est plus vacant.

La seconde carte (carte B) sert, en cas de besoin, à informer les intéressés, des maisons où ils peuvent trouver de l'occupation ; la troisième carte (carte C), à informer le bureau de l'occupation que l'ouvrier a pu trouver, lorsqu'il s'en procure hors ville. Cette dernière carte, qui fait double emploi avec la deuxième moitié de la carte A, doit être remise à la poste par l'ouvrier lui-même ; elle est affranchie.

Ces détails connus, nous pouvons développer le système employé pour le placement. Lorsqu'un ouvrier se présente au bureau, il est aussitôt inscrit et il lui est remis un numéro d'ordre, correspondant à celui de son inscription, qu'il doit conserver tout au moins en mémoire. Si une place à sa convenance est vacante, il reçoit une carte du modèle A qu'il remet au patron et dont la moitié, comme nous l'avons dit plus haut, doit être retournée au bureau par ce dernier, après avoir subi l'opération ci-dessus indiquée. Si la présentation a lieu hors ville, l'ouvrier reçoit en plus une carte B qu'il doit remettre lui-même à la poste en cas de placement.

Indépendamment de cette distribution particulière, une distribution générale du travail a lieu vers midi et demi, c'est-à-dire lorsque les trois grands journaux de la ville sont parus.

Devant les ouvriers assemblés, et dont le nombre, certains jours de la semaine — plus particulièrement le jeudi et le samedi — s'élève parfois jusque cent et cent cinquante, il est fait l'appel de toutes les places vacantes dont l'offre est faite tant directement au bureau que par la voie des journaux, chacun choisit ce qui lui convient et il est ensuite procédé comme il a été dit précédemment.

S'il se trouve que parmi les ouvriers présents, il n'en est pas répondant aux offres reçues, le livre-index permet de retrouver ceux de la partie que l'on a lieu de supposer sans emploi. Une carte du modèle B leur est alors envoyée.

Comme mode de publicité la *Bourse du Travail* a employé dans l'origine celui qui, dans les cas de l'espèce, vient généralement à l'esprit : l'annonce dans les journaux et l'affichage. Seulement ce système avait son côté défectueux : il manquait de permanence. Depuis lors il a été modifié. Il est remplacé aujourd'hui par des tableaux d'offres et de demandes d'emploi affichés dans les différents quartiers de la ville et dont le contenu est réglé quotidiennement avec le mouvement de la *Bourse*, ainsi que par une annonce hebdomadaire dans les trois grands journaux.

On avait cru avoir à craindre dans l'origine la malveillance des agences de placement contre ce mode de propagande, mais, jusqu'aujourd'hui, aucun acte répréhensible n'a été commis.

Le système admis jusqu'à ce jour est certainement encore susceptible d'améliorations. Néanmoins, on doit reconnaître que, pour une œuvre à peine née, la *Bourse du Travail* possède déjà une organisation relativement complète et de nature à répondre à la grande généralité des besoins. C'est pour elle un élément sérieux de succès, et d'un succès d'autant plus assuré qu'il s'accentue chaque jour.

Il serait à souhaiter, dans l'intérêt social, que les autres villes, tant de la Belgique que de l'étranger, s'inspirant des principes qui ont présidé à l'institution de la *Bourse du Travail* de Liège, suivissent l'exemple donné par ses fondateurs.

Un jour alors, verrait-on peut-être rayonner, sur les différents point du continent, une vraie puissance toujours prête à exercer son action bienfaitrice sur la situation économique.

COMITÉ :

Président,   *Vice-Président,*   *Secrétaire,*   *Trésorier,*
Edm. Van den Boorn.   A. Rosenthal.   G. Durand.   J. Bovier.

Membres : H. Bounameaux, Charles, J. Claes, N. Guérin, E. Hargot,
L.-J. Haut, Maréchal, Pirard-Grosjean.

Le Directeur : Jos. LESUISSE.

(*La Bourse du Travail de Liège. Son Origine et son Organisation.* Broch. Liège, imp. Poidatz frères.)

w, p. 155. La suppression des bureaux de placement en 1848, et la « Ligue pour la suppression des bureaux de placement, » fondée en 1886.

Le préfet de police Caussidière, obéissant aux sollitations des ouvriers de diverses professions, prit un certain nombre d'arrêtés pour interdire l'industrie du placement.

Paris, le 29 mars 1848.

Nous, Préfet de police,

Vu les réclamations qui nous ont été adressées par les délégués des garçons marchands de vin ;

Considérant que ces réclamations ont pour objet de supprimer à l'avenir les bureaux de placement, dont les agents prélevaient des droits onéreux pour les travailleurs ;

Que l'office de ces agences reconnu utile en principe consistait à servir d'intermédiaire entre les garçons marchands de vin et leurs patrons et qu'une commission, composée de délégués, a été proposée pour remplir cet office ;

Arrêtons ce qui suit :

ARTICLE PREMIER. — Tout bureau de placement servant d'intermédiaire entre les garçons marchand de vin et leurs patrons est interdit.

ART. 2. — Tout garçon marchand de vin sans ouvrage devra s'adresser à la Commission établie d'un commun accord entre les intéressés, et dont le siège est situé provisoirement quai de l'École, 22.

Le Préfet de police,

Caussidière.

Des arrêtés analogues furent pris, à la même époque, contre les placeurs des ouvriers cuisiniers, boulangers, restaurateurs et limonadiers, coiffeurs et cordonniers-bottiers, et accordèrent le privilège du placement dans les professions correspondantes, à des commissions ouvrières.

Ce système ne tarda pas à provoquer des réclamations ; car on trouve dans la *Collection officielle des Ordonnances de police*, l'avis suivant :

« Avis aux Ouvriers Boulangers de Paris
et de la Banlieue.

« Paris, le 6 juin 1848.

« Nous sommes informé que de coupables manœuvres sont exercées par un certain nombre de garçons boulangers, contre les maîtres. Sous prétexte de surveiller l'exécution d'un règlement et l'observation d'un tarif convenu, on viole le domicile des boulangers et on leur impose tel ou tel ouvrier. C'est là un abus intolérable, et que nous sommes décidé à faire cesser immédiatement, par tous les moyens que la loi met à notre disposition. Si les garçons boulangers ont des réclamations à faire, c'est au Préfet de police qu'il faut les adresser, car c'est à lui qu'il appartient de faire exécuter les règlements.

« Nous invitons, en conséquence, les ouvriers boulangers à s'abstenir de toute manifestation de cette nature, en les avertissant que des mesures énergiques seront prises pour réprimer le désordre, quelque part et de quelque façon qu'il se produise.

« *Le Représentant du peuple, Préfet de police,*
« TROUVÉ CHAUVEL. »

Mais la situation créée par les arrêtés de M. Caussidière ne se prolongea pas ; ces arrêtés, pris en dehors des attributions du Préfet de police et contrairement à la loi des 2-17 mars 1791 qui garantissait la liberté de l'industrie, étaient, en effet, entachées d'illégalité ; dès que le Gouvernement provisoire eut disparu, les placeurs commencèrent à se rétablir par tolérance, et, en 1849, ils obtinrent du tribunal de simple police un jugement fortement motivé, qui déclarait nuls et de nul effet les arrêtés qui avaient aboli leur industrie [1].

La « Ligue pour la suppression des bureaux de placement » a été fondée le 4 janvier 1886 ; elle a débuté en adressant une pétition au Conseil municipal de Paris pour le prier de lui faire rendre justice « en demandant à M. le Préfet de police de retirer la tolérance à tous les détenteurs de ces agences et en ordonner la fermeture ». En 1891, un « Congrès de la Fédération française des syndicats de l'alimentation, pour la suppression des bureaux de placement », issu de la Ligue, a voté une série de résolutions dans le même sens. Enfin,

[1] *Le Placement des Employés, Ouvriers et Domestiques en France,* p. 119.

un meeting a eu lieu par son initiative le 23 février 1892
et il a voté l'ordre du jour suivant :

« Les travailleurs de toutes les corporations, réunis
au nombre de 1,200, au Tivoli Vaux-Hall, le 23 février 1892,

« Considérant que l'existence des bureaux de placement est la cause majeure de la misère que l'on constate dans les corporations assujetties à leurs malhon-
nêtes agissements,

« Déclarent se solidariser avec leurs concitoyens et
les assurer de leur concours jusqu'à la complète disparition de ces exploiteurs du travail[1]. »

Dans une des réunions précédentes, convoquée à la
Bourse du Travail, la Ligue avait adopté des résolutions non moins énergiques, et dans lesquelles elle
invoquait, chose curieuse, la nécessité de *sauvegarder
le principe de la liberté du travail.*

« Considérant, disait-elle, que les corporations intéressées à la disparition des bureaux de placement sont
suffisamment organisées pour les remplacer utilement
à tous égards, et que ces derniers sont une source d'immoralité publique ;

« Considérant que les Chambres syndicales seulement peuvent exercer une influence salutaire sur leurs
camarades ;

« L'assemblée proteste contre les résolutions du
Conseil supérieur du Travail (en faveur du maintien des
bureaux), et déclare que, quelles que soient les mesures

---

[1] *Le Placement des Employés, Ouvriers et Domestiques en France,*
pp. 156-161.

réactionnaires que l'Administration croira devoir imposer aux travailleurs, ceux-ci n'en continueront pas moins
à lutter énergiquement pour sauvegarder le principe de
la liberté du travail. »

Bref, le but que poursuit la Ligue, c'est d'attribuer
aux syndicats ouvriers le monopole du placement dans
l'intérêt de la liberté du travail.

x, 157. La condition des travailleurs engagés.

Dans notre voyage à Panama et aux Antilles, nous
avons pu constater par nous-même les vices d'un
système qui place les travailleurs importés de l'Afrique, de l'Inde ou de la Chine à la discrétion des plan-
teurs, sans que ceux-ci soient intéressés comme les
propriétaires d'esclaves à conserver les forces de
ces bêtes de somme à face humaine au delà de la
période d'engagement. A la vérité, l'Administration
protège les engagés et surveille ceux qui les emploient,
mais on sait ce que valent la protection et la surveillance administratives, surtout dans des contrées où les
surveillants et les surveillés sont de la même couleur et
appartiennent à la même classe sociale.

Voici le résumé des renseignements que nous avons
recueillis à la Martinique sur ce système d'esclavage
déguisé et aggravé que les négrophiles officiels vantent
comme un progrès manifeste :

« Dès que l'esclavage eut été aboli, un certain nombre d'affranchis, en possession d'un petit pécule, aban-
donnèrent les habitations pour s'acheter un lopin de

terre et y cultiver des vivres. On les remplaça d'abord par des Chinois et des nègres importés de la Guinée ; mais les Chinois se montrèrent trop exigeants au gré des colons, et l'on dut renoncer à l'importation des nègres, dénoncée par les abolitionnistes comme un succédané de la traite. On eut recours alors à l'immigration indienne, et un traité fut conclu avec l'Angleterre pour en régler les conditions. De 1853 à 1884, elle a fourni 25,509 immigrants, dont 12,040 sont morts et 4,541 ont été rapatriés. Avec l'addition de 3,998 naissances, il en restait 12,926 en décembre 1884, époque à laquelle le Conseil général de la colonie a renoncé à intervenir dans cette importation de travail. Voici quel en était le mécanisme : l'Administration se chargeait de fournir des émigrants aux propriétaires dont elle recevait les demandes. Ces émigrants, elle se les procurait par l'intermédiaire d'agents, établis les uns dans les comptoirs français de Pondichéry, de Karikal et de Yanaon, les autres dans le grand emporium anglais de Calcutta, principal foyer de l'émigration indienne. Les agents enrôlaient les émigrants en leur donnant une cinquantaine de francs d'arrhes, somme prodigieuse pour un Hindou, et en leur faisant signer un contrat d'engagement sous la surveillance plus ou moins tutélaire d'un fonctionnaire chargé de les protéger. Le contrat signé, les émigrants étaient embarqués sur des navires nolisés par l'Administration, et divisés à leur arrivée par lots de dix, dans lesquels il était prescrit toutefois de réunir les émigrants mariés et leurs enfants. Ces lots n'étaient pas laissés, bien entendu, au choix des propriétaires, qui n'auraient pas manqué de prendre les plus beaux et de laisser le rebut à l'Administration ; on les répartissait entre eux par la voie du tirage au sort. Voici maintenant quelles étaient les conditions du contrat et les charges respectives du propriétaire et de l'Administration. L'engagement était contracté pour cinq ans, au bout desquels l'émigrant avait le droit d'exiger son rapatriement. S'il ne se prévalait pas de ce droit et se rengageait, on lui accordait une prime de 150 francs ; s'il restait dans la colonie sans se rengager, il devait, le cas échéant, se rapatrier à ses frais. Le propriétaire devait fournir un salaire de 12 fr. 50 par mois (150 francs par an) pour les hommes, de 10 francs pour les femmes, de 5 francs pour les non-adultes, avec la nourriture, les vêtements, le logement et les soins médicaux. Il se remboursait, au moyen de retenues faites par douzièmes, des arrhes que l'émigrant avait reçues au moment de l'engagement. Il payait à l'Administration, pour frais d'importation, une somme fixe de 373 fr. 50 dont 300 francs pour le passage, et le reste pour droits fixes et proportionnels sur le contrat. En additionnant le tout, on estime que le travail de l'émigrant revenait au propriétaire de 1 fr. 50 à 2 fr. par jour. De son côté, l'Administration prenait à son compte l'excédent des frais de transport au-dessus de 300 francs, la totalité des frais de rapatriement, de gestion et de surveillance nécessités par son intervention. Ces frais s'élevaient annuellement de 250,000 à 380,000 francs (quoique l'émigration ait cessé, ils sont encore portés au budget de 1886 pour 285,000 francs), en sorte que l'émigration indienne a coûté, depuis son origine, environ 10 millions de francs aux contribuables de la colonie.

« Ce système avait deux vices radicaux. Le premier, c'était de livrer l'engagé à la merci d'un propriétaire intéressé à extraire de lui la plus forte quantité possible de travail en échange de la moindre somme de subsistances. A cet égard, la situation de l'esclave à perpétuité était préférable à celle de l'engagé à temps. Le propriétaire de l'esclave était intéressé à ne point le surmener et à lui fournir une nourriture suffisante, comme il faisait pour ses chevaux et son bétail. Je sais bien que l'Administration avait conscience de ce vice du système et qu'elle s'appliquait de son mieux à y remédier. Elle avait réglementé avec un soin paternel et un détail minutieux les rapports de l'engagé et de l'engagiste et leurs obligations réciproques, fixé notamment la nature et le poids de la ration quotidienne de l'Hindou : 214 grammes de morue, 85 centilitres de riz et 20 grammes de sel, le nombre et l'espèce de ses vêtements. Pour les hommes, 2 chemises, 2 pantalons en tissu de coton et un chapeau de paille par an ; pour les femmes, 2 chemises, 2 robes ou jupes et 4 mouchoirs en coton. Elle n'avait pas négligé davantage les soins médicaux. « Un arrêté portant création de deux emplois « d'inspecteur de l'immigration et prescrivant quelques « dispositions complémentaires sur le régime des immi- « grants », avait confirmé et complété un arrêté précédent, en vertu duquel toute exploitation ayant vingt immigrants devait être pourvue d'une infirmerie conve-

nablement installée et approvisionnée, et justifier d'un
abonnement avec un médecin. L'arrêté complémentaire
spécifiait que l'infirmerie devait offrir un espace minimum
de 12 mètres cubes par malade, être divisée en deux compartiments pour la séparation des sexes, et suffisamment
approvisionnée de médicaments, dont l'arrêté donnait
la nomenclature pour l'usage externe et interne, sans
oublier un matériel comprenant une balance dite trébu-
chet, avec ses poids et subdivisions de grammes, des
ventouses en verre, des seringues à injections et à
clystère. Eh bien, toute cette sollicitude administrative
ne suffisait pas à corriger le vice du système. L'engagiste abusait de l'engagé avec une impunité presque
assurée, et l'engagé se vengeait à sa manière par le vol
et l'incendie. La plus grande partie du contingent de la
criminalité était fournie par les Hindous. Je lis dans le
discours du rapporteur de cette question au Conseil
général, que les condamnations prononcées contre les
immigrants, du 1er janvier au 31 décembre 1884, ne se
sont pas élevées à moins de quatre-vingt-onze ans et
onze mois de prison. Du reste, il est impossible de ne
pas être frappé de la physionomie sombre et concentrée
de l'engagé hindou, et du contraste qu'elle offre avec la
mine insouciante et gaie du nègre employé à la tâche.

« Cependant le nègre n'a pas, lui non plus, à se
louer de l'immigration coloniale, et c'est ici qu'apparaît le second vice, l'iniquité criante du système. Cette
importation régulière et continue de bras étrangers (elle
n'a subi d'interruption que dans les années 1863, 1864
et 1873) a eu pour effet naturel de faire baisser son

salaire. Dans les meilleures années, le prix de la tâche, consistant dans la plantation ou le sarclage de 400 pieds de cannes, n'a pas dépassé 1 fr. 50; il est tombé actuellement à 75 centimes. Un ouvrier vigoureux peut, à la rigueur, faire une tâche et demie par jour, et gagner ainsi 1 fr. 12; mais c'est l'exception. Cependant, le nègre n'aurait aucun droit de se plaindre si ce prix était déterminé par le libre mouvement de l'offre et de la demande des bras; mais il' n'en est pas ainsi. C'est au moyen d'une contribution prélevée pour la plus grosse part sur son propre salaire que les immigrants ont été introduits dans la colonie. Je dis pour la plus grosse part. L'impôt direct qui frappe la propriété immobilière et mobilière ne figure pas, en effet, pour un quart dans le budget de la Martinique (838,000 fr. sur 4,583,000 fr. en 1886). Il convient d'y ajouter toutefois le produit d'un droit de sortie de 2 1/2 pour 100, réduit, depuis, à 1 pour 100, sur le sucre, destiné à tenir lieu de l'impôt foncier; mais, même avec cette adjonction, on n'arrive pas à la moitié du budget. Ce sont les impôts de consommation qui fournissent, à la Martinique comme ailleurs, la meilleure part des ressources du Trésor, et ces impôts sont payés par la généralité des consommateurs, y compris les plus pauvres. Ils frappent — et rudement, en emportant la pièce — presque tous les articles entre lesquels le nègre répartit, bien ou mal, car il n'est guère bon économe, ses 75 centimes par jour. J'ai pris la peine de faire le compte de la somme que soustraient à ces 75 centimes les droits sur la morue et la farine, qui constituent le fond de sa subsistance, sur les cotonnades et les autres articles du vêtement, car si peu et si mal que ce soit, il faut être vêtu, même sous les tropiques ; sur le tafia et le tabac, dont il a le tort d'user parfois avec excès, mais que celui qui est sans péché lui jette la première pierre ! et en tenant compte du renchérissement supplémentaire déterminé par l'avance des droits, je suis arrivé à un total de 15 à 20 centimes, équivalant à un impôt sur le revenu de 25 pour 100. Or, la totalité des impôts qui pèsent ici sur la propriété immobilière et mobilière n'équivaut pas à 5 pour 100. On peut affirmer en définitive que le nègre plus ou moins libéré de la Martinique a payé plus de la moitié de la somme de 10 millions qui a servi à introduire ses concurrents et à faire baisser son salaire. Sans être négrophile, ne peut-on pas trouver quelque chose à redire à ce protectionisme colonial [1] ? »

Nous avons examiné comment le système des engagements pourrait être remplacé au double avantage des travailleurs et de ceux qui les emploient, dans une étude sur *l'Abolition de l'Esclavage africain*. Voir les *Notions fondamentales d'Économie politique*, Appendice, p. 451.

y, p. 160. **Les ouvriers à la recherche du travail, en Russie.**

Faute de renseignements sur l'état des marchés, les ouvriers à la recherche du travail se déplacent le plus souvent à l'aventure. Il en est ainsi notamment en Rus-

---

1 *A Panama*, chap. ix, La Martinique.

sie où ce déplacement s'opère chaque année dans des proportions considérables, du Nord au Midi :

« La misère (dans la région du Nord) est grande assurément, et nous en avons une preuve saisissante dans le nombre des hommes qui abandonnent leurs foyers pour aller chercher du travail au loin, dans les capitales et dans les steppes. Le gouvernement de Kalouga fournit chaque été vingt-huit mille ouvriers à Moscou et six mille à Pétersbourg ; c'est plus de cent mille hommes que les campagnes de Moscou fournissent annuellement à cette ville ; les gouvernements de Vladimir et de Grodno répandent chaque année dans les campagnes les affamés par dizaines de mille ; celui de Kostroma fournit plus de quinze mille ouvriers aux capitales et plus de cent mille faucheurs aux steppes du Sud-Est, c'est-à-dire le dixième de la population totale. Or, tous ces travailleurs errants sont propriétaires ; ils ont une famille, une chaumière, des champs ; s'ils quittent tout cela, c'est assurément que la faim les y force. Certaines localités se créent des spécialités : les unes fournissent des casseurs de pierre, d'autres des maçons, d'autres des charpentiers, des maraîchers, des peintres en bâtiments, des terrassiers ; le reste fauche et moissonne. Les chercheurs de travail se déplacent en masse et au hasard, faisant, par l'irrégularité de leurs mouvements, varier extrêmement le prix du travail. Souvent ils voyagent beaucoup et ne trouvent point d'ouvrage.

« ... Poussés par la misère et inoccupés même l'été, ils s'en vont au loin par grandes masses, la faux sur l'épaule, cherchant à gagner quelque chose, offrant le seul travail qu'ils sachent faire. Ils se dirigent au hasard des instincts, principalement vers le Sud-Est, du côté de ces vastes steppes où les hommes sont rares, l'herbe et les blés abondants. Ils reviennent parfois avec quelque argent, parfois aussi sans vêtements et affamés [1].

z, p. 174. L'abolition du marchandage.

Le marchandage a été momentanément aboli après la révolution de Février 1848 par le même décret qui diminuait d'une heure la durée de la journée de travail. Voici le texte de ce décret et l'arrêté relatif à son exécution rendu à l'instigation de la « Commission de Gouvernement pour les Travailleurs », instituée le 28 février.

DÉCRET DU 2-4 MARS 1848

Décret qui fixe la durée de la journée de travail et abolit le marchandage.

« Au nom du Peuple français,

« Sur le rapport de la Commission de Gouvernement pour les Travailleurs,

« Considérant :

« 1° Qu'un travail trop prolongé non seulement ruine la santé du travailleur, mais encore, en l'empêchant de

---

1 *Considérations sur l'Économie rurale de la Russie*, par Inostranietz. *Journal des Économistes*, du 15 février 1893.

cultiver son intelligence, porte atteinte à la dignité de l'homme ;

« 2º Que l'exploitation des ouvriers par les sous-entrepreneurs ouvriers, dits marchandeurs ou tâcherons, est essentiellement injuste, vexatoire, et contraire aux principes de la fraternité ;

« Le Gouvernement provisoire de la République décrète :

« 1º La journée de travail est diminuée d'une heure. En conséquence, à Paris, où elle était de onze heures, elle est réduite à dix ; et en province, où elle avait été jusqu'ici de douze heures, elle est réduite à onze.

« 2º L'exploitation par des sous-entrepreneurs, ou marchandage, est aboli.

« Il est bien entendu que les associations d'ouvriers qui n'ont point pour objet l'exploitation des ouvriers les uns par les autres ne sont pas considérées comme marchandage. »

Le décret des 2-4 mars 1848 fut, à bref délai, suivi de cet arrêté :

Arrêté relatif à la répression de l'exploitation de l'ouvrier par voie de marchandage.

« Sur le rapport de la Commission de Gouvernement pour les Travailleurs ;

- « Considérant que le décret du 2 mars, qui détermine la durée du travail effectif et qui supprime l'exploitation de l'ouvrier par voie de marchandage, n'est pas universellement exécuté en ce qui touche à cette dernière disposition ; considérant que les deux dispositions contenues dans le décret précité sont d'une égale importance, et doivent avoir force de loi ;

« Le Gouvernement provisoire de la République, tout en réservant la question du travail à la tâche,

« Arrête :

« Toute exploitation de l'ouvrier par voie de marchandage sera punie d'une amende de cinquante à cent francs pour la première fois ; de cent à deux cents francs en cas de récidive ; et, s'il y avait double récidive, d'un emprisonnement qui pourrait aller de un à six mois. Le produit des amendes sera destiné à secourir les invalides du travail [1]. »

a-b, p. 183. « Le Travail », Société anonyme de placement et de marchandage, à bénéfices limités.

En 1880, nous avons publié dans la *Revue du Mouvement social*, dirigée par M. Charles Limousin, un projet de société de placement et de marchandage, comme une application de notre conception primitive de la Bourse du Travail. Sans prétendre que ce projet atteigne pleinement le but que nous avions en vue, dès le début de notre carrière « d'économiste bourgeois », savoir la pacification des rapports du capital et du travail, et que

---

[1] *Le Placement des Employés, Ouvriers et Domestiques en France,* p. 117.

ce but ne puisse être atteint par d'autres combinaisons, nous le reproduisons comme un simple spécimen du progrès possible dans le mode d'organisation des entreprises et de coopération du travail à la production :

Les progrès du matériel et de la constitution de l'industrie, l'avènement de la liberté du travail et le développement extraordinaire des moyens de communication ont complètement changé, depuis un siècle, les conditions de placement du travail. Sous l'ancien régime, et même longtemps après l'abolition du servage, qui retenait les travailleurs attachés à la glèbe, le peu de développement de l'industrie, l'insuffisance des moyens de transport et d'informations empêchaient les ouvriers de porter leur travail en dehors des limites étroites du marché local. Certaines catégories d'artisans et notamment les ouvriers en bâtiments, qui ne trouvaient point, dans le marché de la localité, un débouché régulier et suffisant, étendaient davantage la sphère de leurs opérations ; ils allaient bâtir des édifices religieux et des habitations seigneuriales dans les différentes parties du pays ; depuis un temps immémorial, ils avaient institué des sociétés de compagnonnage qui leur fournissaient, avec une mutualité de protection, les moyens de louer leurs services aux meilleures conditions et même de se loger et de se nourrir aux moindres frais dans les localités où ils portaient leur industrie ; mais, ces ouvriers, que la nature particulière de leur profession obligeait à se déplacer, ne formaient, en comparaison de la masse, qu'une fraction insignifiante :

chacun vivait et travaillait dans l'endroit où il était né, le déplacement était l'exception.

A mesure que l'industrie s'est développée et surtout depuis la révolution occasionnée par l'application de la vapeur au transport des hommes et des choses, tous les marchés se sont agrandis, y compris le marché du travail. La création de vastes manufactures remplaçant les petits ateliers, l'exploitation des mines avec des machines de plus en plus puissantes, enfin l'établissement d'un immense réseau de voies de communication perfectionnées, ont exigé la concentration permanente ou temporaire d'un personnel nombreux pourvu d'aptitudes diverses. Ce personnel, attiré par l'élévation momentanée des salaires dans des endroits où la demande de travail dépassait l'offre, arrivait de tous les points de l'horizon, ici des campagnes, là des localités que l'industrie abandonnait pour se placer dans des conditions mieux adaptées à ses progrès ; mais ce recrutement se faisait le plus souvent au hasard, sans directions suffisantes ni informations positives. L'affluence ne s'arrêtait presque toujours qu'après que le marché se trouvait encombré de bras et que le prix du travail venait à baisser au-dessous de la limite des nécessités de la vie. Alors l'excédent refluait péniblement et lentement vers les marchés voisins, ou, s'il ne parvenait pas à s'écouler, il formait une mare stagnante de travail sans emploi dont l'offre au rabais pesait sur le cours du travail employé. En outre, ces masses ouvrières, à peine sorties d'une tutelle séculaire, et agglomérées dans un milieu nouveau où elles subissaient le contre-coup de toutes les crises, avaient à faire le difficile apprentissage de la liberté. Cet apprentissage s'est fait peu à peu, mais il a été accompagné de toutes les souffrances que peuvent engendrer l'ignorance et l'imprévoyance : une dure expérience a enseigné aux ouvriers, désormais responsables de leur destinée et de celle de leur famille, la nécessité de s'assurer contre les chômages, les maladies et les accidents, au moyen de l'épargne ; ils ont appris aussi à s'unir pour défendre leurs intérêts, mais il leur manque encore, pour placer leur travail aux meilleures conditions que comportent les circonstances, la connaissance du marché et les moyens de l'exploiter commercialement.

Cette connaissance et ces moyens, ils ne peuvent les acquérir isolément, livrés à leurs propres ressources. On a dit avec raison que le travail est une marchandise comme une autre, mais toute marchandise est l'objet de deux sortes d'opérations complètement distinctes : elle doit être produite, ce qui est l'affaire de l'industrie ; elle doit être mise au marché dans le moment et dans l'endroit où elle est le plus demandée, où, par conséquent, elle peut être vendue avec le plus de profit, ce qui est l'affaire du commerce. L'industrie et le commerce sont aujourd'hui généralement séparés : l'agriculteur produit le blé et c'est le marchand de grains qui se charge de le porter sur le marché le plus avantageux, le fabricant de tissus livre ses produits au marchand de nouveautés qui les met à la portée du consommateur, enfin, le producteur de capitaux, le capitaliste, place, le plus souvent, ses économies par

l'intermédiaire des banques. Seul, l'ouvrier est encore
réduit à cumuler les fonctions de producteur et de marchand de travail. Or, ces deux sortes de fonctions exigent des aptitudes et des connaissances fort différentes ;
de plus, dans l'état actuel des choses, l'ouvrier, abandonné à lui-même, se trouve dans l'impossibilité presque absolue d'exploiter commercialement ses services.
Un mécanicien, un fileur, un tisserand connaît bien son
métier : c'est un bon producteur de travail ; mais peut-il
savoir où ses services sont le plus demandés, où ils
seraient le mieux rétribués ? Il ne connaît que le marché
naturellement restreint de la localité dans laquelle il se
trouve établi, et quand même il apprendrait que les
salaires sont plus élevés ailleurs, possède-t-il les relations, les connaissances et les ressources nécessaires
pour mettre cette information à profit ? Tout déplacement est coûteux, et est-il sage de s'exposer sur la foi
d'un simple renseignement à perdre une situation, si
insuffisante qu'elle soit, en vue d'une amélioration pro-
blématique ? L'ouvrier, surtout lorsqu'il est chargé de
famille, se trouve donc immobilisé dans le marché
local, et est-il bien en position d'obtenir dans ce marché
étroit le salaire le plus élevé possible ? Il est en présence d'un petit nombre d'entrepreneurs d'industrie
qui, sauf le cas de commandes urgentes, sont moins
pressés d'acheter sa marchandise qu'il n'est pressé de
la vendre, et il est bien rare que le cours qui s'établit
ainsi, quand il n'y a point parité de situation entre
celui qui offre et celui qui demande, soit la représen-
tation du cours naturel de la marchandise. N'en serait-il

pas autrement si l'ouvrier avait à son service le rouage commercial et financier grâce auquel le prix des produits agricoles ou industriels et le taux de l'intérêt des capitaux se règlent de plus en plus d'après un cours général sur lequel la situation respective des parties en présence n'exerce aucune influence et qui dépend uniquement des quantités offertes et demandées dans l'ensemble des marchés que la vapeur et l'électricité mettent aujourd'hui en communication ?

Ce rouage nécessaire a commencé déjà à s'établir. Un certain nombre de professions ont à leur service des bureaux ou des agences de placement; en outre, la plupart des associations ouvrières, notamment en Angleterre, se chargent de placer leurs affiliés, de débattre les conditions de leur rétribution, de fixer et même d'imposer aux deux parties les tarifs qu'elles ont rédigés; enfin, les journaux servent d'intermédiaires aux demandes et aux offres d'emplois de tous genres.

C'est le commencement de la séparation des fonctions du producteur et du marchand chez l'ouvrier, et de la création du *commerce du Travail*, mais, comme toute création à son origine, celle-ci est grossière et imparfaite. Les bureaux et les agences de placement sont fondés et exploités, en général, par un personnel peu recommandable et qui ne dispose point d'ailleurs des capitaux nécessaires pour étendre le marché de sa clientèle; les associations ouvrières sont presque toujours animées d'un esprit d'hostilité à l'égard des chefs d'industrie; elles apportent dans le débat du salaire, c'est-à-dire dans une opération qui devrait avoir un

caractère purement commercial, les passions et les procédés de la guerre; quant à la publicité des journaux,
elle ne répond qu'imparfaitement aux besoins de ceux
qui y ont recours faute de mieux, et elle est trop chère
pour être accessible au grand nombre.

Maintenant que les obstacles naturels ou artificiels
qui s'opposaient jadis à ce qu'on pourrait appeler la
« mobilisation du travail » sont en grande partie levés,
maintenant que l'homme a cessé d'être « de toutes les
espèces de marchandises la plus difficile à transporter »,
suivant l'expression d'Adam Smith, n'y a-t-il pas lieu
de développer et de perfectionner le mécanisme du placement du travail, au double avantage des ouvriers qui
le produisent et des entrepreneurs d'industrie qui l'emploient ?

Ce progrès n'a rien d'utopique et nous croyons qu'on
peut le réaliser dès à présent en mettant au service du
travail le puissant instrument de la Société par actions,
sous une forme appropriée à cette nouvelle destination.

Supposons, en effet, qu'une société soit fondée avec
un capital suffisant pour remplir sur une échelle plus
étendue et au moyen de ressources plus considérables,
les fonctions d'une agence de placement; examinons
quels services elle sera en mesure de rendre aux ouvriers et aux patrons auxquels elle servira d'intermédiaire.

En bornant d'abord son activité à un petit nombre de
professions, elle pourra aisément acquérir la connaissance exacte et régulière de la situation du marché
ouvert à ces professions dans leurs principaux foyers,

de l'état de l'offre et de la demande et du taux des salaires. Elle offrira aux ouvriers de se charger pour eux de débattre avec les patrons les conditions de leur engagement, en s'assurant d'abord de leur capacité et de leurs antécédents. Grâce aux succursales et aux agences qu'elle établira dans les différents centres d'industrie, elle disposera bientôt d'un débouché plus étendu que celui qui est accessible aux ouvriers isolés et elle pourra faire passer ainsi d'une localité dans une autre les travailleurs sans ouvrage, en leur accordant au besoin les avances nécessaires. Elle s'efforcera naturellement de procurer à sa clientèle les meilleures conditions possibles de placement, et elle sera beaucoup mieux qu'ils ne pourraient l'être eux-mêmes individuellement, en position de les obtenir. En premier lieu, elle ne sera point obligée, comme il arrive trop souvent aux ouvriers, à céder à tout prix, sous l'aiguillon de la nécessité du moment, le travail dont elle dispose; elle pourra attendre. En second lieu, elle offrira aux patrons des garanties et des facilités que les ouvriers isolés ne peuvent leur apporter : elle s'appliquera, dans l'intérêt même de sa bonne réputation et du développement de sa clientèle, à ne traiter qu'avec des ouvriers capables et consciencieux, sur lesquels elle exercera une surveillance constante et dont elle stimulera le zèle par des récompenses et des avantages particuliers; elle se chargera, au besoin, de garantir les patrons contre les malfaçons, le gaspillage ou le vol des matières premières; elle remplacera les ouvriers inhabiles, négligents ou paresseux; enfin, elle pourra accorder des crédits pour

le paiement des salaires, tout en exonérant les patrons
des embarras de la paie individuelle. Tandis que l'ouvrier touchera son salaire chaque semaine ou même
chaque jour, suivant sa convenance, à la caisse de la
Société, elle pourra accorder au chef d'industrie des
crédits analogues à ceux qu'il obtient pour le paiement
des matériaux ou des instruments de sa fabrication. Il
trouvera donc en s'abouchant avec elle, des avantages
que le système actuel de l'enrôlement direct ne peut lui
procurer, et ces avantages, quand il aura pu les apprécier, il n'hésitera pas à les acheter au prix d'une augmentation de salaire. Est-il nécessaire d'ajouter que du
moment où l'ouvrier cessera de traiter directement avec
le patron et de recevoir de lui son salaire, où toutes les
difficultés et contestations auxquelles pourra donner
lieu la livraison du travail seront réglées par un tiers,
la mutuelle hostilité qui résulte de ce contact immédiat
et incessant de deux intérêts opposés cessera de se
produire et que la bonne entente renaîtra d'elle-même
entre les entrepreneurs d'industrie et les ouvriers ? Si
le travail livré est de mauvaise qualité, si la conduite de
l'ouvrier à l'atelier est répréhensible, c'est à la Société
que s'adresseront les réclamations, et c'est elle qui se
chargera d'y faire droit, soit en déplaçant l'ouvrier, soit
même en l'excluant de sa clientèle.

Sans doute, la Société ne pourra toujours préserver
les ouvriers du chômage, mais, grâce au système d'informations qu'elle aura organisé, aux succursales et aux
agences qu'elle aura établies, elle sera du moins en
mesure de leur procurer en tout temps toute la quantité

de travail disponible dans la sphère de son activité, comme aussi de garantir aux chefs d'industrie une fourniture régulière qui leur fait trop souvent défaut.

Mais la Société rendra encore d'autres services aux ouvriers : sans parler des avances qu'elle pourra leur faire en cas de déplacement ou en d'autres circonstances, avances pour lesquelles elle devra, à la vérité, se montrer particulièrement circonspecte, elle remplira auprès d'eux l'office d'une agence générale d'affaires ; dans le cas où une entreprise exigerait l'apport immédiat d'une certaine quantité de travail, elle pourra demander des réductions sur les prix ordinaires de la locomotion pour des trains spéciaux d'ouvriers ; elle se préoccupera de la sécurité et de la salubrité des ateliers, en renonçant même à traiter avec les patrons qui se refuseraient à faire à cet égard les améliorations nécessaires ; elle se mettra en relation avec les propriétaires, les logeurs, les restaurants, les épiciers, pour procurer à ses clients des logements plus sains et à meilleur marché, une nourriture plus substantielle et moi ns frelatée ; elle se chargera encore de leur fournir des moyens d'instruction ou de délassement, et, en cas de maladie, de leur faciliter l'entrée dans les hôpitaux ou les maisons de santé ; enfin, elle s'appliquera à les préserver des tentations et des abus dont leur ignorance, leur faiblesse, leur isolement, les rendent si fréquemment victimes.

En admettant que des Sociétés de ce genre vinssent à se multiplier et que le commerce du travail s'organisât et se développât comme se sont organisées et développées toutes les autres branches de commerce, en y comprenant le commerce des capitaux, quel serait le résultat ? C'est d'abord que le prix du travail se règlerait partout sur le cours du marché, sans être influencé par les circonstances locales et la situation particulière de l'ouvrier ou du patron ; que ni l'un ni l'autre ne pourraient plus se plaindre d'être « exploités », pas plus que le fabricant de cotonnades, par exemple, ne peut se plaindre d'être exploité par le négociant qui lui vend du coton et les autres matières premières de son industrie : c'est le prix du marché général du travail qui servirait de régulateur, et ce prix serait déterminé, comme celui de toute autre marchandise, uniquement par l'état de l'offre et de la demande. A ce résultat principal viendraient s'ajouter, d'une part, une possibilité plus grande d'éviter ici les encombrements de travail qui avilissent le taux des salaires ; là, les déficits qui l'exhaussent soudainement pour le faire retomber plus tard, avec non moins de rapidité ; d'une autre part, une amélioration graduelle des conditions matérielles et morales de l'existence de l'ouvrier, assuré désormais de trouver aide et protection dans toutes les circonstances de la vie.

C'est en vue de créer ce rouage qui manque encore à notre nouveau régime industriel que nous nous proposons de fonder sous ce titre : *Le Travail*, une Société de placement des ouvriers. On trouvera ci-après un extrait des statuts, définissant l'objet de cette Société, et exposant quelques-unes des dispositions particulières de sa constitution, en tant du moins qu'elles·pourront se concilier avec les entraves qu'opposent au progrès de l'association commerciale les lois existantes sur la matière.

Nous nous bornerons à présenter au sujet du mode de constitution qui nous a paru le mieux adapté à une société destinée à servir d'intermédiaire entre les ouvriers et les patrons, quelques brèves observations :

1° Tout en adoptant la forme ordinaire de la société anonyme, nous avons emprunté à l'association coopérative le principe de la limitation des profits des actionnaires et de la répartition de l'excédent à la clientèle. Nous limitons à un maximum de 12 pour 100 le taux des profits que pourra s'attribuer la Société, bien que la nouveauté de l'entreprise, les obstacles inévitables qu'elle .devra surmonter et les risques particuliers qu'elle subira à cause de cette nouveauté, puissent justifier et nécessiter même des bénéfices plus élevés, mais nous voulons éviter l'accusation qu'on ne manquerait pas de nous adresser, « d'exploiter » notre clientèle, dussions-nous retarder ainsi le développement ultérieur de l'entreprise. La Société réduira donc au taux le plus bas possible le prix de ses services, et elle distribuera à sa clientèle l'excédent qu'elle aura réalisé, ou, si cet excédent est insuffisant pour être distribué, elle l'appliquera à améliorer ses services et à en abaisser le prix ; en tous cas, la rétribution de ses capitaux et de son industrie ne pourra jamais dépasser un maximum de 12 pour 100 ;

2° Nous attribuons aux fondateurs une participation active au gouvernement de la Société, à la bonne gestion de laquelle ils sont d'autant plus intéressés que nous subordonnons entièrement la rétribution légitime qui leur est due au succès de l'affaire. L'expérience a suffisamment démontré les vices et les abus du mode actuel de fondation et de constitution des sociétés anonymes. Ces vices et ces abus pourront être en grande partie évités, au moyen de l'intervention des fondateurs, intéressés autant que les actionnaires eux-mêmes, à la bonne gestion de l'entreprise, et généralement plus compétents ;

3º Enfin, en rendant les actions de la Société divisibles en coupures de 100 fr. — autant du moins que cette division est compatible avec la législation actuelle, — nous avons voulu qu'une entreprise fondée principalement dans l'intérêt des ouvriers pût devenir à la longue, au moins pour une bonne part, leur propriété. A la longue, disons-nous, car nous ne les engageons pas à mettre, dès à présent, leur modeste épargne dans une affaire exposée aux risques attachés à toute entreprise nouvelle. C'est aux capitaux des classes aisées que nous faisons appel, et nous espérons que le désir de contribuer à la fondation d'une institution destinée à pacifier les rapports de l'entrepreneur d'industrie et de l'ouvrier, et à améliorer le sort de la classe la plus nombreuse, bien plus encore que l'appât d'un bénéfice, décidera les capitalistes intelligents et de bonne volonté à répondre à cet appel.

EXTRAIT DES STATUTS

ARTICLE PREMIER. — Il est formé entre les fondateurs et les propriétaires des actions ci-après créées, une Société anonyme, ayant pour dénomination : LE TRAVAIL. *Société de placement des ouvriers.*

ART. 2. — Le siège social est à Paris. La durée de la Société est fixée à 99 ans, à partir du
, sauf les cas de prorogation et de dissolution prévus par les statuts.

ART. 3. — La Société a pour objet :

1° D'entreprendre le placement de certaines catégories d'ouvriers et d'ouvrières à déterminer par le Conseil d'administration, moyennant une commission et sous des conditions spécifiées par lui ;

2° Après avoir constaté la moralité et la capacité professionnelle de l'ouvrier ou de l'ouvrière et avoir fait une enquête sur ses antécédents, la Société pourra se charger, soit de lui procurer du travail, soit de l'engager pour un temps plus ou moins long ;

3° Les renseignements recueillis seront consignés dans un dossier, où l'on consignera aussi, au fur et à mesure, les informations sur le travail et la conduite de l'ouvrier, aussi longtemps qu'il se servira de l'intermédiaire de la Société ou qu'il demeurera à son service. Les actes de l'état civil de l'ouvrier pourront y être joints et demeureront à sa disposition. La Société délivrera à l'ouvrier un livret portant le numéro de son dossier, renfermant sa photographie et pouvant au besoin lui servir de passeport. Ce livret sera visé par un agent de la Société à chaque changement d'atelier, et clôturé lorsque le porteur renoncera à se servir de l'intermédiaire de la Société;

4° Aussitôt que l'ouvrier sera admis à faire partie de la clientèle de la Société, celle-ci s'efforcera de placer son travail aux meilleures conditions possibles ; l'ouvrier restera toujours le maître d'accepter ou de refuser les conditions qui lui seront offertes ; la Société, de son côté, demeurera toujours maîtresse de renoncer à lui servir d'intermédiaire et de clôturer son livret sans avoir à lui rendre compte des motifs de sa décision;

5° La Société s'abouchera avec des entrepreneurs d'industrie pour le placement des ouvriers qui auront accepté son intermédiaire ou qu'elle aura engagés ; elle organisera dans ce but un système de publicité, de succursales ou d'agences, destiné à lui faire connaître, jour par jour, l'état du marché du travail, le mouvement de l'offre et de la demande, le taux du salaire, la durée de la journée, le prix de la vie, dans toute la sphère de son activité. Ses opérations pourront s'étendre, à la fois, en France et à l'étranger ; elle n'établira de même entre les ouvriers aucune distinction de race, de couleur ou de nationalité. La Société décidera toutefois, en tenant compte de la nature des professions, de l'âge auquel elle se chargera du travail des enfants, en se réservant de refuser son intermédiaire aux ouvriers qui exploiteraient, au-dessous de la limite fixée par elle, le travail de leurs enfants ;

6° La Société offrira le travail des ouvriers ses clients et recevra les demandes des entrepreneurs d'industrie;

elle débattra avec ceux-ci, au lieu et place de ses clients, les conditions du salaire, taux durée de la journée, mode de payement, etc. Avant la conclusion du marché, ses agents visiteront les ateliers, ils s'enquerront des conditions de sécurité et de salubrité, ils prendront connaissance du règlement ou des usages de l'atelier, et ils communiqueront ces renseignements à la Société qui en fera part à ses clients. Le marché conclu, les agents de la Société seront chargés de toucher, aux termes spécifiés dans le contrat, le montant des salaires, ils recevront et consigneront dans leurs carnets les observations de l'entrepreneur ou de ses contremaîtres sur la conduite et le travail des ouvriers. En cas de renvoi pour incapacité ou mauvaise conduite, ils décideront s'il y a lieu de chercher un autre emploi pour le client renvoyé, ou de l'exclure de la clientèle de la Société; dans ce cas, il pourra toujours être fait appel de leur décision auprès de la Direction de la succursale ou de l'agence, et, en dernier ressort, auprès de la Direction de la Société.

Les notes bonnes ou mauvaises, sur la conduite et le travail de l'ouvrier, après avoir été dûment contrôlées, seront transmises au siège de la Société et insérées à son dossier. Des primes et des récompenses honorifiques sous forme d'insignes, etc., pourront être accordées aux ouvriers qui se seront particulièrement distingués par leur zèle, leur assiduité au travail et leur bonne conduite;

7° La Société pourra faire aux ouvriers le paiement des salaires qui leur seront acquis, à la semaine, à la journée ou autrement, en anticipant au besoin sur les paiements des patrons. Elle pourra, d'un autre côté, accorder des délais de paiement aux patrons, s'ils lui présentent des garanties suffisantes et dans la mesure de ses ressources disponibles. La Société pourra encore se porter garant vis-à-vis des patrons pour les malfaçons et autres manquements commis par les ouvriers, sauf à exercer son recours contre ceux-ci; enfin, elle pourra se charger à forfait de l'exécution de certains travaux agricoles, industriels ou autres;

8° La Société pourra se charger, moyennant une commission supplémentaire, de rendre aux ouvriers ses clients tous les services pour lesquels ils réclameront ses bons offices : recherches de leurs actes d'état civil, mise en règle pour le service militaire, procès, paiement des impôts, placement de leurs économies aux caisses d'épargnes, aux assurances pour la vie, achat de valeurs mobilières, etc.; elle pourra encore s'occuper de leur procurer la nourriture et le logement aux meilleures conditions, en faisant des conventions particulières avec les propriétaires, logeurs, restaurants, magasins d'épicerie et de denrées, et en exerçant une surveillance et un contrôle sur les fournitures : elle pourra intervenir pour leur procurer des secours médicaux, les placer dans des hôpitaux, des maisons de santé, des hospices et des maisons de refuge, comme aussi pour leur procurer des délassements dans les jours de repos; elle pourra conclure des arrangements avec les compagnies de chemins de fer et les autres entreprises de locomotion, pour le transport des ouvriers et de leur famille dans le cas où leur déplacement, serait exigé par l'état du marché ; enfin, dans ce cas et dans d'autres dont le Conseil d'administration sera juge, elle pourra, en se conformant aux règles de la prudence la plus stricte, faire, aux ouvriers ses clients, des avances sur leur travail futur.

ART. 4. — Le capital social est fixé quant à présent à *un million de francs*, divisé en deux mille actions de cinq cents francs chacune. Il pourra être augmenté successivement par une décision du Conseil d'administration approuvée par l'Assemblée des actionnaires.

ART. 5. — Les actions sont indivisibles en vertu de la loi des 24-29 juillet 1867 sur les Sociétés, mais, en échange de toute action entièrement libérée qui sera déposée entre les mains de l'Administration de la Société, il pourra être délivré 5 récépissés de 100 francs chacun, qui seront négociables comme les actions elles-mêmes.

ART. 6. — Les actions sont nominatives jusqu'à ce qu'elles aient été entièrement libérées ; elles peuvent alors être converties, au gré de l'actionnaire, en titres au porteur.

ART. 7. — Les actionnaires ne sont responsables des engagements de la Société que jusqu'à concurrence du montant de leurs actions.

ART. 8. — La fondation de la Société, apport de l'idée et du capital, organisation de la Société, etc., sera rétribuée au moyen de 50 parts de fondation, que les fondateurs se partageront entre eux suivant leurs conventions particulières, et dont une partie pourra être réservée jusqu'à ce qu'il en soit fait emploi utilement. Les porteurs de ces parts de fondation ne seront point responsables des engagements de la Société et ils jouiront des droits et avantages qui seront ci-après spécifiés.

Art. 9. — La Société est administrée par un Conseil dont les membres sont désignés par la réunion des fondateurs et nommés par l'Assemblée générale des actionnaires. Ce Conseil est composé de six membres au moins et de douze membres au plus.

La durée de leurs fonctions est de six ans. Ils sont toujours rééligibles.

Il leur est alloué des jetons de présence dont la valeur est fixée par la Réunion des fondateurs, sauf ratification par l'Assemblée générale des actionnaires.

Art. 10. — La direction des opérations de la Société est confiée à un agent général, placé sous l'autorité et le contrôle du Conseil d'administration.

Cet agent nomme et révoque les employés, exception faite des directeurs des succursales et agences, fixe leurs appointements, etc., sauf ratification du Conseil.

Art. 11. — L'agent général et les directeurs des succursales et agences sont nommés par le Conseil d'administration, qui règle leur situation et a tous pouvoirs pour les révoquer au besoin.

Les fondateurs se réunissent tous les trois mois. Ils entendent l'exposé de la situation de la Société, fait par le président du Conseil d'administration, et délibèrent sur toutes les questions qui leur sont soumises; ils peuvent également faire les propositions et les motions qui leur paraissent utiles dans l'intérêt de la Société. Ils font examiner par des comptables spéciaux, étrangers à la Société, les livres et les comptes. Les comptes rendus de leurs délibérations, avec l'exposé du président du Conseil d'administration et les résultats de la vérification des comptes sont publiés, et mis à la disposition des actionnaires de la Société.

Chacun des membres de la Réunion des fondateurs possède autant de voix qu'il a de parts de fondation.

Art. 12. — L'Assemblée générale régulièrement constituée se compose de la généralité des actionnaires.

Elle se compose de tous les actionnaires, propriétaires d'une ou de plusieurs actions. Chaque action donne droit à une voix, sans aucun maximum pour le cas où plusieurs actions se trouveraient réunies dans les mêmes mains.

Art. 13. — L'Assemblée générale doit être réunie une fois par an pour entendre l'exposé de la situation de la Société, fait par le président du Conseil d'administration, délibérer sur les propositions qui lui sont soumises, nommer les administrateurs sur la désignation de la Réunion des fondateurs, écouter les rapports des comptables spéciaux, et, au besoin, ordonner un contrôle supplémentaire; enfin, entendre et discuter toutes les propositions et motions relatives à la gestion de la Société.

Art. 14. — Les produits, déduction faite de toutes les charges et dépenses sociales, constituent les bénéfices.

Sur ces bénéfices, il est prélevé :

5 pour 100 pour constituer la réserve légale.

Les 95 pour 100 restant seront répartis de la manière suivante :

Avant tout, il sera prélevé une somme suffisante pour assurer aux actions une première distribution de dividende jusqu'à concurrence de 4 pour 100 du capital versé.

Ensuite :

Le quart de la somme restante — ou une somme proportionnellement moindre si les bénéfices réalisés n'atteignent pas 8 pour 100 — sera attribué aux parts de fondation ;

Un autre quart aux membres du Conseil d'administration.

Au dessus de 12 pour 100, les bénéfices seront répartis proportionnellement entre les clients de la Société, ou employés, suivant décision du Conseil d'administration, à l'amélioration et au développement des services ou à la réduction de leur prix.

FIN

TABLE DES MATIÈRES

CHAPITRE PREMIER. — Le salaire et sa raison d'être.

CHAPITRE II. — Le taux nécessaire et le taux courant du salaire.

CHAPITRE XVIII. — Progrès à réaliser pour agrandir et unifier les marchés du travail.

CHAPITRE XIX. — Le marchandage. Son état actuel.

CHAPITRE XX. — Le marchandage. Comment on peut le perfectionner.

CHAPITRE XXI. — Résultats matériels et moraux de l'extension et de l'unification des marchés du travail.

APPENDICE